KB136922

유럽 중세교회의 향연 2
근대를 품은 중세교회

The Western Church in the Middle Ages 2
: The forerunner of the Modern Ideas

유럽 중세교회의 향연 2
근대를 품은 중세교회

이 영 재 지음

혜안

요즘의 상황을 보면 20세기 전반기 영국의 역사가 카E. H. Carr의 "역사란 현재와 과거 사이의 끊임없는 대화이다"라는 유명한 경구가 떠오른다. 현재 유행하고 있는 코로나 19 팬데믹 전염병의 확산은 우리는 물론 이미 전 세계 사람들의 삶을 완전히 바꾸어 놓았다. 감염에 대한 공포심과 실제 감염으로 인한 수많은 사람들의 죽음은 실로 참담한 현실이 되었다. 그리하여 많은 학자들은 코로나 이전과 이후 사회를 구분하여 생각해야 할 만큼 하나의 분깃점이 될 것으로 보고 있기도 하다. 그동안 우리 인류에게는 수많은 전염병이 발병해 왔지만 그것의 파괴력, 전파력, 지속력, 생존력(변이)에서 코로나는 강력한 수퍼 바이러스로서 우리의 정치, 경제, 사회, 문화 모든 방면에서 커다란 변화가 감지된다. 이러한 전염병 가운데 일찍이 14세기 유럽에서 발병한 흑사병은 이에 못지않는 초강력 수퍼 바이러스로서 이후 유럽 사회의 모습을 크게 변화시켰다고 볼 수 있다.

또 다른 한편에서 지금 우리 앞에 놓여 있는 너무도 중차대한 문제 중 하나는 우리 한반도의 영구적인 평화에 관한 일이다. 올해 1월에 새로 취임한 미국 조 바이든 대통령은 한반도의 평화통일에 대해 언급하면서 교착 상태에 있는 북한과의 관계회복과 관련하여 로마 바티칸에 계신 프란체스코 교황의 역할에 기대하고 있음을 내비추었다. 북한은 국제적인 경제제재로 인한 극심한 빈곤과 체제이탈 및 코로나 19의 여파로 매우 어려운 시점에 와 있는 것이 사실이다. 프란체스코 교황도 2014년 8월에 124위 한국순교자 시복식을 위해 방한했을 때, 한국의 역사를 깊이 이해하게 되면서 기회가 주어진다면 남과 북이 같은 언어를 쓰고 있는 한반도의 평화를 위해 기꺼이 북한에 가실 의향이 있음을 전하였다. 요즘 프란체스코 교황은 이라크를 방문하셨다. 종교 및 체제의 이념이 달라 갈등과 전쟁의 위험이 도사리고 있는 곳에 혹은 이해관계가 복잡하게 얽혀 자국의 이득을 위해 한 치의 양보도 없는 국제관계에서, 교황의 이러한 중재자로서의 모습은 이미 이전 교황이었던 성 요한 바오로 2세에게서 자주 볼 수 있었고, 가시적인 커다란 성과도 얻어냈다. 많은 학자들은 폴란드 공산국 출신의 교황 요한 바오로 2세가 1989년 구소비에트의 사회주의 몰락을 가져오는 데 혁혁한 공로자임을 인정하였다. 교황의 이런 역할은 현대에 갑자기 생겨난 것이 아니다. 올라가보면 서구 중세 교황청에서 행하였던 주요 일들 가운데 하나였던 것을 알 수 있다.

'위기의 14세기'라고 불릴 정도로 14세기 유럽은 오늘날과 유사한 대형 사건, 사고들이 연이어 일어났다. 이 시대는 본서의 주제인 아비뇽 교황청의 시기이다. 교황청이 그동안 천 년이 넘게 자리해온 로마를 떠나 프랑스의 쇠락하고 변방이었던 도시 아비뇽으로 이전하게 되었고, 영국과 프랑스 간에는 가스코뉴 지배권을 놓고 긴장관계에 있었다. 이러한 불안정한 시기에 교황직에 오른 클레멘스 5세는 아비뇽을 교황의 임시 거주지로 삼았으며, 이사벨라 공주와 에드워드 왕자의 혼인을 성사시키는 데 주요한 역할을 하여 자신의 고향인 가스코뉴에 전쟁이 일어나지 않도록 평화수호자로서 조력해 왔다. 그러나 '교회의 맏딸'로 여겨지던 프랑스는 필립 단려왕 시기에 교황들과 격렬하게 충돌하였다. 교황이 십자군 원정을 위해 교회가 거둔 성직자 세금과 십일조를 군주들이 유용하도록 인정해 주었으나, 군주들은 점차 더 많은 세금을 요구하였으며 이를 군주권 강화의 계기로 삼았기 때문이다. 더욱이 요한 22세 시기는 민족의식이 점차 성장하고 있던 터라 영국과 스코틀랜드 간에, 프랑스와 플랑드르 지방 간에, 스페인에서는 무슬림으로부터의 국토회복 운동 중에 있어서 무슬림과의 전쟁이 끊임없이 발발하는 상황이었다. 교황 요한은 주로 군주들에게 힘을 실어주는 정책을 펼쳤다.

또한 1348년에는 흑사병이 발병하기 시작하여 수년 동안 거의 전 유럽을 휩쓸어 유럽의 전체 인구의 절반 내지 삼분의 일이 사망하는 일이 일어났다. 이러한 전대미문의 어려운 시기에 교황 클레멘스 6세는 민첩한 위기관리 능력을 보여주었다. 그는 동시대인이었던 페트라르카에 의해, 그리고 프란체스코회 수사였던 윌리엄 오캄에 의해 아비뇽 교황청의 7인의 교황들 가운데에서도 '가장 타락하고 악명높은 교황'이라는 역사적 오명을 얻은 인물이기도 하였다. 그러나 그는 이전 교황인 요한 22세 시기에 교황의 명을 받고 중세의 대석학 그러나 당시에는 여러 신학 논지에서 이단 혐의를 받고 있던 토마스 아퀴나스를 조사하고 연구하여 그를 성인품에 오르게 하는 데 결정적으로 관여한 명철하고 탁월하며 시대정신을 뛰어넘는 지식인이었다. 또한 흑사병 재발을 방지하기 위한 그의 대처는 실로 놀라울 정도였는데, 그에게서 일찍이 의학 및 과학적인 접근방식을 찾아볼 수 있었다. 더욱이 흑사병 발병의 원인으로 낙인찍혀 유대인 대량학살이 자행되던 시기에 그들에게 안전한 삶의 터전을 제공해 주고, 가난한 이들을 구제하기 위한 교황의 무료배급소 증설은 오늘날의 종교계와 우리에게 시사하는 바가 크다.

이 책의 또 다른 주제인 12세기 중세 도시 교회문화에 관해서도 살펴보았다. 도시에는 거대한 규모의 고딕 대성당들이 건립되었다. 오늘날 유럽을 여행하다 보면 중요 대도시 어디를 가든지 거의 예외없이 높은 첨탑과 화려한 스테인 글라스의 교회 건축물들을 만날 수 있다. 각 도시의 도시민들은 마치 경쟁이라도 하듯이 더 높은 대성당을 세웠다. 당시 그러한 대성당을 짓는 것이 그들에게는 경제적으로나 심적으로나 심각한 부담이 되었을 것이다. 그러나 도시 중앙에 우뚝 솟은 고딕 예술을 보면서 중세인들은 그 지역에 대한 자부심을 느꼈다고 한다. 과연 대성당은 그들에게 어떤 의미였으며, 그 거대한 곳에는 어떤 사람들이 있었고, 어떻게 소통했는가? 또한 그것이 지방의 도시경제에 미친 영향은 어떠했는지 고찰하였다.

다음 주제로는 13세기의 도시의 성자 프란체스코 아씨시를 살펴보았는데, 그에게서 대표적인 근대 시민혁명인 프랑스 혁명(1789년)의 '자유', '평등', '형제애'의 이념을 발견할 수 있었다. 매우 부유한 상인의 아들이었던 프란체스코는 부친에게서 유산으로 받을 수 있는 막대한 부를 전부 포기하고, 누더기의 거지 옷을 걸치고 구걸하는 삶을 자발적으로 선택했다. 오늘날 과도하게 부를 좇는 현대인들에게 그의 이러한 한 가지 삶의 태도만으로도 (그가 아무리 중세인이라 할지라도) 그는 충분히 혁명적인 세계관을 지닌 사람임에 틀림없어 보인다. 그는 어떻게 그런 선택을 할 수 있었을까? 더구나 이 같은 그의 삶의 태도는 그 파급력이 대단하였다. 누구의 강제도 없이 수많은 유럽 젊은이들이 그가 추구하는 맨몸의 그리스도를 모방하고자 프란체스코회 형제들이 되었다. 여성들도 모여들어 프란체스코회 여자 수도회인 클라라 수녀회를 만들었다. 이러한 가난한 삶의 방식은 도시민들 특히 프란체스코회 제 3회원들을 양산해 내었으며, 결국 재속회를 포함하는 이들 탁발수도회들을 통해 유럽 도시문화의 근간이 형성되었음을 볼 수 있었다.

고전어 또는 라틴어도 제대로 모르던 13세기의 성 프란체스코에게서 이러한 근대 이념들을 발견할 수 있다는 점에서, 또한 14세기 아비뇽 교황청의 연구를 통해, 15~16세기 르네상스, 이후 근대세계로의 발전이 고전고대문명의 부활에서 나온 것이라는 일반화되고 도식화된 개념에 강한 의구심을 품게 되었다. 이미 중세교회 안에 이러한 근대의 혁명적인 사상들이 싹트고 자라나고 있었던 것이다. 그리하여 필자는 중세와 근대를 날카롭게 단절시키고 대비시키는 부르카르트적인 역사해석에 대한 반론으로써, 유럽 역사의 14세기, 15세기, 16세기가 장기 지속적인 관점에서 서서히 변화, 성장하고 있음을 드러내었다.

이 책은 유럽 중세교회에 관한 시리즈물로 권1과 권2로 구성되었다. 먼저 권1에서는 11세기의 교황 그레고리우스 7세의 개혁을 심도있게 다루었다. 이는 서구 중세 역사의 한 특징을 이룬 교권과 속권의 관계를 살펴보는 것이었다. 그레고리우스의 개혁이념인 교황주권론(교황수장제론)은 이후 고중세의 교황들, 및 14세기의 아비뇽 교황들도 지속적으로 추구하였던 보편 그리스도교 왕국의 통치이론이었다. 중세교회는 이러한 이념들을 바탕으로 유럽 사회를 하나의 거대한 단일공동체 단위로 묶으면서 정치 제도적 발전, 특히 법률에 의한 지배가 발전하는 데 크게 기여하였음을 설명하였다.

필자가 이러한 연구를 하도록 학부에서부터 대학원 석사를 거쳐 박사학위까지 서양사에 대한 관심을 특히 중세사와 정치사상사의 길로 이끌어주시고 지도편달해 주신 지도교수님이셨던 박은구 교수님께 깊이 감사드린다. 중세사에 대한 명확한 개념과 폭넓고 예리한 시각을 지니신 정치사상가이신 선생님의 그 깊이와 폭에 늘 압도되었다. 또한 프랑스 근대 시민혁명사로 날카로운 비판의식과 도전정신을 일깨워주시고 인간적 소탈함을 보여주신 김인중 교수님께도 감사드린다. 이분들의 학문적 담금질에 거의 지옥훈련을 했던 석박사 시절이 떠오른다. 매번 방학 기간도 거의 없다시피 여러 외국어 및 서양사와 씨름하며 많은 시간들을 보냈다. 이후 학회 활동을 하면서 만나게 되었던 서양중세사학회의 여러 교수님들께도 심심한 감사의 마음을 전한다. 일일이 존함을 다 열거하지 못하지만, 항상 후학들에게 인격적인 존중과 부족한 인식을 채우도록 따뜻한 격려와 많은 도움을 주시며 이끌어 주셨다.

또한 미국 시카고 로욜라 대학교의 클루니 수도원에 관한 세계적 권위자이신 바바라 로젠바인B. Rosenwein 교수님의 학문적 깊이와 당시 대학원 학생들을 담당해주신 에렌버르 루이스E. Lewis 교수님과 수잔H. Susan 교수님 부부의 따뜻한 배려와 보살핌은 참으로 감동적이어서 아직까지도 잊을 수가 없다. 이후 포닥 연수를 하였던 영국의 리즈 대학교 중세연구소IMS의 소장이신 리처드 모리스R. Morris 교수님의 중세 그리스도교적 고고학자로서의 폭넓은 시각과 영국의 현장답사는 그야 말로 중세사를 생생히 각인할 수 있게 해주었다. 그리고 변함없이 든든하게 후원해주시는 저희 어머니와 가족들에게 감사드린다.

끝으로 이러한 시리즈 책이 나올 수 있도록 출판을 허락해주신 혜안 출판사의 오일주 사장님과 김태규 실장님, 김현숙 편집장님께도 깊이 감사드린다. 이분들의 노고로 항상 주옥 같은 책들이 나오고 있어 인문학에 힘을 실어주고 계시는 것 같다. 하느님의 가호로 무궁한 발전을 기원하며.

상도동 도서관에서

이 영 재

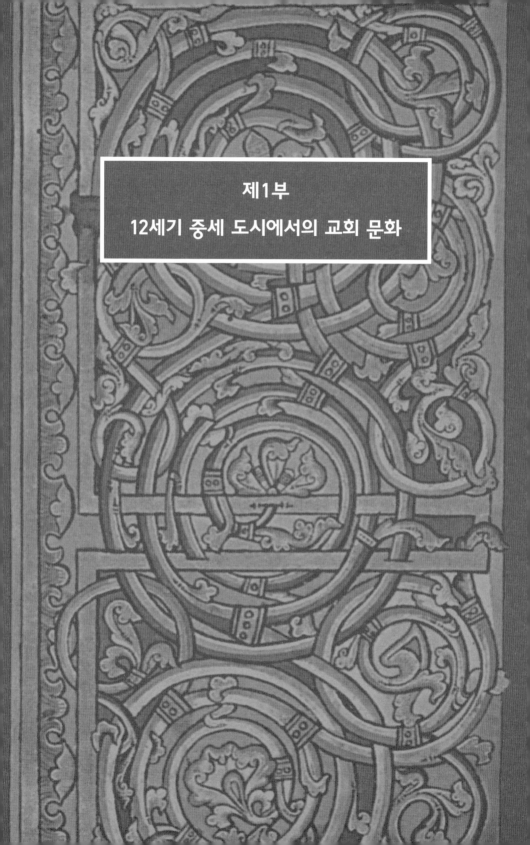

제1부
12세기 중세 도시에서의 교회 문화

제 1 장

중세인들에게 대성당은 어떤 곳인가?

중세 도시의 부활은 대성당의 예술을 꽃피웠다. 오랜 혼동의 시기이후 대성당들은 알프스 북부에서 가장 발전된 문화의 중심부가 되었다. 대부분의 장원 영주들은 이 시기에 자신들의 거주지를 도시로 옮기기로 결정하였으며, 그리하여 이들 토지에서 나오는 생산물은 도시로 집중하였다.[1] 유럽의 경제적 팽창을 보여주는 명백한 표식 가운데 하나가 석조로 된 교회 건물의 현저한 증가였다. 석조 교회 건물은 도처에서 주교좌 대성당, 수도원 교구 교회 등으로 세워지고 있었다. 오늘날 우리의 상상력으로는 이 같은 건축 사업에 투입된 재원과 열정을 충분히 파악하기가 힘들 정도다. 한 기록에 따르면, 프랑스에서만 1180년부터 1270년 사이에 1천 8백 만이 안 되는 인구가 주교좌 대성당 규모의 교회를 80개, 그리고 수도원 500여 개를 설립하였다. 또한 한 지방 즉 샤르트르의 예를 살펴본다면, 1만 명이 안 되는 지역 주민이 한 세대동안 샤르트르 대성당을 참으로 놀라운 규모로 개축하였다. 다른

1) Georges Duby, *The Age of Cathedrals*(Univ. of Chicago Press. 1981), p.93.

지방보다도 더욱 웅장하고 높이 교회를 건축 내지 개축하려는 경쟁은 13세기 말엽에 이르러 열병처럼 유행하였으며, 이는 도시 경제에 심각한 부담이 되곤 하였다.[2]

　12세기 이후 거의 전 유럽적인 현상으로 도시 심장부에 세워진 고딕 대성당은 어떤 의미였는가? 또한 당대의 중세인들은 왜 이러한 건축물을 필요로 하였는가? 이 같은 거대한 대성당을 구성하고 이끌어 가는 이들은 누구였으며, 그곳에서는 어떠한 만남이 이루어졌는가? 샤르트르 대성당은 그 도시의 성장과 대성당의 발전이 함께 이루어진 대표적인 고딕 대성당으로서, 본 연구를 위해서 아주 유용한 일례가 되었다. 그러나 대성당의 전체 구조를 살펴보기 위해서는 샤르트르만으로는 자료상의 한계로 영국의 대성당들을 통해서 고찰하였다. 그리하여 이 글에서는 전반적인 대성당들의 구조를 밑그림으로 그리면서 샤르트르 대성당의 구체적인 사례를 통해 중세 도시 내의 대성당에서의 중세인들의 여러 삶의 모습을 고찰해 보도록 하겠다.

샤르트르 대성당 서쪽 정면

---

　2) 존 볼드윈, 박은구·이영재 옮김, 『중세 문화 이야기』(혜안, 2002), p.247.

1. 12세기 고딕 대성당의 종교적, 사회적 위상

1) 종교 생활의 중심지

도시 중심부에 건축되었던 고딕 대성당은 이전의 수도원 중심의 영적인 요새로서의 농촌적이고 폐쇄적이며 육중한 의미를 지닌 로마네스크 양식의 교회와는 전혀 다른 양상을 지녔다. 왜 고딕 대성당은 농촌 중심의 수도원 문화에서 도시의 중심 문화로 자리잡게 되었는가? 이것은 12세기 종교관의 커다란 변화에서 기인하였음을 알 수 있다. 새로운 천년을 맞이했던 11세기의 중세는 최후 심판과 종말론이 팽배해 있었으며 모든 사람들이 이를 준비해야 하는 때였다. 특히 1033년은

샤르트르 대성당, 서쪽의 왕의 문, 위 중앙 팀파늄 (중앙에 권좌에 앉아있는 그리스도, 그 둘레에 4명의 복음사가, 날개달린 사람의 성 마태오, 날개달린 사자의 성 마르코, 황소의 성 루카, 독수리의 성 요한)

예수가 십자가에서 사망한 지 약 1천 년이 지나는 시기로 당대인들에게
꽤나 의미있는 해였다. 예수의 재림이 얼마 남지 않았다고 여겼던
이들은 죄에 대한 회개와 보속 및 자선을 필요로 하였으며, 이들은
수도원의 수도승들처럼 생활하는 것을 이상으로 삼았다. 그리하여
이 시기는 수도원 중심의 문화를 발전시키게 되었다. 클루니 수도원은
당시 개혁을 주도하는 수도원으로3), 그리스도의 재림 시기가 임박하였
다는 종말론 사상에서, 성서의 공관복음서의 내용보다는 요한 계시록
에 등장하는 그리스도의 모습에 더욱 관심을 집중하였다.4)

   그러나 11세기 말엽이 되면서 이러한 교회의 모습은 변화를 가져왔
다. 이러한 심판자 그리스도가 우리 인간을 위해 성육신이 되었다는
사상이 성 안셀름의 사상에서 처음 등장하기 시작하면서 인간적인
그리스도상에 대한 논의가 진전되기 시작하였다.5) 십자군에 의해 동방
에서 가져온 예수 그리스도의 성 유물들은 그들의 관심을 더욱 사로잡
았고, 더욱이 기존의 수도원 운동과는 전혀 다른 탁발수도회의 활동으
로 인해 가난한 그리스도에 관한 이상은 많은 이들에게 친근하게 접근
해 갔다. 이들 프란체스코파와 도미닉파와 같은 탁발수도회는 허식과
장식을 거부하였으며, 예배의 단순한 형식으로 돌아갈 것을 주장하였
고, 무엇보다도 청빈 서약을 수용함으로써 일반민들 사이에서의 그리
스도를 발견하는 삶의 중요성을 강조하였다. 이러한 개혁 운동은 인간

---

   3) 이영재,「클루니(Cluny) 수도원의 개혁운동에 관한 연구」,『숭실사학』13집
      (1999.8), pp.139, 175.
   4) 죄인들을 공심판과 사심판하는 심판자로서의 그리스도의 모습이었으며, 계
      시록에 등장하는 진주와 황금, 보석으로 치장된 교회의 모습을 이상화하였다.
      그리하여 계시록에서 언급된 "금과 진귀한 보석으로 가득한 새로운 교회"
      내지 "어린 양이 다스리는 새 하늘과 새 땅"이라는 의미에서의 교회의 모습을
      재현하려고 노력하였다(요한 계시록 21장 11-23절 참조).
   5) Georges Duby, *Cathedrals*. p.86.

(왼쪽) 샤르트르 대성당의 왕관을 쓰고 옥좌에 앉은 아기 예수
와 왕관을 쓴 성모 마리아의 스테인 글라스(대략 1180년과
1225년). 오른쪽은 그 세부.

의 형식 즉 육화된 그리스도 안에서 나타난 신의 현시에 초점을 맞추었다. 이 사상은 신학의 핵심이 되었으며 고딕 대성당에서 표출되었다.

고딕 대성당의 예술은 신의 육화를 기념하는 것에서 절정에 이르렀고, 창조주와 그의 피조물의 평화로운 합일을 묘사하려는 시도를 하였다. 고딕 예술을 창조한 신학자들은 그리스도를 아기 예수로서가 아니라 왕으로서, 세상의 통치자로서 그렸다. 프랑스의 군주들이 건축하는 데 조력하였던 건축물들은 그리스도를 최초의 스승으로서 그의 머리 위에 왕관을 씌워 옥좌에 앉히고, 성모 마리아에게 왕관을 씌우는 모습으로 표현하였다. 마리아는 그리스도의 어머니였으며 동시에 그의 배우자였다. 또한 그녀는 여인이었으며 교회였다. 마리아가 그리스도의 육화에서 수행했던 역할 속에서 가톨릭 교리의 저자들은 마침내 12세기 동안 일반민들이 자신들의 가슴속에 신의 어머니를 모셨다는 그러한 사실에 정당성을 발견하였다. 신학자들은 마리아의 이미지가 자신들의 신학 중심부와 대성당 예술의 중앙에 예수의 성상과 함께 서있는 것을 인식하였다. 13세기 전반기의 예술가들이 묘사했던 성모는 연약함 및 고통의 체화가 아니었다. 그 대신에 그들은 그녀를 영광 속에 있는 모습으로 표현하였다.[6] 조각가들과 스테인 글라스 제조공들

---

6) 성모 마리아에 대한 숭배 사상은 서구에서 이미 오래 전부터 내려온 것이었다. 431년 에페수스 공의회는 마리아를 '천주의 모친'(Theotokos)으로서 공적으로 확증하였다. 이는 당시의 이단 네스토리우스를 반박하기 위한 것으로 마리아 자신을 들어올리기 위한 것이 아니었다. 알퀸(Alcuin)의 시기에 토요일 미사는 마리아에게 봉헌되는 것이 관행이 되었다. 이는 금요일 미사가 성 금요일을 회상하면서 그리스도에게 바쳐진 다음 날 행해진 것으로 마리아의 위상을 드러내는 것이었다. 마리아는 성처녀이면서 천주의 모친으로서 유일한 중요성을 지니며, 그녀의 중재기도는 이러한 이유로 인해 하느님께 전달될 수 있다는 것이었다. 영국에서는 베네딕트 수도원의 개혁으로 마리아의 여왕이신 성처녀에 대한 이미지가 더욱 보급되었으며, 이는 개혁과정에서의 현세 여왕들의 확고한 지원이 여왕 마리아의 이미지를 더욱 강화시켰다. 또한 이들 개혁 수도원의 계시록의 영향으로 최후 심판시에 그리스도의 가장

샤르트르 대성당의 북쪽 익랑의 중앙 문위의 팀파늄(아래: 임종과 성모승천, 위: 성모 마리아의 대관식, 그녀의 부활한 육신은 아들 그리스도 옆에서 하늘을 통치할 것이다.)

은 마리아의 이미지를 모든 것의 최상의 위엄있는 존재로 만들었다. 왜냐하면 학자들은 그녀를 신약의 상징이며 구약의 완성으로 인식하였기 때문이었다. 그녀의 인성에 인류는 신과 합일되었고, 영혼은 신비롭게 그의 창조주와 결합되었다. 마리아는 교회의 회중 집단의 구체적인 이미지였으며, 신이 육체를 취하게 되었던 신부로서 교회 그 자체였으므로 이단을 반박하기 위한 이보다 강력한 것은 없었다. 다른 말로 표현하면 각각의 대성당 등에서 마리아의 대관은 실제적으로 로마 교회 통치권의 공식적인 확증이었다.[7] 교회가 강력해지면 질수록 마리

강력한 중재자로서 마리아의 역할은 어느 성인보다도 우위에 있었다. 보다 자세한 연구로는 Mary Clayton, *The Cult of the Virgin Mary in Anglo Saxon England* (Cambridge Univ. of Press, 1990) 참조.

7) Georges Duby, *Cathedrals*, p.158.

아 성상도 신속히 발전해 갔다. 샤르트르에서 신의 어머니의 첫 번째 석조 상이 등장하였다. 이는 당시 성행하던 이단과의 전쟁을 통해 일반민들을 다시 규합하고 가톨릭의 교의와 로마 교회를 확고히 하는 역할을 하였던 것이다.

2) 도시 생활의 구심점

(1) 모母 교회로서의 지위

대성당은 대축일이면 도시의 각 교구에서 온 사람들이 운집하였던 모母 교회를 의미하였다.[8] 12세기와 13세기에 대성당들은 더욱 거대해지면서 동시에 보다 활기차게 성장하였다. 이들은 부를 끌어들이는 원천이 되었다. 사람들이 예배드리는 거대한 바실리카가 그들이 살고 있는 마을과 도시에 세워지는 일은 자연스러운 현상이었다. 대성당들은 주교들의 교회였으며 도시와 긴밀하게 연관되게 되었다. 대성당들이 번영함으로써 그곳을 관할하였던 성당 참사원들도 번창하였다. 대성당들은 진정으로 도시의 기구였다. 그들은 새로운 도시의 활기를 상징하였다. 사실상 도시와 대성당은 함께 발전하였던 것이다. 더욱이 대성당 건축을 염원하였던 이들은 다름 아닌 주교들이었다. 이들로 하여금 대성당 건축을 염원하도록 자극했던 동기들은 무엇이었던가? 가장 중요한 요소들 가운데 하나가 11세기 말엽과 12세기 초엽의 기존 교회가 직면한 이단의 커져가는 도전이었다. 이 시기 모든 주교들은 자신의 대성당에 지대한 관심을 지녔으며, 제후들 또한 거짓 예언자들과 싸워 그들의 주장을 극복하여야 했으며, 이들 이단 종파의 구성원들을 찾아내어야 했던 것이다. 이들 군주들은 프랑스와 다른 지역에서

---

8) H. Daniel Rops, *Cathedral and Crusade*(London, New York, 1957), p.8.

군주권을 강화하고 공공의 건물을 확대하는 계획안에 동참하려는 노력도 더해갔다.[9]

(2) 생존을 위한 공간

그렇다면 중세 대성당의 화려한 유리창과 조각상 및 전례의 장엄함은 특권 지배계층들만이 향유할 수 있는 것이었는가? 대성당이 그들에게만 속한 것은 아니었다. 이는 부유한 자와 가난한 이들 모두를 위한 공간이

샤르트르 대성당의 착한 사마리아인 창문에 있는 신발 제조공들의 모습

었다. 샤르트르 대성당에는 특히 장인들이 봉헌한 스테인 글라스가 있는 것으로 유명하다. 그곳에는 43개의 창문에서 그 도시 교역상의 작업하고 있는 모습을 볼 수 있다.[10] 그들의 직종별 길드 조직들은 오늘날의 방문자들에게 경이로울 정도로 매우 부각되는 모습으로 개축된 지성소의 스테인 글라스 창문의 기부자들이었다. 사실상 5개의 거대한 안쪽 스테인 글라스 창문들이 성모 마리아를 공경하기 위해 상인들 특히 도축업자들과 제빵장이들의 기부로 이루어진 것이었다.[11]

---

9) Georges Duby, *Cathedrals.* p.96.

10) C. Brooke, "The Cathedral in Medieval Society", W. Swaan, ed. *The Gothic Cathedral*(Doubleday & Co., Inc. 1969), p.13. 데라포르테(Delaporte)에 따르면, 샤르트르 대성당이 처음 건축될 때 만들어진 173개 창문 가운데 116개에 기부자들의 이름이 명시되었다. 군주, 제후들 및 주군이 44개, 성직자들 16개, 장인들 42개, 확인되지 않는 다양한 기부자 및 앞의 계층의 구성원이 아닌 자들이 14개, 종 116개이다. J. W. Williams, *Bread, Wine and Money*(Univ. of Chicago. 1993), p.12 참조.

샤르트르 대성당 안의 장인들 모습의 스테인 글라스

이러한 명백한 배치는 1194년에 샤르트르의 상인들과 장인들을 대성당으로 끌어당기는 감정의 무엇인가를 담고 있는 것처럼 보인다. 거대한 바실리카가 없는 그들의 장인 생활은 거의 상상할 수조차 없었을 것이다. 성모 마리아의 정기시는 노트르 담Notre Dame의 회랑에서 열렸다. 그곳은 대성당 참사회의 관할권에 소속되어 있었으며 그 사법권 안에 있었던 거리와 광장들에 바로 맞닿아 있던 곳이었다. 대성당 참사원장은 정기시의 평화와 안정을 보호하였다. 상인들은 참사원의 집 앞마당에 자신들의 진열대를 세웠다. 대성당 바깥과 바로 인접해 있는 세 개의 광장들은 가장 활기찬 정기시의 무대였다. 연료, 야채 및 육류는 바실리카의 남문에서 팔았으며, 옷감은 북문 쪽 근처에서 팔았다.

밤이 되면 외지인들은 대성당의 기둥 아래 혹은 지하 묘지의 특정 장소에서 취침하였다. 석공들, 목공들 및 다른 직인들은 교회에 모여 그들을 고용하려는 고용주를 기다렸다. 바실리카 내부에서의 음식 판매조차 어느 정도 질서있게 수행된다면 부적절한 것으로 인식하지 않았다. 성지 순례객들은 대성당 안에서 잠을 자고 음식을 먹기조차 하였다. 중세 도시민들에게 대성당은 생존을 위해, 순례를 위해 찾아오는 모든 이들에게 어머니와도 같은 존재였으며 열린 공간으로 존재하였

---

11) Delaporte and Houvet, *Les Vitraux de la Cathédral de Chartres*, 4 vols.(Chartres, 1926), p.464.

던 것이다.

(3) 시민적, 사회적 생활을 위한 공간

대성당에는 의자가 없었다. 겨울철에 난방이 되지 않았기 때문에 혹독하게 추웠으나, 일반민들이 기도하러 가는 곳 혹은 성인들의 유물에 경배하러 가는 곳이었을 뿐만 아니라 세속적인 목적을 위해서도 가는 곳이었다. 왜냐하면 교회는 그 도시에서 유일한 거대한 규모의 공적 건물이었기 때문이었다. 모든 곳에서 교회는 친근하고 친밀한 공간이었던 것이다. 시민의 모임이 그곳에서 정기적으로 열렸으며, 이곳에서의 회합이 매우 만족스러웠기 때문에 몇몇 도시들은 시청사를 건축하는 것이 불필요하다고 여기기조차 하였다. 대성당은 왕왕 법정, 토론회, 대학 졸업식, 심지어 매일의 사업이 열리는 장소이기도 하였다. 스트라스부르그의 시장市長은 관례적으로 자신의 사무실로 대성당 안의 그의 칸막이된 자리를 이용하여 그곳에서 업무 처리를 해 나갔다. 대성당은 진실로 '일반민들의 집'이었다. 그곳은 처음부터 일종의 휴게실, '도시의 거실', 상업적인 교환 및 많은 다양한 목적들을 위해 사용되는 곳이었다.[12]

그리하여 대성당은 이들의 다양한 이해관계를 반영하였다. 대성당들은 이단의 방어 및 그리스도교 왕국에서 자신들의 지위를 표현하고 주장하고 기념하기 위한 주교들의 염원의 산물이었으며, 봉건 주군들에 대한 지배권을 재획득하려는 군주들의 노력의 결과이었고, 대성당 건축에 조력하였던 도시 내부의 지방 상인들, 교역상들, 직인들 및 노점상들의 자부심의 결실이기도 하였다.[13] 이러한 모든 힘들이 거대

---

12) H. Daniel Rops, *Cathedral and Crusade*, pp.382-383.
13) Robert A. Scott, *The Gothic Enterprise*(Univ. of California Press, 2003), p.75.

한 고딕 대성당 안에서 상호 작용하면서 대성당에서의 활기를 이끌었다.

2. 대성당 구성원의 신분과 역할

앞 장에서 살펴보았듯이 교회와 대성당들은 사회의 모든 구성원들의 집으로써 건축되었다.[14] 이러한 대성당을 구성하고 이끌어가는 이들은 다름아닌 성직자 계층이었다. 이들은 지방에 따라 매우 복잡하고 다양하였으나 중세 도시의 성장과 교회의 발전에 주요한 역할을 담당하였다. 본 장에서는 대성당의 주요 구성원들인 성직자 계층에 관해 살펴보도록 하겠다.

1) 대성당 소속 성직자의 위계

대성당들은 크게 재속 대성당[15]과 수도원 대성당으로 구분될 수 있는데, 이는 대성당이 재속 성직자에 의해 관리되는가 혹은 수도원들에 의해 관리되는가에 따라 명명되었기 때문이다. 영국에서는 윌리엄 노르만 정복왕의 정복 이후 대성당에서의 많은 변화가 있었다. 많은 대성당들의 권좌가 소규모 촌락들에서 교구에서의 가장 중요한 도시로

---

14) C. Brooke, "The Cathedral in Medieval Society", p.15.
15) 우리가 일반적으로 사용하고 있는 재속 대성당들(secular cathedrals)에서 '재속'이라는 용어는 14세기 중엽의 우트레히트 대성당의 참사원과 성직록의 기록에서 비롯되었다. 여기에서 재속이라는 의미는 "우리가 세속적인 생활을 하여서가 아니라, 세속적인 재산을 지니며 그것의 처분권을 지녔기 때문에 '재속 성직자들'이다." K. Edwards, *The English Secular Cathedrals in the Middle Ages*(Manchester Univ. Press. 1949), p.1.

이동되었다. 대성당들의 수도 15개에서 19개로 증가되었고 많은 참사회들이 새롭게 생겨나거나 노르만 이념의 영향아래 재조직되었다.16)

대성당의 전체 위계에는 고위성직자들dignitaries, 참사원들canons, 성가대의 대리자vicars choral, 소성당 소속 사제들chantry chaplains 및 속인 봉직자들the lay servientes이 있었다. 고위성직자들의 대리인들은 때로는 특별한 고위성직자에 의해, 때로는 참사원장과 참사회 혹은 주교에 의해 임명되었다. 이들 모두는 그들의 의무를 신실하게 이행할 것을 참사회 앞에서 서약하였으며, 대성당 근처에서 상주해야만 했다. 그러나 어느 누구도 그들의 직무로 인해 참사회에 참석할 권리를 지니지는 않았다. 오로지 대성당의 성직록을 보유하는 성직자만이 이러한 권리를 지닐 수 있었다. 또한 하위 성직자inferior ministry로는 부제보subdeacon, 대부제archdeacon, 성가대의 대리자vicars choral, 보조자secondaries, 성가대원choristers 등이 있었다.

대성당마다 성직자들의 의무, 직함, 수, 위계가 다양하였다. 그럼에도 불구하고 이들 고위성직자들을 네 부류로 분류할 수 있는데, 이들은 참사원장dean, 성가선창자precentor, 교회법 고문chancellor 및 회계관treasurer이었다.17) 이들 모두는 성직자로 이루어졌으며, 단순한 참사원

---

16) 결과적으로 영국에는 9개의 재속 대성당들, 즉 솔즈베리, 링컨, 요크, 런던, 에세터, 헤레포드, 리치필드, 치세스터, 웰스 대성당이 있었고, 이들을 구 설립(Old Foundation)의 대성당이라 명명하였다. 그리고 10개는 수도 성직자(regular clergy)에 의해 관할되었는데, 그 가운데 9개의 대성당이 베네딕트회의 수도승들에 의해, 나머지 1개가 어거스틴 참사회에 의해 봉사되는 칼리스엘(Carlisle) 대성당이었다. 이들은 신 설립(New Foundation)의 대성당들이라 명명하였다. 이러한 구도는 종교개혁기까지 변함없이 유지되었다. 그후 군주 헨리 8세의 수도원 해산 명령 이후 대성당 수도원들은 재속 참사회의 참사원들에 의해 재건되었다. 또한 이 글에서 주로 다루고 있는 샤르트르 대성당은 재속 대성당에 속한다.

들과는 달리 영혼의 치료를 하면서 다른 성직록을 보유하는 것이 일반적으로 금지되었다. 대부제들archdeacons, 부참사원장subdean 혹은 고해신부penitentiary와 같은 다른 관리들에게는 고위성직자들의 직함과 우선권이 주어졌다. 일부 프랑스 대성당들에서는 보다 많은 수의 14개 혹은 17개의 고위성직자들이 있었다. 그러나 영국 대성당들에서는 이들 4개만이 '고귀한'principal 성직자들로 묘사되었다.18)

2) 주교

(1) 주교의 지위

본래 대성당 교회는 주교의 교회였으며, 대성당이라는 명칭도 주교의 권좌cathedra에서 취해졌음을 알 수 있다. 주교좌 교회는 주교의 배우자였으며, 사망이나 특별한 경우에 교황이 무효화할 수 있는 혼인에 의한 결합으로 간주되었다. 일 년의 특정한 시기에 교구의 성직자와 속인들은 대성당을 방문해야 하였을 것이다.19) 몇 가지 방식으로 대성당은 교구 통치의 중심부가 되었다. 왜냐하면 일반적으로 주교의 교회 법정consistory court이 열리는 곳이기 때문이었다. 주교는 일반적으로 교구 시노드를 소집하여 대성당 교회에서 만났다.

---

17) 참사원장은 참사회의 수장으로 모든 대성당 성직자의 영혼을 관리하였고. 성가선창자는 음악과 전례의 임무 및 음악 학교를 담당하였다. 교회법 고문은 참사회의 옥새를 관리하였으며, 참사회의 비서로도 활동하였다. 또한 문법학교와 신학교를 관장하였고, 흔히 대성당의 도서관 사서와 문서관리소를 담당하였다. 더욱이 성가대에 가르침을 주는 독서와 강론을 준비하였다. 회계관은 교회의 보물을 지켰으며, 예식에 필요한 양초와 물품들을 보급하였다.

18) K. Edwards, *The English Secular Cathedrals*, p.137.

19) 이런 경우는 성령강림절에 중앙 제대에 그들의 오순절 예물을 바치기 위해 행렬을 통해 들어갔다.

또한 주교는 대축일에 대성당의 중앙 제대에서 미사를 집전했으며, 주교관과 사목 지팡이를 지니고 그의 양편에 두 사람의 주요한 고위 성직자들을 대동하여 행렬을 주도하였다. 어떤 영국의 참사회도 주교의 수장권과 성가대석에서의 최고의 위엄성을 부정하려 들지 않았다. 그러나 주교는 그의 위엄에도 불구하고, 자신의 차례를 벗어나 미사를 집전할 수 있는 법률적 권리를 지니지 않았으며, 성가선창자precentor 혹은 교회법 고문 chancellor의 허락없이 설교할 수 없었다. 중세기에 영국의 주교들은 사실상 그들의 대성당에 거의 머무르지 않았던 것으로 보인다. 일

솔즈베리 대성당의 전경

솔즈베리 대성당의 서쪽 정면

례로 솔즈베리의 주교였던 시몬 겐트(1297-1315)는 주교직으로 봉직한 18년 동안 솔즈베리 대성당에서의 대축일 미사에 매년 참석하지 않았고, 한 번의 성탄절 미사와 다섯 번의 부활절 예식에만 참석하였던 것으로 알려졌다. 정치적인 활동과 함께 거대한 교구를 관할하기 위해

서 지속적인 여행을 하여야 할 필요성이 자연스럽게 주교들로 하여금 그들이 주교좌 성당에 참석하는 것을 종종 불가능하게 하였다. 또한 사려깊게 행동했던 주교들은 참사원장 및 참사회와의 갈등의 위험이 있는 자신들의 주교좌 도시들보다는 시골 지역에 있는 자신들의 장원 저택에 머무는 것을 더욱 선호하였던 것으로 보인다.[20]

(2) 주교의 역할

주교의 역할을 살펴보면, 먼저 중세 후기의 영국 주교들은 그들의 대성당 성직자에 대한 감독권과 교구 안에 있는 참사회의 토지에 대한 감독권을 행사할 수 있었다. 둘째, 주교들은 대성당의 입법 수장으로서 일반적으로 참사원장과 참사회의 토의와 동의를 통해 만들어진 대성당 법규집statutes을 비준하였다. 그러나 일부 대성당 법규집은 교황, 군주 및 대주교의 확정이 추가되어 수용되었다. 셋째, 주교는 참사회 구성원들에 대한 임명권을 지녔다. 교회법에 따라 대성당 고위성직자들과 참사원들의 임명은 주교와 참사회의 활약으로 만들어질 수 있었다. 프랑스의 참사회들에서 이것은 모든 수단을 동원하여 다양한 형태로 이루어졌다. 때로는 참사회와 주교가 공동으로 추천하였으며, 때로는 교대로 천거하였다. 샤르트르에서는 주교가 임명하는 것이 일반적인 방식이었고, 참사회는 그의 후보자를 검증하는 참사회의 권한을 강력히 주장하였다. 넷째, 주교의 참사회에 대한 사목 방문이었다. 그러나 참사회는 종종 이를 반기지 않았다. 왜냐하면 자신들의 독립적인 재산에 대한 주교의 감찰로 받아들여 주교와 갈등을 유발하는 원인이 되기도 하였다.

---

20) K. Edwards, *The English Secular Cathedrals*, p.105.

3) 참사원canon

(1) 참사원의 유래와 규모

참사원들은 대성당 성직자의 가장 중요하고도 필수적인 집단이었다. 참사원의 용어 유래를 살펴보면, 4세기 혹은 5세기 도시의 주교 교구diocese에서 봉사하였던 성직자들clerks로, 이들은 참사회chapter를 구성하였다. 이들 모두는 단순히 "성직자들" 혹은 "참사원 성직자들" canonical clerks로 명명되었다. *Clericus canonicus*라는 용어의 최초의 의미는 교회 법률 ecclesiastical law에 따라 사는 혹은 교회법들canons을 준수하는 성직자들이었다. 점차적으로 주교와 함께 살면서 그의 의논 상대로서 활동하는 성직자들은 '고위의 성직

링컨 대성당의 전경

링컨 대성당의 서쪽 정면의 세부

자들', '주교의 상담자들', '교회의 원로원', '추기경 성직자들'과 같은 영예로운 특정한 명칭이 주어졌고, 농촌 혹은 지방의 성직자들과는 그들을 구별하였다.

이러한 '참사원'canon의 의미는 9세기에서 12세기까지의 저술가들에 의해 잘 알려지게 되었다. 9세기부터 두 부류의 참사원 공동체들의 조직화가 이루어졌다. 한 가지는 공동생활의 엄격한 형식의 준수를 강화하려는 것이었고, 다른 하나는 공동생활을 파기하려는 것이었다. 대성당 참사원들은 10세기와 11세기의 과정에서 그들의 교회들의 공동 토지와 재산의 거대한 부분을 그들 자신들을 위한 분리된 몫 혹은 성직록으로 분배하여 사적인 재산을 획득하게 되었으며 개별 주택들에서 살게 되었다. 이들의 분리된 재산들로 인해 그들은 '재속' 참사원들로 명명되었다.

영국에서 참사원들 성직록의 재원 증여는 일반적으로 11세기 후반, 12세기 및 13세기 초반의 일이었다. 성 오스문드 St. Osmund는 11세기 후반 솔즈베리에서 32명 혹은 36명의 참사원들과 성직록을 확정하였다고 언급하였다. 링컨의 레미기우스는 21명을 확정하였고, 그의 계승자 로버트 블로엣은 또다른 21명을 추가하였다. 주교들, 군주들 및 유력자들에 의해 마련된 토지와 교회들의 증여로부터 성직록의 추가적인 재원이 확장되어져 갔다. 이는 대성당 특허장들 Cartularies에서 부분적으로 간혹 발견될 수 있는 점진적인 과정이었다.[21] 그러므로 영국 재속 대성당들에서 참사원들의 수는 중세 프랑스 참사회의 가장 거대한 규모였던 샤르트르와 경쟁할 수 없었다. 샤르트르 대성당은 14세기 초반에 77개의 성직록을 보유하였다. 전반적으로 영국 참사회들의

---

21) 13세기의 결과는 링컨, 솔즈베리, 그리고 웰즈를 영국에서 가장 거대한 3대 재속 참사회들로 만들었다. 링컨과 웰즈는 각각 54개의 성직록을 지녔으며, 솔즈베리는 52개, 요크는 그 다음으로 36개가 있었다. 성 바오로 대성당은 주요 참사원이 30명, 부차적인 참사원이 12명 있었다. 치세스터와 헤레포드는 각각 28개의 성직록을 지녔다. 에세터와 리치필드는 영국 재속 대성당 참사회들의 가장 소규모로 각각 24명과 21명의 성직록을 보유하였다. K. Edwards, *The English Secular Cathedrals*, p.33.

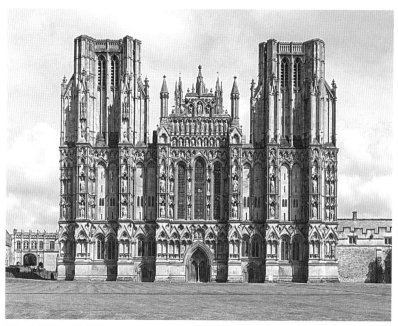

웰즈 대성당의 서쪽 정면

성직록의 수는 중세 내내 실제로 변함없이 유지되었다.

13세기 초반부터 거주는 선택적인 것이 되었다. 만일 참사원이 상주자가 되기를 원한다면, 그는 성경 위에서 특별한 서약을 함으로써 거주지에 공적인 입회가 이루어졌다. 12세기 후반 혹은 13세기에는 적어도 상주자와 비상주자를 두 집단으로 구별하는 참사원의 구분이 빠르게 성장하고 있었다. 점차적으로 상주자들은 대성당의 운용과 사업에 대한 거의 완벽한 통제권을 지닌 긴밀한 결집체를 형성해 갔다. 그들은 그들 집단에 새로운 거주자들의 입회를 고의적으로 제한하려는 시도를 하였다고 언급되었다. 그리하여 그들은 자신들을 위한 교회의 거대한 공동재산의 공유를 유지하려고 하였다.

웰즈 대성당의 주교궁전

(2) 주요 의무

성무일도의 의무　이들 참사원들의 일곱 번의 성무일도canonical hours에서의 시편 암송과 매일 중앙 제대에서 행해지는 미사 봉헌은 모든 곳의 상주하는 참사원들residentiary canons과 대리자들 vicars의 주된 임무였다. 하루의 일과는 조과Matins로 시작하였다. 왕왕 이것은 한밤중에 행하던 것으로서 대성당 법규집들과 관습록에 묘사되었다. 1319년 솔즈베리 법규집은 먼동이 틀 때 바쳐진 새벽 미사 직후 조과를 바치도록 권고하였다. 솔즈베리 법규집은 중세 후반에 영국에서의 전례 규정집으로서 점차 수용되었다.[22] 조과의 참석은 일반적으로 참사원들의 가장 중요한 의무로 간주되었다. 몇몇 교회들에서는 하루분의 참사원의 빵이 조과에 참석하는 참사원들에게만 지급되기도 하였다.[23]

---

22) 모든 곳에서 찬과(Lauds)는 조과 이후 즉시 행해졌다. 그후 약 오전 9시경 성모 마리아 채플에서 미사가 이루어질 때까지 연속적인 소성당 미사들로 이어졌다. 성모 마리아의 미사가 끝나자마자 일시과(prime)를 위한 종이 울렸다. 이후 참사원들은 참사회에서 모임을 가졌다. 삼시과(tierce)는 오전 10시경 중앙 제대에서 미사를 준비하는 동안 행해졌다고 알려졌다. 평상시에 육시과(sext)와 구시과(nons)는 미사 이후라고 언급되었고, 오전 11시경에 오전 일과를 마쳤다. 점심 식사는 이른 오후 짧은 휴식시간에 하였다. 저녁기도는 오후 3시라고 언급되었다. 평상시에 그것은 성가대석에서 망자를 위한 만과(vespers)를 포함하였다. 이후 성모찬송이 바쳐졌고, 곧바로 종과(compline)로 이어졌다. 참사원들과 대리자(vicar)는 오후 6시경 혹은 이보다 이른 시간에 저녁 식사를 하였다. 야간 통행금지의 종은 여름에는 해질 무렵, 겨울철에는 일몰이 빨랐기 때문에 어두워진 후 편리한 시간에 울렸다.
23) 1247년부터 치세스터 대성당에서는 참사원의 빵과 더불어 하루분의 공동재산

<u>환대의 의무</u>　모든 상주하는 참사원들이 특히 교회의 하위 성직자들에게 환대를 행하여야 한다는 이념은 중세 대성당 생활에서 확고히 뿌리내린 전통이었다. 왕왕 상주하는 참사원들의 환대 의무가 비용이 많이 들고 가장 무거운 책무였다. 그러나 모든 곳에서 그들은 조심스럽게 관습대로 준수하였으며, 상주자들이 유용할 수 있는 보조금 성격의 공동재산이 이들에게 지급되는 경향이 있었다. 예를 들어 링컨에서 그는 부제와 부제보, 그리고 성가대를 담당하는 한 사람의 사제를 키워야 했으며, 두 사람의 종지기들에게 매일의 아침식사를 제공해야 했다. 주일에 그는 19명에서 26명의 성가대원들에게 그의 집에서 점심을 제공하였다. 대성당의 도시를 거쳐 지나가는 중요한 외부인들 혹은 왕실의 방문객들은 참사원의 저택에서 휴식을 취하게 되어있었다. 이러한 이유들로 인해 최소한 대성당 부근의 참사원의 거처 마련은 모든 재속 대성당들에서 상주하는 참사원들의 필수 요건이 되었다. 14세기 후반까지도 일부 상주 참사원들은 그들에게 속해있는 대리자들 vicars과 함께 살고 있었다. 그들의 저택은 하나의 홀, 많은 방, 사적인 빵집, 맥주 저장소, 부엌, 버터 저장소, 마구간 및 비둘기 집 등을 지닌 매우 거대한 규모였다.[24]

　<u>참사회 참여의 의무</u>　중세 후반 상주 참사원들은 대성당과 참사회에서 많은 업무상의 일들을 책임졌다. 그들은 상주 참사원들의 공동재산에 속해있는 업무를 행할 것을 서약하였으며, 참사회의 재정 관리들, 공동 재산의 관리자들 및 성가대원들의 스승으로 활동할 것을 서약하였다. 그들은 방문을 위한 참사회의 위원으로 혹은 공동 재산의 관리자로

을 화폐로 추가하여 조과에 참석하는 이들에게만 지급하였다.
24) K. Edwards, *The English Secular Cathedrals*, p.61.

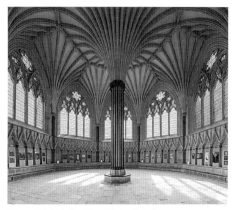
웰즈 대성당의 참사원 저택의 내부 홀

웰즈 대성당에서 참사원 저택으로 통하는 내부계단

임명되었다. 그들은 참사회 농장에서의 성직록에 대한 감찰권 혹은 참사원의 저택에서 요구하는 주택 보수공사에 대한 조사권을 지녔으며, 성직록으로부터 세금을 징수하였다. 그들은 참사회 법정 혹은 다른 임무를 수행하기 위해 로마 교황청, 군주의 법정 혹은 캔터베리의 법정에 파견되었을 것이며, 주교 혹은 수도원에서의 협상을 수행하기 위해 파견되기도 하였다.

이들 대부분의 지명과 다른 현행 업무들은 매일의 혹은 일주일의 참사회의 모임에서 처리되었으며, 부재 참사원들과 일 년이 안된 신임 상주 참사원들은 일반적으로 그 모임에서 배제되었다. 모든 참사원들 즉 상주자들과 부재자들의 전체 총회는 경우에 따라서는 참사원들 전체 집단에 영향을 주는 특히 중대한 문제들을 결정하였다. 그러나 짧은 매일의 참사회는 일시과 이후 종이 울리면 모임을 가졌다. 그들의 모든 의무들을 양심적으로 이행하였던 상주 참사원들은 바쁜 삶을 살았다. 특히 중세 후반에 그들의 수는 점차 감소하였으나, 대성당 예식과 참사회 업무는 점점 무겁게 부과되었다.

(3) 부재 참사원

부재 참사원들non residents과 상주 참사원들의 두 집단들 간에는 개별적인 잦은 교류가 있었음을 알 수 있다. 대부분의 참사회들은 정부 요직에서 활동하는 참사원들, 왕실 법정에서 법률가로 활동하는 그들 혹은 대성당 법정에서 일하는 참사원들을 매우 유용한 구성원들로 인식하였다. 1392년 궁정 채플의 참사원장이었으며 솔즈베리의 부재 참사원이있던 존 베레John de Bere는 자신의 영향력을 이용하여 상주 참사원들의 요청으로 이미 거부당했던 그들의 왕실 자격증royal licence을 획득하기 위해 자신들의 대의원proctor을 로마로 파견하였다. 설령 부재 참사원들이 참사원으로서의 주요 의무에 참례하지 못할지라도, 그들은 왕왕 법률적 혹은 다른 현세적인 업무에서 실질적인 도움을 제공할 수 있었다. 더욱이 많은 부재 참사원들이 뛰어난 인물들로 교회와 국가의 지도자들 가운데 있었기 때문이다. 대성당에는 유능한 행정가, 법률가, 학자, 설교가, 신학자, 재정 및 토지 관리에 밝은 사람, 환대를 즐기고 나누는 천부적인 능력의 소유자들이 있었다.

3. 도시의 거실인 대성당의 기능

당시의 대성당은 성직자로부터 일반민들에 이르기까지 모든 사람들의 사적 혹은 공적인 공간이 되었으며, 그곳에서는 다양한 사람들과의

샤르트르 대성당의 북쪽 익랑의 장미창 1235년

관계가 형성되었을 것이다. 본 장에서는 대성당이 구체적으로 중세인들에게 어떠한 소통의 기능을 하였는지 살펴보기로 하자.

1) 신과의 만남

(1) 육화된 그리스도와의 만남

고딕 대성당은 빛, 논리학, 광휘 그리고 인간의 모습을 취한 신을 만들어낸 새로운 심미주의를 가장 극적으로 표현하고 있었다. 고딕 대성당에서 표현된 하느님의 이미지는 구약에서 표현된 위엄있고 근엄한 최후 심판자로서의 모습보다는 인간으로 육화된 인간 그리스도의 이미지를 부각시켰다. 고딕 대성당들의 거대한 서쪽 정문들의 꼭대기에 위엄자로서 묘사된 그리스도를 통해서 인간들은 빛으로 가득 찬 지성소에 들어가는 문을 지니게 되었으며, 이는 하느님이 사람들을 그에게로 인도할 것을 약속한 것이었다.

고딕 대성당의 그리스도는 하느님의 육화로서 살아있는 그리스도로 묘사되었다. 그리스도는 살아있는 인간 존재와 영원한 신의 개념을 연결하였다. 대성당은 하느님, 육화된 그리스도, 군주들, 주교들, 다른 성직자들, 상인들, 교역상들 및 농민들을 다함께 하나의 거대한 체계 안에 연결시키는 것으로서 모든 것이 표현된 곳이었다. 뒤비는 이를 표현하기를, "창조주와 피조물, 자연과 초자연, 영원과 역사적인 것이 하나로 합치되는 곳은 신이 인간을 창조한 것과 같이 그리스도가 좌정하였던 곳이었다. 그리스도는 빛 가운데 빛에서 났으며, 그러나 단단한 육체로 만들어졌다. 생 드니의 건축물이래로 고딕 예술은 육화를 표현하기 위해 노력하였다."[25]

---

25) Robert A. Scott, *The Gothic Enterprise*, p.68.

고딕 대성당은 신학적인 견지에서 사람들이 천국을 느낄 수 있는 장소로 내부 공간을 꾸몄다. 그곳은 기하학적으로 규칙적이며, 질서정연하고 일목요연하며, 지속성을 지니고, 빛으로 가득 찬 곳이었다. 그것은 "신학이 적용된 기념물"이었다. 이는 대성당이 바로 고딕 예술로 표현된 빛이신 그리스도를 만나는 장소로 인식되었다. 중세 도시민들은 이러한 당대 신학 및 이데올로기가 잘 표현되었던 대성당 성전 안에서, 그리고 성서와 성인들의 이야기 및 지켜야 할 교리 내용이 거대하고 섬세한 그림책으로 옮겨놓은 것 같은 대성당의 아름다운 석조물과 조각상들 및 스테인 글라스를 바라보면서, 혹은 대성당 대축일 미사에 참례하면서, 혹은 대성당 안에서 기도하면서, 혹은 고요히 머무르면서 육화된 그리스도와의 만남을 열망하며 영혼과 심신의 안식을 추구하였을 것이다.

(2) 빵과 포도주의 봉헌

가톨릭 전례 특히 미사 때의 성찬의 전례에서 빵과 포도주는 상징적인 의미뿐만 아니라 실제적인 의미에 있어서도 매우 긴요한 요소였다. 샤르트르 지역은 빵과 포도주의 생산량이 많은 지역이었다. 샤르트르 대성당의 스테인 글라스뿐만 아니라 건축 조각상에서도 빵에 관한 내용이 많이 그려졌는데, 이는 바로 빵이 이 지역의 주요 생산물이었고, 교구 노동력의 대부분이 곡물 경작에 종사하고 있었음을 드러낸다. 빵은 주식이었을 뿐만 아니라 많은 의무들을 지불하는 방법이었다. 예를 들면 다양한 세금, 십일조, 수수료, 숙박료, 교회법에 따른 분배, 가신들의 임금 및 교구 사제들에게 바치는 다양한 지불 수단으로 화폐 대신 사용되었다. 샤르트르에서 화폐경제가 잘 확립되었을지라도, 빵의 이러한 전통적인 지불은 지속되었다.[26] 교구민들은 성탄절에 영예로운 지불로서 사제에게 빵을 봉헌하였다. 축일날 교회에 빵을 지불하는 것은 매우 일반적인 관행이었던 것이다.

지방 특허장들을 통해 볼 때, 빵 봉헌은 주요 축일들과 연계되었다. 정확히 축일들이 되면 대성당에 참석하기 위해서 교구민들은 노동을 중지하고 자신들의 교구를 떠나는 것이 허용되었다. 주요 축일에 참석하였던 주교는 빵을 봉헌 받아 제대에서 그것을 축성하였을 것이다. 프랑스에서 빵 지불과 빵 축성 연구에서 중요한 인물이었던 쉬레이버 Georg Schreiber는 교구 사제들에게 지불되었던 '데나리스 빵의 축성'denariis panis benedicendi 기록이 샤르트르 전역에서 나온다는 사실을 밝혀냈다.27) 오이즈Oise의 루레이Luray에서 이러한 축성은 축일들의 표시와 연관되었음을 발견하였다. 그곳에서 빵의 덩어리들은 한 해의 4대 축일 중 성탄절, 부활절, 성령강림절 및 만성절 축일의 미사 봉헌물들의 일부였다는 것이다.

조셰프 갱만J. Jungmann에 따르면, 미사 때의 빵 봉헌은 사도신경 암송에 이어 성가대의 응답송을 노래하는 동안 봉헌 행렬로 축제일에 행해졌다. 9세기에 성찬용 빵으로 신자들이 이러한 방식으로 교회에 가져와 성직자에 의해 축성되었던 빵이 작고 누룩을 넣지 않은 밀병으로 대체되었다.28) 주교 두란두스 망데Durandus of Mende 29)는 13세기의

---

26) 십일조와 봉헌물보다도 관습적인 지불이 지방 교회들에서 나타났다. 대부분의 빵과 더불어 데니에르와 초는 교구민들을 위해 몇몇 빵을 축성하는 사제들에게 지불되었다. 빵, 초 및 데니에르는 세속 주군들에게도 때때로 지불되었다. 이 빵들은 아마도 메디아니(mediani) 혹은 1데니에르의 가치에 해당하는 일정한 규모의 빵이었다. 점차 빵보다 화폐를 선호하여 실제적으로 빵의 지불이 소멸되었다.

27) Georg Schreiber, "Mittelalterliche Segnungen und Abgaben, Brotweihe, Eulogie, und Brotdenar", *Gemeinschaften des Mittelalters, Recht und Verfassung, Kult und Frömmigkeit*(Regensburg and Munster, 1948), pp.213-82. Jane W. Williams, *Bread, Wine and Money*, p.46.

빵 봉헌 예식에 대해 다음과 같이 묘사하였다. "대부제들과 교회 봉사자들은 일반인들로부터 봉헌물을 받아 그것들을 주교에게 가져갔다. 주교와 참사원은 영성체를 위해 이 봉헌된 빵을 더 이상 사용하지 않았다. 빵은 덩어리체로 축성되어 조각으로 쪼개졌으며, 모인 회중에게 재분배되었다." 특정 축일에 교회의 봉헌된 빵은 가난한 자들에게 나누어주었다. 또한 두란두스는 예수승천일과 오순절에 가난한 자들에게 빵의 분배에 관한 정교한 예식을 서술하였다. "한 부제가 그리스도가 행한 빵의 기적 사화를 읽었고, 이후 사제가 빵을 축성하였으며, 그는 다시 그 기적 이야기를 상기시켰다." 샤르트르 대성당에서 가난한 사람들에게 빵을 분배하는 일은 주교가 예수승천일과 오순절에 유사한 전례 형식으로 그리스도의 빵의 기적 사화를 상기시키는 동일한 축성 기도문을 읽음으로써 행해졌을 것이다.[30]

외르 강둑의 샤르트르 마을

11세기에 이미 샤르트르 마을은 포도원으로 둘러싸여 있었다. 성찬식을 위한 빵과 포도주를 봉헌하는 초기 그리스도교도의 관행이 거의 완전히 소멸된 지 오래되었으나, 미사 때에 속인들의 포도주 봉헌 관행은 12세기에도 지속되었다. 교구 교회들에 작은 병의 포도주 납부는 첫 수확 혹은 십일조의 일종이었다.

28) J. Jungmann, *The Mass of the Roman Rite: Its Origins and Development*(Missarum Sollemnia) Trans. Rev. F. Brunner, C.S.S.R. 2vols.(New York, 1951), p.55.
29) 이전에 샤르트르 대성당의 성당 참사회의 참사원장이었다.
30) Jane W. Williams, *Bread, Wine and Money*, p.47.

소교구 교회들은 축일에 포도주, 리넨, 양초와 같은 농산물들의 제대 봉헌을 예상하였다. 포도주가 명문화되지는 않았을지라도, 그것은 지방 교회의 의무, 첫 수확물 및 십일조로 봉헌되었던 것처럼 보인다. 그리하여 1208년에 샤르트르에 새로운 채플의 기초가 놓여졌을 때 주요 지불 수단으로 등장하였다. 축일에 납부형태의 봉헌은 관례가 되었고, 그러므로 일반민들은 자신들의 작은 포도주를 대성당에 납부하기 위해 가지고 왔다.

13세기의 성직자들은 일반적으로 그들 자신이 특별한 성찬식 포도주를 마련하였다. 1300년경에는 사제들만이 빵과 포도주를 모두 먹었다. 회중이 영성체를 할 때 빵만을 영했지, 축성된 포도주는 영할 수 없었다. 단지 특별한 예외가 있었는데, 신성로마제국의 황제와 프랑스 군주의 대관식 때에는 양형영성체를 했다. 그러나 그 이후에는 군주들도 빵만을 영했다.[31] 그리하여 성체를 영한 후 성찬식에 참여한 자들은 간혹 축성되지 않은 포도주 혹은 물과 섞은 포도주를 한 모금 마셨다. 13세기부터 영성체 후 물탄 포도주를 주는 관행은 점점 더 일반적인 것이 되어 갔다. 이와 같이 대성당에 봉헌된 포도주는 주로 성직자들을 위해 사용되었지만, 물을 탄 포도주는 일반민들과 함께 나누어 먹었으며, 더욱이 특정 축일에 봉헌된 빵은 참석한 회중들에게 재분배되어 가난한 이들과 빵을 함께 나누었다. 이는 성찬을 통한 신과의 만남뿐만 아니라 실제적으로 빵을 쪼갬으로써 교우들 간에도 나눔을 통한 화합과 공동체적 일체감을 느끼게 되었다.

---

31) R. N. Swanson, *Religion and Devotion in Europe. c.1215-c.1515*(Cambridge Univ. Press, 1995), p.99.

2) 성모 마리아(성인들)와의 만남

(1) 성 유물을 통한 통교

샤르트르 대성당의 순교자들의 채플에 전시된 성모 마리아의 튜닉의 일부

중세인들의 성 유물 공경은 성인의 힘을 끌어들여 하느님께 중재의 요청을 돕는 것이었다.[32] 성 유물은 일반적으로 신체의 일부로 생각되었는데, 유골, 머리카락의 일부, 뼈 등이었다. 이것들은 성인들과 유일하게 연관되어 있었으며, 의복과 다른 소장품들처럼 경신을 자극하였다. 성인은 훌륭한 보호자였던 것이다.[33]

샤르트르 대성당은 예로부터 성모 마리아를 공경해 오던 곳으로 유명하였다. 이곳 대성당 지하에는 성모 마리아가 아기 예수를 낳을 때 입었던 옷(튜닉)이 보관되어 있으며 특히 치유 기적이 많이 일어나는 곳으로 유명해졌다. 876년 샤를 대머리왕이 샤르트르 대성당을 방문하여 마리아의 옷을 헌정한 것이었다. 이 선물이 순례지로서 샤르트르의 기원을 특정짓는 것은 아니다. 샤르트르에서의 성모 마리아에 대한 공경은 이미 초기 시대부터 시작되었던 것으로 보인다.[34] 또한 샤르트

---

32) R N. Swanson, *Religion and Devotion*, p.158.

33) 피터 브라운, 정기문 옮김, 『성인숭배』(새물결, 2002), p.113.

34) 프랑스의 여왕들이 임신하였을 때 샤르트르 참사회의 저택은 그들에게 마리아의 튜닉이 담겨있는 성 유물함에 닿은 한 속옷을 제공하여 순조로운 다산을

르의 대성당 지역은 고대 로마 시대 로마인들이 주둔했던 지역으로 그 당시부터 우물이 있었고, 이곳에 관한 신비로운 전설이 내려오면서 당시 샤르트르는 성 마리아, 우물, 치유의 기적 등으로 수많은 순례자를 끌어모으는 곳이 되었다. 마치 오늘날의 루르드를 방불케 하는 곳이었다. 이러한 성 유물에 대한 믿음은 특히 샤르트르 대성당이 네 번이나 계속해서 화재로 전소되었을 때, 다섯 번째의 새로운 대성당을 건축할 수 있게 만든 힘이었다.

샤르트르 대성당의 자리에 최초의 교회가 세워진 것은 4세기와 6세기 사이의 시기에 건축된 것으로 갈로-로마 교회로서 알려졌다. 두 번째 세워진 교회는 743년 아뀌뗀느 공작 후날드Hunald의 방화로 최초의 화재 사건이 일어났으며, 이후 세 번째는 858년 주교 지레베르트 Gislebert에 의해 재건축되었는데, 데인족의 약탈자들에 의해 고의적으로 방화되었다. 네 번째로 건축된 교회는 로마네스크식 교회로서 주교 풀베르가 동일하게 화재로 전소된 교회를 1020년에 재건축한 것이었다. 샤르트르 대성당의 건축은 성직자와 귀족뿐만 아니라 장인, 농민 등의 다양한 지역 주민 모두의 참여를 이끌어 내었다. 샤르트르 대성당과 그 학교가 지식의 중심부로서 유럽 전역에서 명성을 얻게 된 것은 풀베르의 탁월한 지도력 덕분이었다.[35]

다섯 번째로 오늘날의 모습인 고딕 대성당은 로마네스크 교회 거의 전체가 화염으로 전소되었던 재앙 이후 1194년에서 1220년 사이에

용이하게 하였다고 한다. J. Markale, *Cathedral of The Black Madonna*(Rochester, Vermont, 2004) English trans. J. Graham, p.56.

35) 그는 띠에리 샤르트르, 윌리엄 콩쉐, 존 솔즈버리와 같은 탁월한 학자들을 끌어들일 수 있었다. 12세기 르네상스를 소개하는 연구서로서 C. H. 해스킨스 지음, 이희만 옮김, 『12세기 르네상스』(혜안, 2017) ; R. 스완슨 지음, 최종원 옮김, 『12세기 르네상스』(심산, 2009)가 있다.

건축된 것이다. 그 때에 그 세기 초기 세워진 두 개의 서쪽 탑들과 왕실 문은 화재를 피하였다. 이 화재는 대성당뿐만 아니라 샤르트르 전역으로 번져 당시 굉장한 피해를 주었다. 모든 주민들이 상실감과 허탈감에 빠져 망연자실해 있을 때, 한 성당 참사원의 용감한 행위로 지하에 보관되어 있는 '성모 마리아의 옷'이 불길에 전혀 닿지 않고 온전히 깨끗한 상태로 보존되어있는 것을 확인할 수 있었다.

샤르트르 대성당의 북쪽 문(신약의 인물들 : 어린 예수를 안고 있는 시메온, 세례자 요한, 열쇠를 지닌 성 베드로 사도)

주교를 포함한 샤르트르 지역민 모두가 이는 성모 마리아가 새로운 아름다운 성전을 이곳에 세우기를 원하는 것으로 받아들여졌으며, 그리하여 신속하게 화재의 잿더미에서 다시 건축이 시작되었다.[36]

(2) 축제일의 사회, 경제적 소통

샤르트르에서 전체 도시의 경제생활은 주로 네 개의 주요 시장들을 중심으로 이루어졌다. 이들 시장들은 12세기 말엽 베리에와 상파뉴의 정기시와 거의 동일한 명성을 얻게 되었다.[37] 샤르트르의 주요 정기시

---

36) Gordon Strachan, *Chartres: Sacred Geometry, Sacred Space*(Floris Books, 2003), p.9.

는 성모 마리아의 4대 축일 즉 주님 봉헌축일(2월 2일), 수태고지(3월 25일), 성모 몽소승천일(8월 15일), 성모 탄신일(9월 8일)과 일치하였다. 이들 축일은 대성당으로 엄청난 순례객들을 끌어 모았다. 대성당 참사회에 의해 확립된 대부분의 정기시들은 이러한 축제들에서 기원하였기 때문에 이들은 그것에 종속되어 남아있었다. 종교적인 기념품들과 경건한 물건들의 상당한 양이 순례자들에게 구매되었다. 성모 탄신축일(9월 8일)의 정기시에서 이러한 품목들은 모든 상품 판매의 태반을 차지한 것처럼 보였다. 이들 경건한 상품들은 대부분 납으로 만든 작은 성모 마리아상 혹은 '성스러운 옷'Sacred Tunic의 상이었다. 그러나 보다 부유한 순례객들은 사제가 축성할 때 임신부에게 축복이 내려질 것이며, 심지어 전투에서 그의 갑옷 속에 그것을 입어 기사를 보호한다고 생각하였던 진짜 여성용 내의를 집으로 가져가기를 원했다. 그리하여 그 지역에서 가장 유명한 생산물이 되었던 제조업과 의류의 판매는 '성스러운 옷'의 예식에서 직간접적으로 이득을 보았다. 성 유물과 관련된 축제일이 그 지역 경제의 발전을 가져오는 중요한 동력원이 되었다. 이와 비슷한 일례는 생 드니 수도원 교회에서도 찾아 볼 수 있다.[38]

---

37) Otto von Simson, *Gothic Cathedral*(Bollingen Foundation Inc., 1956), p.166.

38) 생 드니 수도원 교회의 기원은 5세기 말엽에까지 올라가는데 이곳은 원래 3세기의 순교자 드니 혹은 데니스 혹은 디오니시우스 등의 다양한 이름으로 명명되는 성인의 성 유골함의 집으로 건축되었다. 드니는 3세기의 로마 황제 데시우스의 치세기에 고올 지방의 사람들을 개종시키기 위해 파견된 7명의 주교들 가운데 한 인물이었으며, 그는 파리의 첫 번째 주교가 되었다. 그는 그리스도교도들의 박해기에 순교하였으며, 626년에 그의 유골은 오늘날 생 드니 수도원 교회로서 알려진 베네딕트 수도원으로 옮겨졌다. 9세기의 생 드니 교회의 수도원장에 의해 꾸며진 전설에 의하면 천사에 의해 인도된 드니의 부패되지 않은 시신은 순교지의 언덕에서부터 수도원 교회의 장소로 걸어왔다는 것이다. 그의 희생과 선교 목적으로 인해 드니는 결과적으로 프랑스의 수호성인으로서 받아들여졌다. Robert A. Scott, *The Gothic Enterprise*, p.77.

이들 지역 이외에도 많은 곳에서 성 유물과의 통교는 지역 경제의 활성화 특히 순례지로서의 명성을 얻게 하여 많은 순례자들을 유인하였으며, 이로 인한 지역 시장의 형성과 발전에 중대한 영향을 미쳤음을 알 수 있다.

3) 도시민들의 문화적 소통공간

(1) 오락과 교육의 공간

대성당은 중세 도시민들에게 문화적 공간으로도 활용되었는데, 그 가운데 하나가 중세의 극장 기능이었다. 개별 교구를 위한 연극은 내용에 상관없이 자금을 끌어모으는 훌륭한 수단이었으며, 교회의 축제와 마찬가지의 동일한 수준이었다.[39] 연극을 통한 그리스도교의 전달은 중요한 것이었다. 전례가 강한 연극적인 요소를 지니며, 대성당 건물의 축성은 순수한 극장'으로 개관하는 것과 유사하였다.[40] 주교는 새로운 대성당으로 향하는 영예로운 행렬을 주도하였으며, 닫혀진 성전 문 앞에 선 주교가 그것을 지팡이로 세 번 두드리면 행렬은 성가를 부른다. "당신의 머리를 들어 올리시오. 오 당신의 문들이여, 당신의 영원한 문들이 들어 올려진 것처럼, 영광의 왕이 들어갈 것입니다." 첫 번째의 침묵이 흐르고, 그다음 "누가 영광의 왕입니까?" 이에 대한 응답송으로, "만군의 여호와, 그분이 영광의 왕이십니다." 이러한 신호로 빗장이 서서히 열리어 주교와 행렬은 축성식을 위해 대성당 안으로 들어갔다. 성 목요일 예식에서는 거대한 십자가가 내려지고, 성합 안에 들어있는 성체가 덮여씌워져 '수난 감실'로 이용되었다. 부활절 예식에

---

39) R. N. Swanson, *Religion and Devotion*, p.83.
40) W. Swaan, *The Gothic Cathedral*(Doubleday & Co., Inc. 1969), p.31.

서 극적인 요소는 무덤 안의 촛불 옆에서 성 토요일 밤과 낮을 지킨 갑옷으로 무장한 감시병들과 함께 정교화되었는데, 안개와 연기로 흉내 낸 폭발은 그리스도가 무덤에서 부활할 때 극적인 순간이 되었다. 몇몇 대성당에서는 성령강림절에 특별한 볼거리를 제공하였는데, 밧줄에서 불꽃이 연기를 태우며 내려오는 장면은 비둘기가 지붕에서 내려와 사도들 위에 내려 앉은 불꽃모양의 혀를 재현한 것이었다. 또한 할례제인 1월 1일의 축제는 젊은 사제가 집전하는 특별 예배와 도시를 통과하는 행렬로 구성되었다. 이 의식은 이집트로의 피난과 관계가 있었기 때문에, 성직자들은 요셉과 마리아로 분장하고, 실제로 살아있는 당나귀를 교회 안에까지 등장시켰다. 축제의 표현들은 매우 사실적이어서 실제로 칼이 사용되고 피도 뿌려지곤 하였다.[41]

이러한 연극의 내용은 성서에 근거한 것으로 창조부터 최후 심판에 이르기까지의 사건들이었다. 교리적인 연극은 신앙의 특별한 측면을 다루었다. 예를 들면 요크 지방에서의 '주의 기도 연극'은 그들 메시지에 영향을 주었던 구절들을 통해 그러한 기도를 다루었다. 요크에서와 유사하게 '사도신경 연극'은 사도들의 신경을

샤르트르 대성당의 서쪽의 오른쪽 문 위의 장식 창도리의 피타고라스 조각상

41) 존 볼드윈, 『중세 문화 이야기』, p.137.

만들었던 것을 자료로 하였으며, 개별적인 구절의 의미를 확장하였다. 또한 크락톤Croxton과 같은 지역에서의 '7 성사 연극'은 이단을 반박하고 정통교리를 공언하도록 고의적으로 구성되어진 것처럼 보인다.[42] 그들의 청중들 가운데 많은 이들을 위해 연극은 의심할 여지없이 종교적인 가르침보다는 오락으로서 보여졌을 것이다. 대성당에서의 연극은 가톨릭 전례의 일부이기도 하면서 볼거리를 제공하였으며, 동시에 교리적인 내용과 교회의 권고를 통한 가르침이 있었고, 지방에 따라 이단에 대한 정통교리를 확산하는 역할도 함께 수행하고 있었다. 이는 속인에 대한 종교적인 교육의 범위, 규모 및 기회가 본질적으로 증가하고 있다고 볼 수 있다.

(2) 사회적 갈등 표출

대성당 내에서는 다양한 사회집단들 간에 깊은 적대주의도 표출되었다. 특히 샤르트르 대성당에서의 이러한 갈등들의 유형들은 복잡하였다. 주교에 저항하는 참사회, 주교와 참사원들에 저항하는 지방 백작들과 백작부인들, 이들 모두에 저항하는 지방 장인들과 농민들 등이 있었다. 가장 극적인 사건은 참사회와 주교 간의 긴장이 표출된 일이었다. 1200년 참사회의 새로운 관습들이 반포되었는데, 이는 증오감을 반영한 것으로 주교좌의 방해로부터 참사회의 특권들을 방어하기 위한 참사회의 결정이 포함된 것이었다. 이러한 관습들은 "우리 교회의 가장 하위에 있는 참사원일지라도 주교의 사법권으로부터 완전히 자유이며 면제이다"라고 성문화하였다. 이 자료는 참사회가 자신의 독점적인 권한을 주장하기 위해 샤르트르 교회와 도시를 포함하는 주교의 사법권의 영역에서 주교의 권한을 제한하려는 목적으로 반복적으로 이용되

---

42) R. N. Swanson, *Religion and Devotion*, p.84.

었다.

특히 샤르트르 지방에서 성당 참사회의 포도주 수입은 지속적으로 증가하고 있었다. 이들의 포도주 수입은 1194년 네 명의 감독관들 provosts의 해임 이후 점점 증가하였다.[43] 성당 참사원들의 이러한 잉여 포도주를 가장 높은 이윤을 남기고 팔 수 있는 상업적인 판로는 회랑에 있는 선술집들이었을 것이다. 성당 참사회는 대성당 관구의 최고 법정을 보유하고 있었는데, 이곳은 백작의 세금으로부터 면제되었고, 이는 12세기 교황 칙서들이 반복적으로 확정해 주었다. 이것은 참사원과 백작과의 갈등 관계를 유발하는 것이었다.

더욱이 성당 참사회는 회랑에 포도주 가판대 판매원들criers을 배치하여 판매하였다. 대성당 내에서의 포도주 판매 및 가판대의 대여 등의 경제적인 행위들은 성직자와 도시민들 간의 갈등도 유발하였다. 도시민들은 대성당 참사원들에게 자신들의 시장 가판대의 세를 지불해야만 했기 때문이었다.[44]

또한 샤르트르에서 1210년 10월 봉기가 발생했는데, 이는 도시민들이 참사원장의 저택을 공격한 것이었다. 이 사건은 적어도 2백 명의 장인을 포함하는 도시인들이 몽둥이와 돌을 들고 언덕 위에 있는 대성당의 회랑을

웰즈 대성당에 연결된 참사원 저택

43) L. Amiet, *Essai sur l'organization du Chapitre Cathédrale de Chartres du XIe XIIIe siècie*(Chartres, 1922), pp.112-118.

44) Jane W. Williams, *Bread, Wine and Money*, p.80.

공격하였고, 이후 참사원장 길라움Guillaume의 저택을 공격하였다. 결국 봉기는 많은 사상자들을 내고 진압되었으며, 성직자는 봉기 이후 샤르트르와 그 외곽지역에 성사금지령을 선포하였고, 사제들은 설교대로부터 파문령과 영벌에 처해졌다. 이와 같이 샤르트르 대성당 내의 사람들 간에는 다양한 적대감이 존재했으며 때로는 분출되었다.

4. 맺음말

12세기 도시의 부활과 함께 고딕 대성당 건축의 붐은 거의 전 유럽에서의 도시의 풍경을 바꾸어 놓았다. 도시 중심부에 우뚝 솟은 대성당은 중세인들의 종교 생활과 도시 생활의 구심점이 되었다. 당시 대성당에 표현된 그리스도의 모습은 계시록에 등장하는 최후 심판자로서의 모습보다는 인간의 모습을 취한 친근한 모습이었다. 이는 도시에서 우후죽순 생겨나는 이단으로부터 일반민들을 방어하기 위해 육화된 그리스도와 그의 어머니 마리아를 상징적으로 대성당 중앙에 배치하여 통치권을 지닌 왕과 모후의 영광스러운 모습으로 표현한 것이었다. 그리하여 대성당은 주교들에게는 이단의 전파를 억제하고 그리스도의 가르침을 설파하는 곳이었으며, 군주에게는 거짓 예언자들과 싸워 그들의 주장을 극복하고 이들 이단 종파의 구성원들을 찾아내어야 했던 것이다.

그러나 대성당은 이러한 지배 계층의 전유물만이 아니었다. 일반민들에게는 자신의 잉여 생산물을 내다 팔고 살 수 있는 시장으로서, 순례자에게는 기도와 치유와 지친 심신을 쉬어갈 수 있는 공간으로, 죄인에게는 법정으로서, 구직자들에게는 일감을 기다리며 대기하는 구직 장소로, 때로는 회의장으로, 때로는 졸업식장으로, 공연장으로 다양하게 이용되었다. 대성당은 부유한 자와 가난한 자 모두에게 열린 공간으로 점차 공적인 공간이 되었다.

이러한 대성당을 총괄하고 관리하는 주요 구성원들로는 주교, 고위 성직자들, 참사원 및 참사회가 있었다. 주교는 대성당의 공적인 수장이었으나, 대외적인 활동으로 인한 장기 부재로 점차 참사회와 참사원의 힘이 강화되었다. 특히 참사원은 대성당의 모든 업무에 관여하고 실제 운용에 직접 참여하는 매우 중요한 구성원이었다.

그렇다면 거대한 대성당은 중세인들에게 어떠한 기능을 하였는가? 먼저 신과의 만남은 화려한 스테인 글라스, 빛, 사실적인 조각상들로 가득 찬 대성당에서 이루어졌는데, 이는 도시민들에게 신비감과 경이로움을 느끼며 육화된 그리스도를 만나는 공간이 되었을 것이다. 더욱이 빵과 포도주가 주요 산물이었던 샤르트르에서 이들의 신에 대한 봉헌은 봉헌물의 성격뿐만 아니라 교회에 납부해야 하는 일종의 세금의 성격도 지녔다. 그러나 대축일에 봉헌된 빵은 그곳에 모인 일반 회중 특히 가난한 자들에게 재분배되고 물탄 포도주 역시 함께 모인 회중과 나눔으로써 신과의 일치뿐만 아니라 사람들 간에도 화합과 친교가 이루어졌다.

또한 대성당 안에 있는 성 유물과의 만남은 특히 샤르트르 대성당에서의 성모 마리아의 튜닉의 공경을 통해 활발히 이루어졌다. 샤르트르는 고대부터 성모 마리아를 공경하는 곳으로 유명했다. 성모 마리아의 성의를 보관하고 있으며, 이러한 성모 마리아가 그들을 보호해 준다는 강한 믿음이 잿더미에서 다섯 번째의 고딕 대성당을 건축하게 하는 원동력이었다.

더욱이 성모 마리아의 성 유물은 많은 순례자들을 유인하는 요소가 되었으며, 이는 곧 지역 정기시의 발달을 가져와 도시 경제의 활성화에 매우 중요한 기여를 하였다.

더욱이 대성당 안에서의 사람들과의 소통은 그곳에서 행해진 오락 및 연극의 상연 등을 통해 세속인들의 휴식과 교육의 장으로도 활용되어 도시민들의 문화 공간으로서 기능하였다. 그러나 때로는 다양한 계층 간의 갈등이 표출되는 유혈 충돌의 공간이 되기도 하였다. 그리하여 대성당은 중세 도시민들에게 신과 성 유물 및 살아있는 사람들과의 활발한 소통의 장소가 되었으며, 이는 대성당이 계층 간의 유대관계를 공고히 하는 사회 통합적 기능과 함께 다양한 도시민들의 치열한 삶의 중심부에 자리하였음을 알 수 있다.

제 2 장

도시의 성자 프란체스코와 그의 탁발수사들

1. 아씨시의 성 프란체스코는 누구인가?

1) 성 프란체스코에 관한 주요 연구 및 문제의 제기

　　오늘날 우리에게 〈태양의 찬가The Canticle of Brother Sun〉로 잘 알려진
성 프란체스코 아씨시(1181/82-1226)1)에 관한 연구는 19세기까지 올라가

---

1) 성 프란체스코에 관한 1차 사료는 암스트롱에 의해 영인본으로 출간되었다.
Ed. Regis J. Armstrong, J. Wayne Hellann, William J. Short, *Francis of Assisi
: Early Documents, 1. The Saint*(New York: Franciscan Institute of St. Bonaventure
University, 1999), _ *Francis of Assisi : Early Documents, 2. The Founder*, _ *Francis
of Assisi : Early Documents, 3. The Prophet*, _ *Francis of Assisi-Index : Early Documents*,
4. Moorman, J. R. H., *The Sources for the Life of St Francis of Assisi*(Manchester
University, 1940) ; 토마스 첼라노, 프란치스꼬회 한국관구 편, 『아씨시 성
프란치스꼬의 생애』(서울 : 분도출판사, 1986) ; 작은 형제회 한국 관구, 『성
프란치스코의 전기 모음』(서울 : 프란치스코 출판사, 2009) ; 요한네스 요르겐
센 지음, 조원영 옮김, 『아씨시의 성 프란치스코』(서울 : 프란치스코 출판사,
2006) ; 손채연, 「성 프란치스코 아씨시의 종교사상 연구」, 숭실대학교 대학원
박사학위논문(2015.8) 등이 있다.

가장 오래된 성 프란체스코 프레스코화(수비아코 베네딕트 수도원 입구, 1228-1229년)

는데 그를 낭만적인 견해를 가진 인물로 파악한 것이었다. 일찍이 프란체스코를 이탈리아 르네상스의 한 선구자로 재발견한 연구는 프레데릭 오자남Frederic Ozanam의 『시인 프란체스코Les Poetes Franciscans』(1849년)와 마태오 아놀드의 논문집들에서 밝혀졌다. 19세기 후반과 20세기의 역사가들은 르네상스와 근대 세계의 선구자로서 성 프란체스코의 근대성을 드러내는 데 고무되어 있었다. 프랑스학자였던 에밀 게하르Emile Gebhart는 『이탈리아 신비주의L'Italie mysitique』(Paris, 1906)라는 저서에서 프란체스코와 군주 프리드리히 2세를 유사한 인물로 파악했는데, 이들을 중세 시대의 두 위대한 근대인으로 보았다. 이들은 각각의 영역에서 세상의 조롱으로부터, 흉악한 강박관념으로부터, 적그리스도라는 무거운 짐으로부터 그리스도교와 이탈리아를 해방시켰다2)는 것이다.

이러한 연구에 이어 19세기 후반 성 프란체스코의 연구에 새로운

---

2) J. Le Goff, "Saint France, Medieval or Modern?", St. Francis of Assisi: Essays in Commemoration, 1982, ed. M. W. Sheehan(New York: The Franciscan Institute, 1982), p.14 재인용.

대중적 센세이션을 불러일
으킨 인물이 있었다. 그는
파울 사바티에르Paul Sabatier
로서 그의『성 프란체스코
아씨시의 생애Vie de St. François
d'Assise』(1893년)는 프란체스코
가   원형-복음주의자proto-
evangelical였는지에 관한 논
의를 100년 이상 불러일으
켰다. 그는 당시 교황 그레
고리우스 9세에 의해 성 프
란체스코의 청빈 이상이 모
두 각색되어 버렸다고 주장
했다. 그리하여 교황들과 로
마 교회에 대해 매우 비판적

베가나(페루지아의 중심도시) 외곽에서 새들에게 설교하는
성 프란체스코

인 입장을 취하였다. 그러나 바티칸은 그 책의 원본 출판 이후 약
일 년 간 색인 작업을 통해 사바티에르의 책을 바티칸의 목록집에
수록함으로써 그 논문을 존중하였다. 이후 가톨릭으로 개종한 덴마크
인 요하네스 요르겐센Johannes Jorgensen은『성 프란체스코 아씨시』의 생
애를 저술하였는데, 1910년 그 책이 출판된 후 수십 년간 재출간되었다.
그것은 사바티에르의 프란체스코의 이해에 대한 직접적인 도전이었다.
또한 크리스토 브룩크C. Brooke도 사바티에르에 대해 비판적인 입장을
취하였다. 왜냐하면 프란체스코에 대한 사바티에르의 설명은 역사가로
서는 부적합하다고 평가받기 때문이다. 그는 과도한 열정으로 인해
과장이 많고 비역사적인 측면을 드러내었다. 더욱이 사바티에르가

젊은 시절에 자신의 책을 출간한 후 역사가들에게 비판을 받아왔으나, 평생토록 그것을 보완하는 어떤 연구서도 재출간하지 않았다는 이유에서였다. 그러나 대부분의 연구자들은 1928년 사바티에르의 사망 이후 전반적으로 그를 근대 프란체스코 연구의 아버지로서 인정하였으나 역사가로서는 많은 한계점도 지녔음을 지적하였다. 그럼에도 불구하고 사바티에르의 최고의 노고는 영감을 주는 것이었다는 점에 동의하였다.3) 연구서라기보다 소설로서 20세기에 니코스 카잔차키스Nikos Kazantzakis의 프란체스코에 관한 연구는 움부리아의 성인을 중세의 『그리스인 조르바Zorba the Greek』(1946년)로 변형시켜 일반인들에게 인기를 얻었다. 이후 프란체스코에 관한 연구는 그를 자연주의자 내지 환경론자로 바라보는 시각이었다.4)

그러나 보다 근자의 프란체스코에 관한 연구는 자끄 르 고프J. Le Goff에게서 찾아 볼 수 있다.5) 그는 성 프란체스코를 '중세인인가 아니면 근대인인가' 하는 문제를 제기하면서 이미 근대인으로 파악하고 있다.6) 또한 그는 근대 도시의 핵가족의 기원을 프란체스코회의 소모임에서 찾고 있다.7) 이와 같은 프란체스코를 근대성 및 르네상스의 선구자로 파악하는 연구8)는 서구에서 이미 100여 년 전부터 논의되어온 주제였

---

3) C. Brooke, "Paul Sabatier and St. Francis of Assisi", *St. Francis of Assisi: Essays in Commemoration, 1982,* p.42.

4) D. Sorrel, *St. Francis of Assisi and Nature*(Oxford: Oxford Univ. Press, 1988) 참조.

5) J. Le Goff, *Saint Francis of Assisi*(London: Routledge, 2004), trans. by Christine Rhone.

6) J. Le Goff, "Saint France, Medieval or Modern?", *St. Francis of Assisi: Essays in Commemoration, 1982,* ed. M. W. Sheehan(New York: The Franciscan Institute, 1982), pp.13-24.

7) J. Le Goff, *Saint Francis of Assisi,* p.76.

8) 학자들은 프란체스코에게서 개인주의, 나체, 인간 및 자연에 대한 새로운

고, 르 고프를 포함하여 이 글에서 살펴보게 될 많은 학자들이 이에 공감하는 분위기이다. 그러나 우리 학계는 프란체스코에 관한 연구가 전무하다시피 하여 여전히 새로운 미개척분야로 남아 있었다. 이러한 상황에서 연구를 시작한 필자는 서구학자들이 프란체스코를 중세인이 기보다는 근대인 내지 혁명가로 평가하는 시각에 신선함을 넘어 다소 충격을 느끼면서도 강한 지적 호기심에 고무되었다.

그리하여 이 글은 성 프란체스코의 고전적 주제인 청빈운동 내지 청빈논쟁에 초점을 맞추기보다는 12, 13세기의 변화하고 있는 사회에서 그와 그의 형제 수사들이 어떠한 삶을 구현하였는가를 고찰해 봄으로써 그의 근대성에 접근해 보고자 한다. 중세 도시의 성장으로 도시에는 새로운 부가 축적되면서 성공한 상인계층이 증가하였던 반면 가난한 사람들도 폭넓게 양산되었다. 이러한 사회변화로 인해 생겨난 이들은 기존의 중세적 삼 신분체계 내에서는 수용하기 어려운 새로운 계층이었다. 이들 간에는 극단적인 부의 양극화가 초래되었고, 특히 이 가난한 계층은 도시 빈민을 형성하였다. 이에 대해 기존의 통치 집단 내지 교회는 이들을 적극적으로 수용할 만한 프로그램이 아직 준비되지 않은 상황이었다. 그리하여 이들은 교회 제도권 밖에서 가난을 이상으로 금욕주의적인 생활을 추구하는 집단들에게 강하게 매료되어 갔다. 결국 이들 대부분은 이단으로 성장하게 되었다. 이때에 교회의 구원투수로 등장하여 적극적으로 이들에게 다가가 새로운 삶의 유형을 제시한 이가 바로 성 프란체스코 아씨시와 그를 추종하는 그의 형제 수사들이었다.

역사가 리틀L. K. Little은 중세 도시를 기반으로 발전하였던 프란체스코와 그의 수도회에 대해 다음과 같이 언급하였다. "도시 이데올로기의

인식, 속어 문학의 발전 등을 발견하였다.

나병환자 혹은 천연두 환자를 치료해주는 성 프란체스코와
그의 형제들

시작과 더불어 도시 성인들 saints 의 출현은 유럽의 상업 경제 시기의 도래를 특징지었다. 도시 거주자들 스스로의 자발적인 가난을 주도하는 실천가들은 도시 사회에서의 주요 집단들의 자본금의 움직임들을 정당화하는 윤리를 공식화하였다.

결과적으로 라틴 그리스도교 사회의 내적인 변화는 탁발수도회 운동에 의해 수행되었다"9)고 파악하였다. 그리하여 성 프란체스코는 상인들의 수호성인이며 보호자가 되었다는 것이다. 그에 따르면, 프란체스코를 최초의 상인 출신 성인으로 추대한 것은 중세의 도시 이데올로기를 더욱 안정적으로 중세 사회에 안착시키는 결과를 가져왔으며, 부르주아 출신의 성인을 배출한 것은 교회가 상업 행위를 더 이상 부정적으로 인식하기보다는 수용하는 쪽으로 변화된 것으로, 이는 사회 변화에 대한 교회의 새로운 모색이라고 볼 수 있다는 것이다.

이에 필자는 이러한 문제를 의식하면서 프란체스코는 과연 어떻게 이러한 새로운 시대적 요청에 부응할 수 있었을까? 그는 그리도 철저히 준비된 도시인 내지 근대인이었단 말인가? 그가 추구한 가난한 복음적인 삶은 과연 무엇이었는가? 그러한 삶 안에는 이미 중세를 뛰어넘는 새로운 근대적인 이념이 담겨져 있었는가에 집중하고자 한다. 또한 이러한 연구는 서구인들이 일구어낸 근대의 도시 문화 근간을 살펴보는

9) L. K. Little, *Religious Poverty and the Profit Economy in Medieval Europe*(New York: Cornell Univ. Press, 1978), p.216.

작업도 될 것이다. 그렇다면 프란체스코에 관한 이해를 돕기 위해 먼저 그에 관해 기록한 동시대인들의 저술부터 간략히 살펴보기로 하자.

2) 성 프란체스코에 관한 저술

프란체스코는 자신의 생애에 대한 기록을 남기지 않았으나 생애 말년에 이탈리아 속어로 쓴 〈태양의 찬가〉를 남겼다. 그리고 그의 구술로 기록된 형제들을 위한 권고문, 찬미가, 편지들이 남아있다. 그에 관한 최초의 기록은 프란체스코가 사망한 후 성인과 함께 생활하였던 프란체스코회 수사였던 토마스 첼라노Thomas of Celano의 저술이었다. 그는 교황 그레고리우스 9세의 명에 의해 이 저술을 시작하게 되어 1228년『성 프란체스코 제1 전기Vita prima Sancti Francisci』를 완성하였다. 이 저술은 프란체스코에 관해 매우 잘 소개하고 있었다. 그러나 수도회 내부 간에 혹은 수도회와 로마 쿠리아 간의 어떤 불일치의 징후도 언급하고 있지 않으며, 형제 엘리아스Elias 10)의 탁월한 역할을 강조하고 있었다. 또한 1230년 경 토마스는 조과 시간에 읽힐 제1 전기의 개요였던『찬가를 위한 성인전Legenda ad usum chori』도 저술하였다. 1244년 총원장 크레센티우스 예시Crescentius of Jesi(1244-1247)는 토마스 첼라노에게 다시금『성 프란체스코 제2 전기Vita secunda Sancti Francisci』를

---

10) 프란체스코회 형제로서 1221년부터 1239년까지 프란체스코 수도회 총원장직을 수행하였다. 프란체스코가 사망한 후 1228년 그의 시성을 위해 교황 그레고리우스 9세를 조력하였으며, 이후 교황의 후원으로 프란체스코의 시신을 안장할 거대한 규모의 화려한 대 성전 건축을 시도하였다. 또한 교황과 함께 프란체스코회 규율을 완화하는 데 일조하였으며, 이는 당시의 많은 형제들에게 저항을 가져왔으며 결국 사임하게 되었다.

저술하도록 요청하였다. 이는 성 프란체스코를 직접 만나보지 못했거나 알지 못하였던 형제들을 위한 것이었으나, 프란체스코 수도회에 새로운 요소들이 받아들여짐으로써『제1 전기』와 논쟁하게 될 새로운 생애가 되었다. 크레센티우스는 성 프란체스코를 회상할 수 있었던 사람들에게 토마스를 조력하여 그의 저술을 완성하도록 요청하였다.

이들 가운데에는 프란체스코를 매우 잘 알고 있었던 3명의 형제들 즉 레피노, 안젤로 및 레오가 있었다. 레오 형제는 사실상 성 프란체스코의 전기작가들 가운데 청빈파Spiritual 집단에서 중심적인 인물이 되었다. 토마스 첼라노의 저술들과 프란체스코회의 저항적인 집단 간에는 커다란 간격과 불확실성이 나타났다. 레오 형제는 성 프란체스코의 고해신부였기 때문에 성인의 내적인 삶을 잘 알고 있었으나 비평주의는 레오에게서 나온 어떤 저술도 권위서로서 분류하지 않았다.

둘째, 14세기 초반의 편찬서였을 것으로 추정되는『세 친우의 전기 Legenda trium sociorum』는 파울 사바티에르의 언급으로 인해 유명세를 얻게 된 저술이었다. 이는 레오 형제에게서 전해지는 믿을만한 자료에 근거하여 저술된 것으로 토마스의『제2 전기』및 토마스가 인용하지 않았던 내용이 주를 이루었다. 그러나 이들 원문들 가운데 가장 가치있는 것은 1926년에 출간되었던『옛 성인전Legenda antiqua』으로 레오형제에게서 나온 가장 확실한 전거가 되었다.

셋째, 성 프란체스코에 관한 일대기적인 자료들 가운데 역사서라기보다는 성인전에 더욱 가까운 두 저작들이 있었다. 하나는 1277년 일찍이 짧은 서사시로 저술된『성 프란체스코와 여인 가난과의 거룩한 교환Sacrum Commercium beati Francisci cum domina Paupertate』이며, 다른 하나는 성인의 사망 후 대략 백 년 후에 나온 간략한 교훈적인 이야기들로 구성된『피오레티Fioretti』였다. 이는 이탈리아어로 저술된 편찬서로서 이 이야

기들 가운데 일부였던 다양
하고 일상적인 활동들에 관
한 내용이 라틴어로 옮겨졌
고, 다른 일부는 『완전한 거
울 Speculum   perfectionis』이라는
격언집이었다. 이는 매우
인기있는 저작으로 폭넓게
읽혀졌다. 이는 전거들에
매우 근접해 있는 것으로,

성 보나벤투라(1650-1660년)

청빈파Spiritual에게 강한 영
향을 주었다. 마침내 그것은 성인전과 역사, 실재와 허구, 시와 진리를
긴밀히 혼합한 하나의 문헌에 영감을 주었던 성 프란체스코에 관한
매우 초기의 저술이 되었다.[11]

　넷째, 프란체스코의 생애에 관한 토마스 첼라노 이후 공적인 명령에
의한 두 번째 저술이 보나벤투라(1218?-1274)에게서 나왔다. 1260년 나르
본 총회는 당시의 총원장이었던 보나벤투라에게 『성 프란체스코 대
전기Legenda major』를 새로이 집필하라는 요청을 하였다. 그리하여 보나벤
투라는 1262년(혹은 1263년)에 프란체스코의 생애에 관한 저술을 탈고하
여 과락키의 편집자들에게 보냈고, 그들은 이를 검토한 후 1263년
피사 총회에서 이 전기를 승인하였다. 그리하여 이 저술이 프란체스코
회의 정식 기록으로 인정되었고, 토마스의 저술은 폐기처분 명령을
받았다.

　그러나 보나벤투라의 저술은 1차 사료로서 인정받기 어려운 것으로
평가되고 있는데, 이는 보나벤투라가 프란체스코를 아름답고 우아하게

---

11) J. Le Goff, *Saint Francis of Assisi*, pp.20-22.

그리스도의 5상을 받는 성 프란체스코(엘 그레코, 1585-
1590년)

채색하여 저술하였기 때문
이었다. 성 보나벤투라는
그 책의 서문에서, "그의 삶
과 가르침에서의 영예로운
섬광으로 프란체스코는 구
름 한가운데서 환히 빛나는
낮별처럼, 그에게서 뻗어나
가는 광채로 어둠 속에 살고
있는 사람들을 빛으로 인도
하였다. 구름 속에서 갑자
기 나타나 찬란히 빛나는 무
지개처럼, 그는 평화의 진정

한 천사처럼 인간을 위해 평화와 구원의 기쁜 소식을 가져오는 신의
계약의 약속, 즉 십자가상에서의 그리스도의 오상을 그 자신의 몸에
받게 되었다."12)고 서술하였다. 이러한 이미지의 일부는 단테의『신곡』
「천국 편」에서 잘 드러난다.

> 페루지아와 마주한 산등성이에서
> 태어난 분은 세상에 광채를 발하였네
> 갠지스Ganges강에서 태양이 떠오르는 것처럼.
> 그러므로 그곳을 부를 때
> 짧게 줄여 '아세시'Ascesi 13)로 하지 말고,

---

12) Bonaventure, Prologue, I, in AF X, 557-558. trans. by B. Fahy in Habig(1979),
pp.631-632.
13) '아세시'(Ascesi)는 단테 시대에 아씨시를 뜻하는 투스카니아어 방언이었다.
그 단어의 의미는 "나는 승천한다, 올라간다"였다. 세상의 동쪽이었던 동방은

그 말뜻 그대로 '오리엔트'라 해야 할 것입니다.[14]

2. 충직한 교회의 아들 프란체스코

조지 홈즈George Holmes는 프란체스코에 관해 다음과 같이 언급하였
다. "13세기에 이탈리아에서 상상할 수 있는 가장 특출한 인물은 교황
혹은 정치가가 아니라, 성인으로 바로 아씨시의 프란체스코였다. 유럽
사의 인물들 가운데 그의 삶이 이리도 전반적으로 전 세계에 하나의
영감을 주었던 인물은 거의 전대미문의 유일한 경우였다. 그는 완전한
청빈을 받아들여 물질세계를 기쁨으로 가득 찬 사랑으로 표현하였던
설교자였으며, 단순한 형제들을 끌어모아 새로운 삶의 방식을 수립하
도록 이끌었던 초인적인 힘을 지닌 사람으로, 이는 갈등으로 찢겨진
사회의 일반민들의 열정주의를 자극하게 될 것이었다."[15]

1) 12세기 시대상

(1) 진전되는 도시화

인구증가와 경제적 부흥의 가장 눈에 띄는 결과는 강력한 도시화의
운동이었다. 도시는 작업장이 되었으며, 그곳에서 노동의 분화는 대중

해가 떠오르는 곳을 의미하였다. 태양과 동이 터옴의 이미지는 프란체스코회
형제에 의해 증진되었고, 시인들과 예술가들에 의해 표현되었다.

14) 단테 알리기에리, 박상진 옮김, 『신곡』(서울 : 민음사, 2007), 천국 편 11곡,
pp.94-95 참조.

15) G. Holmes, *Florence, Rome and the Origins of the Renaissance*(Oxford: Clarendon
Press, 1986), p.45.

적이었고 다양한 수공업자 계층을 양산하였다. '산업화'가 진행되고 있는 건축물, 직물, 무두질 세 부문에서 '공정 가격'에 따라 '정당한 임금'을 산정하는 방식에 그 스스로를 방어할 수 없는 프리-프롤레타리아pre-proletarian의 노동력이 만들어졌다.16) 이러한 과정은 '고용주들'에 의해서도 지배되지 않았다. 지방 및 지역 규모에 따라 교역의 충동에 의해 유지되었던 시장들과 장터들에 근거하였기 때문이었다. 그리하여 이는 도시 공동체에서 이러한 교역을 지배하였던 상인들의 중요성을 배가시키고 있었다. 도시들은 경제적 교환의 중요한 장소였고 교환의 기본 수단이었던 화폐를 점차 요구하게 되었다. 이렇게 파편화된 그리스도교 공화국 내에서 상인들은 그곳에서 매우 상이한 화폐 제도를 가지게 되었으며, 곧 환전상이라는 새로운 전문가들을 양성하였다. 화폐 세계의 중심부였던 도시들은 더욱이 노동 시장의 중심부가 되었으며, 그곳에서 급료를 받는 계층은 보다 안정적으로 성장해 갔다.

경제 중심부가 되었던 도시는 권력의 중심부도 되어갔다. 왕왕 같은 사람일 경우도 있었던 주교와 영주라는 전통적인 권력에 대항하여 새로운 인민 계급 즉 시민 혹은 성주민은 '자유'를 획득하였고 점차 더 많은 특권들을 획득하였다. 그리하여 경제적 사회적 불평등성은 더 이상 출생과 가문에 근거하는 것이 아니라 소유와 재산, 토지의 소유, 도시의 건물, 건물세, 화폐 형태에서의 이율에 근거하는 것이 되었다. 중세 도시들은 이주자의 지속적인 새 물결로 가득 채워졌다. 도시의 남성과 여성은 뿌리 뽑힌 이주민 농민들이 주를 이루었다.

(2) 새로운 계층의 대두

12세기는 계서적인 구조를 지닌 사회였다. 그것은 '신분' 혹은 '서열'

---

16) J. Le Goff, 앞의 책, p.2.

을 고착화하는 것으로 구성되었으며, 각기 그것의 의무와 권한들, 채무와 특권, 영예 혹은 특전들로 이루어졌다. 각자는 그 자신의 기능을 수행하였으며, 동시에 매우 강한 의미로 단일한 예배의식은 즉 통일성의 이상은

성 프란체스코가 어린 시절 살았던 아씨시의 생가

대체적으로 중세에 일반적인 것이 되었다. 그것이 획일성에 대한 염원은 아니었다. 중세의 삼 신분제 사회는 첫째, 기도하는 사람들로 성직자들과 사제들이었으며, 왕왕 양에 비유되었다. 둘째, 싸우는 사람들로 기사들, 전사들, 제후들이었으며, 왕왕 개에 비유되었고, 셋째, 가장 하위 계층이었던 일하는 사람들로 일반 평민들, 농민들, 수공업자들, 상인들이었으며, 황소에 비유되었다.[17]

이들 가운데 세 번째 계층에 속해있는 상인들은 오랫동안 유혹에 빠져있으며 그리스도교도로서 간주되기 어려운 사람들이었으나 화폐와 교환의 경제로 변화되어 가는 사회에서 보다 중요하게 부각되었으며 더욱 확고한 지위를 획득해 가고 있었다. 또한 수공업자들과 사업가들의 신분도 상승되고 있었다. 이 시기는 진실로 "모직물의 시대"라고 명명될 정도로, 특히 명백히 반-성직적인 특징을 지니는 12세기의 속인의 정신적 운동은 직물공들로부터 충원되었다.[18] 이들 직인의 이름은 이들 운동들을 상징하게 되었으며, 이단과 거의 동의어가 되어갔다.

---

17) Yves Congar, "St. Francis of Assisi: or the Gospel as an Absolute in Christendom", *St. Francis of Assisi: Essays in Commemoration, 1982*, ed. M. W. Sheehan(New York: The Franciscan Institute, 1982), p.60.

18) Yves Congar, 앞의 논문, p.61.

이들은 모직물에 종사하여 노동하는 자들이었으며, 부유한 중간 계층을 형성하였던 모직물 및 의류 상인들은 장거리 교역에서 판매에 참여하였고, 그러므로 여행길에 자주 오르면서 이들은 넓은 마음도 가지게 되었고, 화폐와 지폐의 교환을 다루는 일에 종사하였다. 프란체스코의 부친이었던 피터 베르나도네는 이 계층에 속한 사람이었다. 그는 프랑스를 여행하였으며 그에게 프랑스는 그의 야망을 이루는 땅이었으며 그의 아내 피카도 그곳에서 만나 결혼하게 되었다. 그는 아씨시에서 가장 부유한 사람으로 그의 아들 프란체스코가 자신을 상속할 것을 기대하였다. 그리하여 그의 교육과 취미를 기사도의 이상에 맞추어 아들이 기사가 되기를 희망하였다. 기사도의 이상은 신분의 자부심을 드러내는 것이었다. 그리하여 피터는 프란체스코에게 귀족 친구들과 어울리며 생활하도록 당시 유행하던 최고급의 화려한 의복과 막대한 물질적 지원을 아끼지 않았다.[19] 그리하여 프란체스코는 동시대 귀족 젊은이들과 함께 기사로서 전쟁에도 참여하면서 그들 못지않은 화려한 청년시절을 보냈다. 그러나 그의 가톨릭으로의 개심은 그의 모든 가치를 바꾸는 계기가 되었다. 빈부 격차가 심화되어 가는 상황에서 그는 자신이 누릴 수 있었던 특권적 신분을 철저히 포기함으로써 가난을 선택하였고, 이는 곧 부친과도 영원한 결별로 이어졌다.

(3) 이단들의 성행

이러한 사회변화와 함께 도시에서는 기존체제를 부정하려는 운동들도 우후죽순 등장하였다. 아놀드 브레시아와 그의 롬바르드 지방의 추종자들이 있었으며, 피터 왈도와 그의 리용의 가난한 사람들이 있었다. 이들은 왈도파, 카타르파, 알비파라 명명되었다. 그들의 물질에

---

19) *Legenda trium sociorum*, 1.

대한 포기는 전반적인 관심을 매우 잘 반영하는 것이었다. 적어도 드러나는 그들의 임격한 삶의 방식은 내우 감동적이었으며 그리하여 그들의 수는 끊임없이 증가하였고 상당한 세력으로 성장해 갔다. 이들 개혁가들은 교회를 부정하고 교회에 대한 반란을 조장하려는 시도를 하고 있었기 때문에, 교황과 그의 성직자들을 무가치한 것으로서 부정 하면서 원시 초대교회의 아름다움으로 복귀하자고 주장하였다. 그들은 교의, 도덕, 교회의 계서제, 사회 질서 등을 완전히 전복시키고자 노력 하였다.

또한 당시의 일반민들은 요아킴 피오레(1145-1202)가 예고하였던 새로 운 성령의 시대가 도래할 것을 기대하고 있었다. 이는 성령이 임한 새로운 인물에게서 시작된다는 것이었다. 요아킴은 이단으로 정죄되었 지만 그의 사상은 동시대 사람들에게 깊은 감동을 주었다. 그러나 프란체스코는 요아킴이 추구하였던 종말론자 혹은 천년왕국론자도 아니었다. 또한 특정 청빈파Spirituals에 의해 동일시되었던 계시록의 여섯 번째 인장을 지닌 천사도 아니었다. 프란체스코는 통일성 혹은 더 나은 공동체를 파괴하는 것을 원하지 않았다. 무엇보다도 그의 모든 감각과 그의 정서적 요구는 7 성사를 위한 것이었기 때문이다. 그의 가장 심오한 존재 내부에서 프란체스코는 성사들을 필요로 하였 고, 처음부터 이들 성사 가운데 으뜸을 바로 성체 성사Eucharist로 인식하 였다. 이들 성사들을 수행하기 위해 성직자와 교회는 필수적인 것이었 다. 또한 프란체스코는 이 점에서 경이롭게도, 성사들을 수행하는 이러 한 성직자들의 직무를 미래의 자신의 탁발수사들이 분담하도록 준비하 고 있었고, 이후 프란체스코회 수사들은 이 직무를 성실히 수행하였 다.[20) 교회에 대한 입장에서 프란체스코는 왕왕 생각해 왔던 것보다

---

20) 이에 관한 자세한 연구로는 C. H. Lawrence, *The Friars : The Impact of the*

훨씬 더 전통적이며 정통으로서 인식되었다.[21]

2) 프란체스코 수도회 설립

(1) 프란체스코 수도회

교황 호노리우스 3세에게 〈규율〉을 승인받는 성 프란체스코와 그의 형제들

프란체스코는 형제들의 조직화를 원하지 않았으나, 형제들의 수가 많아짐에 따라 수도회의 설립은 불가피한 것이었다. 1209년 프란체스코는 자신을 포함하여 그를 따르는 12명의 누더기를 걸쳐 입은 형제들과 함께 당시의 교황 인노켄티우스 3세를 만나기 위해 로마의 라테란 성당으로 갔다. 그곳에서 그의 수도회에 대한 구두 서약을 받게 되었다. 그리하여 1210년 프란체스코는 첫 번째 규율regula primitiva을 작성하였다. 이후 프란체스코회는 볼로냐, 피렌체, 피사, 밀라노, 로마, 나폴리, 움브리아와 가까이에 있었던 여러 이탈리아의 도시들, 프랑스, 독일, 스페인, 영국, 예루살렘에 이르기까지 많은 지역에 진출하여 프란체스코회 지부를 설립하였다. 이렇게 국제적인 조직으로 성장함에 따라 첫 번째 규율은 부적합한 것으로 생각되었다. 그리하여 1221년 형제회는 프란체스코에게 또 하나의 규율regula secunda을 작성하

Early Mendicant Movement on Western Society(London: Longman, 1994) 참조.
21) J. Le Goff, 앞의 책, p.60.

도록 권유하였다. 그리하여 그 두 번째 규율[22]이 1223년 교황 호노리우스 3세에 의해 작은 형제회의 수도회 규율로 인준되었다. 시토회와 같은 이전 수도승들의 수도회와는 달리, 탁발수도회 형제들은 도시 안이나 그것에 매우 근접한 곳에 정착하여서 왕왕 공개 석상에서 그들에게 자선적 활동을 연설하고 성서를 설교하였다.[23]

프란체스코가 세운 수도회는 세 가지로, 제1회가 작은 형제회이고 제2회가 클라라가 이끄는 수녀회이고 제3회가 속인들로 구성된 수도회이다.[24] '보속의 형제들과 자매들'로 불리는 제3회의 빠른 성장은 위험스럽게도 전대미문의 것이었다. 탁발 형제들과 가난한 클라라 수도회의 주변에 운집하였던 속인 속죄자의 수를 가늠하기란 불가능하다. 이들은 그들 스스로 기도와 자선에 헌신하려는 열망을 지닌 자들이었지만 그들의 가족과 일에서 전적으로 포기할 수 없었던 사람들이다. 그들의 기록은 1252년 볼로냐의 목록에서 57명의 서원을 하였던 회원

---

22) Karen Armstrong, *Francis of Assisi : A Revolutionary Life*(New York: Adrian House, 2001), pp.301-307 참조.

23) M. Vale, "The Civilization of Courts and Cities in the North 1200-1500", *The Oxford Illustrated History of Medieval Europe*, ed G. Holmes, p.330.

24) 현재(2001년)의 프란체스코 수도회는 제1회였던 형제회가 3만 명의 형제들로 세 집단으로 나뉘어졌다. 즉 콘벤투알 형제회, 작은 형제회, 카푸친 회이다. 아씨시의 싸르코 콘벤토에서 콘벤투알 형제회가 그 바실리카를 관장하고 있는 반면, 작은 형제회가 산타 마리아 안젤리에서 뽀르지웅쿨라를 돌보고 있다. 또한 제2회였던 가난한 클라라회는 전 세계에 1만 8천 명의 수녀들이 있으며, 단지 4명의 수녀들이 아씨시의 그들의 수녀원에서 저술활동을 하면서 살고 있다. 그곳은 1997년의 지진 여파로 심각한 훼손을 입었다. 수녀원과 바실리카가 현재 복원되고 있다. 제3회 재속 수도회는 오늘날 두 집단으로 나뉘었다. 첫 번째가 제3회 수도회(the Third Order Regular)로 수십만 명이 넘는 남 여 회원들로 엄격한 서원을 하며 그들 가운데 일부는 수도원 회랑에서 살고 있다. 이들은 제1회와 제2회의 수도회에 힘을 효과적으로 배가시키고 있다. 두 번째는 제3회 재속회(the Third Order Secular)로 전 세계에 수백만 명에 이르고 있다. Karen Armstrong, 앞의 책, p.293 참조.

의 이름이 나와 있는데, 예를 들면, 공증인, 필사인, 제빵장이, 이발사, 목재 공급원, 서적상 등이었고, 발렌시아의 도시에서는 구두제조공, 양복제조공, 제혁공, 도기제조공의 길드가 프란체스코회의 영적인 지도를 받고 있었다.[25]

프란체스코의 이들에 관한 주된 관심은 다음과 같다. 교회에 대한 경외, 고해성사에의 참여, 미사 참례 및 성직자에 대한 존경이었고, 하느님과 속죄자들의 이웃과 원수들에 대한 사랑이며, 자선을 행하고 가난한 사람들에게 유산 상속하기, 먹고 마시는 것에 대한 절제, 악덕을 피하는 것, 마지막으로 죄 혹은 범죄를 저지르게 하는 어떤 명령에 대해서도 복종하는 것을 거부하도록 권고하는 것이었다.

(2) 제3 회원의 의무 규정

제3회는 당시에 완전히 새로운 이념을 지니는 획기적인 조직이었다. 이는 도미닉회와 가르멜회 등 다른 탁발수도회의 제3회 조직의 모델이 되었다. 이 제3 회원의 규정에 대해 살펴보도록 하자.

첫째, 이들의 회원 자격으로는 확고한 가톨릭 교인이어야 하며, 교회에 모든 것을 복종하지 않는다면 구성원으로 받아들여지지 않았다. 남녀 각각 수도회에 입후보자들을 받아들이는 형식으로, 종교적인 서원은 청원기의 1년이 지난 후 인정되었으며, 남편의 경우 아내의 동의와 아내의 경우 남편의 동의하에 이루어졌다. 또한 이들은 형제회 수사들처럼 성무일도와 다른 기도문을 암송해야 했으며, 수도회에 입회한 후 3개월이 지나면 재산 처분에 관한 유언장을 작성해야 할 의무가 있었다. 이는 영지의 상당 부분이 유언자의 가장 가까운 사람과 사랑하는 사람이 아니라 가난한 자 혹은 교회에 상속될 수 있다는 점을 추정할

---

25) L. K. Little, 앞의 책, p.207.

수 있으며, 또한 유언장이 없는 경우 교회는 그 몫을 상속할 수 있었음을 의미하였다.

둘째, 이들은 소박하고 절제된 삶을 살아야 했다. 회원들은 순수와 청빈을 지켜야 했으며 특히 의복의 사용에서, 여성의 의복에서 조촐해야 했다. 제3회 회원들은 축제와 화려한 쇼와 무도회를 삼가야만 했으며, 절제와 단식을 해야 했고, 일 년에 세 차례 고해성사와 영성체를 해야 했고,[26] 사전에 모든 이들과 평화를 이루어 돌보아야 했으며, 다른 이들에 속한 물건들을 마땅히 되돌려 주어야 했다.

셋째, 로마 교회와 그리스도교 신앙과 그 자신의 국가의 방어 혹은 자신의 상관의 동의를 얻은 것을 제외하고는 무장해서는 안 되었다.[27] 또한 수도회의 권리와 특권들이 침탈되어진 경우와 사도좌의 인정으로 긴급히 필요한 경우를 제외하고는 서약을 해서는 안 된다. 이들 규율들에 덜 중요한 다른 것들을 추가해서는 안 되었다.[28] 우리는 이것을 단지 그리스도교도의 완전성의 실천에 근거한 형제적 친교를 의미하는

---

26) 이는 1215년 제4차 라테란 공의회에서의 "신자들이 1년에 한 번 이상 고해성사와 영성체를 해야 한다"는 권고의 영향으로 볼 수 있다. 학자들은 프란체스코가 이 공의회에 참석하였으며, 이때에 성 도미닉과 만나게 되었을 것으로 보고 있다. 도미닉은 프란체스코에게 자신의 탁발수사들을 받아들여 그의 탁발수사들과 통합해 줄 것을 제의하였다. 그러나 프란체스코는 이 의견을 거절하였다고 한다.

27) 신성로마제국의 황제 프리드리히 2세의 생애 마지막 때에 재속회 회원들의 무기 휴대의 거부는 그와 교황 그레고리우스 9세와의 갈등에서 황제편의 치열한 전사들의 모병을 포기하도록 만들었다. Karen Armstrong, 앞의 책, pp. 295-296.

28) 예를 들면, 미사 참례의 의무, 특정한 날이라 명명되는 날의 모임에 참석하기, 가난한 자들과 특히 병자들을 돌보기 위해 각자 자신의 능력껏 자선을 베풀기, 병자들에 대한 교환 방문하기, 죄에 빠져있거나 죄를 짓고 있던 사람들을 덕의 생활로 회심하도록 이끄는 방법, 각자에 대한 배려로 이러한 일들을 이행하기 위해 할당된 관직들과 기능들을 거부하지 않을 의무, 논쟁을 해결하는 방법 등이다.

것이라기보다는, 오히려 부자와 권력가들의 남용에 대한 빈민과 약자의 권리 보호 및 어떤 권리도 침해함 없이 이 모든 이들을 선한 질서와 정의에로 이끄는 것으로 볼 수 있을 것이다.[29] 이들 제3회에는 이후 수많은 유명한 인물들이 소속되었고 이들의 영향력은 유럽 사회에 실로 지대한 것이었다.[30]

3. 프란체스코의 혁명적 세계관

정통 교회의 아들이었던 프란체스코는 또한 위대한 혁명가이기도 했다. 도시의 환경에서 성장하면서 그가 겪은 경험이 그를 형성하였다. 청빈에 대한 그의 선택은 폭발적인 상인계층의 풍요와 도시의 급속한 성장으로 인해 내몰린 이주자였던 극빈자들 간의 현저한 차이들에 대한 반응이었다. 그는 모든 세속적인 재산들을 거부하였던 반면, 세상 속에서 활동하였다. 또한 그의 탁발수도회 형제들은 무엇보다도 도시의 수도회이었으며, 주로 도시인의 자선으로 생계를 이어가며, 도시인의 측은지심에 초점이 맞추어져 활동하면서, 도시의 문제들을 연설하고, 모든 계층의 사람들에게 설교하고 가르치고 교육하였다.[31] 탁발수

29) Pius XI, "St. Francis of Assisi, Encyclical Letter", 1926, in *St. Francis of Assisi : Essays in Commemoration, 1982.* ed. M. W. Sheehan(New York: Franciscan Institute, 1982), p.181.
30) 제3회 회원 가운데 역사 무대에 등장한 유명한 인물들로서 지오토, 레오나르도 다빈치, 단테, 세르반테스, 콜럼버스 및 갈릴레오 등이 있으며, 왕족으로는 프라하의 아그네스, 성 엘리자베스 헝가리, 카스티야의 군주 성 페르디난도, 프랑스의 성왕 루이(9세) 등이 있었다.
31) Peter Denley, "The Mediterranean in the Age of the Renaissance 1200-1500", *The Oxford Illustrated History of Medieval Europe*, ed G. Holmes, p.243.

도회 수사들의 활력과 성공은 도시의 활력과 성공에 매우 긴밀하게 연관되어 있었다. 그리하여 그와 그의 수도회가 추구하였던 이러한 삶의 방식은 결국 중세적인 삼 신분제를 뛰어 넘는 새로운 근대적인 이념들을 발전시키고 있었다.

1) 인간 그리스도의 모방

11세기 말엽이 되면서 교회의 모습은 변화를 가져왔다. 창조주 하느님이 우리 인간을 위해 강생Incarnation 하였다는 사상이 성 안셀름의 사상에서 처음 등장하기 시작하면서 인간적인 그리스도상에 대한 논의가 진전되기 시작하였다. 십자군에 의해 동방에서 가져온 예수 그리스도의 성 유물 등은 그들의 관심을 더욱 사로잡았고, 더욱이 기존의 수도원 운동과는 전혀 다른 탁발수도회의 활동으로 인해 가난한 그리스도에 관한 이상은 많은 이들에게 친근하게 접근해 갔다. 이들 프란체스코파와 도미닉파와 같은 탁발수도회는 허식과 장식을 거부하였으며, 예배의 단순한 형식으로 돌아갈 것을 주장하였고, 무엇보다도 청빈 서약을 수용함으로써 일반민들 사이에서의 그리스도를 발견하는 삶의 중요성을 강조하였다.[32]

한 모델로서 그가 추구한 것은 인간 그리스도를 모방하는 삶이었다. 이는 인류에 대한 사랑의 교의로 최상의 야망과 무한의 지평을 복원하였던 신이면서 인간이었던 예수를 따르고자 함이었다. 이는 더 이상 그의 사도들이 아니라 그리스도 자신을 따르고 위탁하는 행위였다. 그리하여 예수 그리스도가 모든 인류의 구원을 위해 이 세상에 나약한

---

32) 졸고, 「고딕 대성당을 중심으로 한 중세 인들의 커뮤니케이션」, 『서양중세사 연구』 제21호(2008.3), pp.55-56.

인간의 모습을 취하여 온 사건을, 결국 프란체스코는 그레치오에 나무로 만든 구유와 함께 그 옆에 소와 나귀를 만들어 성탄절 구유를 만드는 관행을 만들었다. 이는 비잔틴 정교회에서 예수 탄생을 신화적인 상징주의로 인식하는 것을 현실적인 이야기 즉 살아갈 집이 없고 다툼도 있는 가족의 생생한 이야기로 바꾸는 것이었다.[33] 프란체스코는 이러한 강생의 사상을 보다 구체적으로 실현시키고 널리 대중화하였으며, 이와 더불어 아기 예수의 어머니 마리아에 관한 인식도 새로이 불러일으켰다. 가난한 어머니 마리아의 이미지는 가난한 민중들의 삶에 깊숙이 접근해 갈 수 있는 통로였다.

또한 인간 그리스도를 모방하고자 하는 그의 열의는 인간에 대한 새로운 인식에서 출발하였다. 이는 성 프란체스코의 인성적인 면의 일부였던 인간에 대한 낙천주의에서 볼 수 있다. 그의 금욕주의 역시 한 의미에서 낙천주의의 절정이었다. 프란체스코의 이러한 인간에 대한 끝없는 낙천주의는 그의 하느님에 대한 확고한 사랑에 근거한 것이었다. 그에게 하느님은 구원과 영원한 생명을 줄 수 있는 능력, 정의, 힘, 미, 기쁨, 사랑 및 지고의 선을 포함하는 것이었다.[34]

프란체스코의 그리스도를 따르려는 지속적인 노력은 인간 본성에 대한 위대한 이상을 요구하게 되었다. 이는 그를 따르는 사람들에게 매우 엄청난 것을 기대하였으며 그가 파견하여 만나는 일반 사람들에게도 좋은 일을 예상하였다. 그가 형제애를 위해 단식을 요구하였던

---

33) M. Warner, *Alone of All Her Sex*(New York: Vintage Books, 1983), pp.182-183.
34) Karen Armstrong, 앞의 책, p.164. 그러나 르 고프는 프란체스코가 그리스도교적 영성을 투르바두르의 세속적인 기사도 문화와 동물들과 함께 하는 농민의 민속적 대중문화에 개방함으로써, 성직적인 전통이 지녔던 인간에 대한 오랜 전통의 봉인을 제거하게 되었다고 설명한다. J. Le Goff, 앞의 논문, p.23 참조.

믿음에서처럼 그는 속인에게 음식을 요청하였다. 이는 그가 모든 집을 진실로 친구의 집으로 간주하여 인간의 관대한 베풂에 의존하였기 때문이었다.[35]

프란체스코회 형제들은 탁발을 하면서 생활하였다. 이는 그들의 설교에 감동받은 도시민들의 자발적인 자선의 삶을 촉구한 것이었다. 결국 이 도시민들이 먹을 것을 주지 않는다면 그들 탁발 형제들은 아사할 수밖에 없었다. 그러나 그들은 굶어 죽지 않았고, 오히려 전 유럽으로 확산되어 더욱 발전해 갔다. 이는 탐욕스럽게 부를 축적할 수 있었던 도시민들에게 예수 그리스도의 자선을 몸소 실천하도록 교육하였으며 탁발 형제들 자신이 그러한 삶의 모델이 되었던 것이다.

2) 삼 신분제의 탈피

(1) 자유의 개념

교황 그레고리우스 7세 개혁의 영향으로 당시의 교회는 초대 교회 사도들의 복음적인 생활로 되돌아가자는 운동들이 지속적으로 발전하고 있었다.[36] 프란체스코는 두 가지 측면에서 자유의 개념을 확대하였다고 볼 수 있다. 하나는 그 자신 스스로가 추구하였던 것이었고, 다른

---

35) G. K. Chesterton, *St. Thomas Aquinas, St. Francis of Assisi*(San Francisco: Ignatius Press, 1986), p.273.

36) 교황 그레고리우스 7세(1073-1085)의 일명 '그레고리우스의 개혁'은 봉건적인 세속적 지배로부터 교회 공동체를 해방시키는 일련의 과정 이상이었다. 교회의 개혁은 변화하는 세상에 대한 하나의 응수로서 외적인 사건들을 수용하려는 노력이었다. 응수는 첫 번째가 제도적인 것이었다. 그것은 세 가지의 주된 측면을 지녔다. 즉 새로운 종교 수도회의 확립, 교회법 운동의 발전, 교회의 다양성에 대한 수용이었다. J. Le Goff, 앞의 책, pp.5-6. 또한 이영재, 『유럽 중세교회의 향연 1 : 11세기 교황 그레고리우스 7세의 개혁을 중심으로』(혜안, 2020) 참조.

하나는 교황청에 의한 특권들의 보장으로 인해 얻을 수 있었던 자유에 대한 개념이었다.

먼저 첫 번째 의미에서 살펴보면, 성 프란체스코가 수도원의 회랑으로부터 자유로운 사람이 되어야만 했음은 필연적인 것이었다. 그에게 보다 중요한 것은 세상으로부터의 자유였다. 그를 둘러싼 세상은 봉건적, 가족적, 그리고 다른 형태의 종속의 연결망으로 연결되어 있었으나 그는 바람처럼 자유로운 사람으로 그를 둘러싼 그러한 세상과의 관계에 있어서 거의 거침없이 자유로웠다.

당시의 수도원이 세속을 떠나 격리된 곳에서 소수의 사람들에 의해 추구된 것이라면, 프란체스코는 속인의 복음화의 모델을 제공하는 것으로 프란체스코회의 태도는 속인의 사도화를 자극하는 것이었다. 그리하여 프란체스코회는 수도원주의의 높은 성벽을 허물고 세상 밖으로 나와서 떠돌이 구걸생활을 통해 이루어졌다. 더 이상 눈물의 특별한 사람들에 의한 것이 아니라 기쁨 속에서의 가난한 삶을 통한 이 세상 모든 이들을 위한 것이었다. 독고에 대한 유혹을 거부하면서 즉 사막이 아닌 도시, 숲속, 혹은 황야 속의 삶의 현장 한 가운데로 들어와서 그는 수도원주의의 격리와 결정적으로 결별하였다.[37]

그리하여 도미닉회와 마찬가지로 성 프란체스코회는 교회 바깥에서 설교하였다. 설교를 통해 그 자신을 위한 소유의 공간을 만들었고, 공적인 공간을 구원의 말씀을 전하는 공간으로 바꾸었다. 프란체스코는 성당 내지 수도회 교회라는 공간 개념을 뛰어넘어 그가 가는 모든 곳을 선교 공간으로 바꾸었던 것이다.

두 번째 의미로는, 일부 수도원의 특권이었던 '자유'의 개념이 프란체스코회의 속인에게까지 확대 적용되었다는 점이다. 이는 910년 클루니

---

37) G. K. Chesterton, 앞의 책, p.253.

수도원의 창립 특허장에 게
시된 두 가지의 특권 즉 세
속권에 대한 물질적인 권한
의 해방을 의미하였던 불입
권immunity과 해당 지역의 주
교좌 권한으로부터의 정신
적인 면제권exemption으로,
수도원은 유일하게 성 베드
로의 교황좌에게만 복속된
다는 것이었다. 이러한 교
회의 세속권으로부터의 자
유는 당시 봉건법으로의 해

성녀 클라라

방을 의미하는 것이었다.[38] 프란체스코 수도회의 형제회인 제1회와
자매회인 클라라회의 제2회는 교황의 모든 특권을 거부하였기 때문에,
당시의 교황들이었던 호노리우스 3세와 그레고리우스 9세는 프란체스
코의 제3회에게 이러한 특권을 인정해 주었다. 이는 새로운 구성원들에
게 성직자들이 이미 향유하고 있었던 동일한 정신적 면제권exemptions과
세속적 특권immunities에 참여를 허용하는 것이었다. 제3회 규정들의
많은 부분이 그의 형제들을 위한 프란체스코의 규율을 반영한 것이나
몇 가지 점에서 잠재적인 정치적 무기를 만드는 것이었다.

첫째, 모든 제3회 회원은 하느님과 교황을 제외한 모든 맹세가 금지
되었고, 또한 무기 휴대도 금지되었다. 무기의 사용은 반드시 범죄
혹은 죄를 저지르도록 이끈다는 이유에서였다. 둘째, 교황에게 서약을

---

38) 보다 자세한 설명으로는, 졸고, 「클루니(Cluny) 수도원의 개혁운동에 대한
연구」, 『숭실사학』 제13집(1999.8), 139-175쪽 참조.

한 회원은 교회법에만 복속되었으며 이는 세속적인 소송으로부터 면제됨을 의미하였다. 이 개념의 독창성은 그것이 점차 황제로부터 하층 소작농 혹은 농민에 이르기까지의 전체 봉건 제도의 통치를 마비시킬 수 있었다는 데 있다. 왜냐하면 그것은 제3회의 모든 구성원들에게 한 사람의 상위자를 위한 싸움을 거부하고 그렇게 해도 처벌을 받지 않는다는 것을 인정해 주는 것이었다.[39] 이는 새롭게 형성되고 있는 공화정 코뮌들에게 불합리한 군사 동원과 전쟁비용을 충당하려는 그들 상위자의 권력 남용에 제동을 거는 것이 되었다. 그리하여 이러한 특권은 당시 코뮌 도시들이 성장하고 있던 도시의 도시민들에게 자유의 개념을 경험하고 확산시키는 계기가 되었을 것이다.[40]

(2) 평등의 개념

르 고프는 당시의 프란체스코의 시대적 환경에서 그의 삶의 방향에 영향을 주었던 결정적인 세 가지 현상들을 계급투쟁, 속인의 성장, 화폐 경제의 팽창이었다고 지적하였다.[41] 프란체스코는 개심하기 이전에 흔히 발생하였던 잔인한 사회 정치적 투쟁에 개입하였다. 교황 지지파와 황제파 간, 도시들 간, 가문들 간의 투쟁들은 사회 집단들 간의 갈등을 조정하기도 하고 격화시키기도 하였다.

상인의 아들이었던 프란체스코는 일반민과 귀족 계층 사이에 놓여 있었다. 출생에서는 인민에 속했던 반면 부, 문화 및 삶의 방식에서는

---

39) Karen Armstrong, 앞의 책, pp.195-196.

40) 또 다른 연구로는 L. K. Little, *Liberty, Charity, Fraternity at Lay Religious Confraternities at Bergamo in the Age of the Commune*(Northampton Mass,: Smith College Library, 1989) 참조.

41) J. Le Goff, "Saint Francis, Medieval or Modern?", *St. Francis of Assisi : Essays in Commemoration, 1982*. p.17.

귀족에 속해있으면서 이들 구분점에 특히 민감하였다. 그러나 그는 언제나 그의 상관들과 동료 및 아랫사람들과의 관계에 있어 겸손하기를 원하였다. 그리하여 이러한 그의 목적은 그의 수도회에서 사람들을 다루는데 있어 가장 낮은 계층에까지 즉 가난한 자, 병든 자, 거지들에게까지 낮추는 평등의 유형을 부여함으로써 이러한 사회적 분파들을 극복하려고 하였다.[42]

프란체스코의 사도적 메시지는 모든 이들을 포괄하는 것이었다. 그는 이러한 전체 사회의 요소들을 열거하였다. 첫 번째 규율의 제23조항에서 그는 매우 명백하였다. 그는 종교 세계를 열거하기 시작하였는데, 그는 '성직의 질서'를 구분하였고, 남성과 여성 모두의 '종교적인 사람들'을 구분하였던 가운데 모든 '성직자들'과 '수도승들'을 언급함으로써 목록을 완성하였다. 세속 사회에 대한 전언에서 그는 처음으로 어린이, 소년, 소녀들omnes pueri, parvuli et parvulae을 언급하였고, 이후 '가난한 자'와 '극빈자'pauperes et egeni, '군주들'과 '제후들'reges et principes, '노동자들'과 '농민들', '농노'와 '주군들', 여성들 즉 '처녀, 수절녀', 혹은 '기혼녀', '속인, 남성, 여성', '어린이, 청소년, 젊은이, 노인', '건강한 사람들'과 '아픈 이들', '미천한 이들과 귀족들', 마침내 모든 '사람들, 인민들, 종족들, 언어적 집단, 지상 위의 모든 곳의 현재와 미래의 민족들과 모든 인간들'을 명명하였다.[43]

또한 그는 강자에 대한 약자의 우선권을 부여하였으며, 가난한 자가 군주들보다 먼저 언급되었다. 일하는 사회에서 '쟁기 끄는 사람들' 농촌 엘리트 혹은 농촌 작업자들이 주군들보다 먼저, 그리고 미천한 사람들이 귀족들보다 먼저 언급되었다. 그의 궁극적인 선교 대상은 지구촌의

---

42) J. Le Goff, 앞의 논문, p.18.
43) I Regula, XXIII.

모든 사람들이었다.[44]

그러나 형제들이 많아짐에 따라 조직화는 불가피한 것이었다. 조직화에 필요한 "수직적인" 형식이 현존하나 사실상 안으로 구체화되었던 것은 "수평적인" 영역이었다. 『뮌헨 전기 *Legenda monacensis*』의 전기작가는 프란체스코가 수도원장abbot, 관리자provost 및 분원장prior의 용어들을 대리인minister과 관리인custodian으로 대체함으로써 수도회 내부에서의 기능과 지위의 불평등성을 제거하고 상쇄시키려는 용어를 도입하기를 원하였다는 것을 상기시킨다.[45] 무엇보다도 프란체스코는 정신적인 측면에서의 계서적 구조가 아니라 구원의 수준에서 모든 이의 동등성에 근거한 범주화된 공동체를 추구한 것이었다.

(3) 형제애Fraternity의 개념

프란체스코는 평등성을 추구하면서 이를 실천하는 보다 구체적인 방법으로 '형제애'가 구현되기를 희망하였다. 형제애는 congregatio[46]의 자매어 confraternitas에서 나온 confraternity로 불리는 종교적인 길드 조직을 의미하였다. 그 용어는 연민, 형제애, 자선이 친밀히 혼합되어진 개념에 사랑의 의미가 추가된 것이었다. 이 형제애의 이념을 왕왕 형제애로서 어깨를 툭 치는 정도의 우애라는 의미로 이해한다면 그것은 전적으로 잘못 이해하는 것이 될 것이다. 그것은 민주적인

---

44) J. Le Goff, 앞의 책, p.77.

45) *Legenda monacencis*, p.709.

46) 피에르(Pierre Michaud-Quantin)는 수도승들이 수도원에 정주하겠다고 서약한 사람들의 유대감을 드러내는 *congregatio*라는 용어를 사용하였던 반면, 탁발수도회에서는 그 용어가 사라졌음을 강조하였다. 이 용어는 작은 형제회를 수도승들 및 참사회 성직자들과 대비시키는 것이었다. P. Michaud-Quantin, *Universitas. Expressions du mouvement communautaire dans le Moyen Âge latin*(Paris, 1970), p.105.

이념으로 흔히는 친우뿐만 아니라 적들까지도 포괄하는 개념이었다.[47]

여기에서 표현된 형제애의 민주적인 이념을 좀 더 살펴보도록 하자. 11세기 이래로 삼 신분제 사회에서 세 번째 계층이었던 일하는 사람들은 상위 두 계층의 사람들에게 종속되어 있었다.[48] 그러나 프란체스코는 기도하는 사람들과 일하는 사람들을 성직자와 속인으로 동일시하였다.[49] 그리하여 르 고프에 따르면, 그의 형제애의 이미지는 성직자와 속인, 식자층과 문맹인 등의 양자 모두를 받아들이는 것으로 이 세상에서 반목하는 유형들을 형제애를 통해 극복하려는 것이었다고 설명하였다.[50] 프란체스코는 그의 형제들 간에 두 계층 모두의 구성원들을 받아들여, 그는 완전히 한 근원적인 모델 위에 한 공동체를 형성하고자 희망하였다.[51] 이러한 형제애는 예루살렘의 첫 번째 그리스도교 공동체에서 넌지시 언급되었는데, 그 강조점은 성직자와 속인이 핵을 이루어 공존하는 것이었다.[52]

토마스 첼라노는 '형제들 간의 사랑의 유대'는 보다 큰 것이 되어야만 했는데, 그는 그의 전체 수도회가 통합성으로 합쳐지기를 원하였다. 즉 주요한 이들과 부차적인 사람들, 식자층과 문맹인들이 하나의 가족이라는 울타리에서처럼 동일한 행동과 삶의 방식에 의해 통합된 공동체'이었던 것이다.[53]

또한 프란체스코는 그의 형제들에게 가족의 모델을 따를 것을 권고

---

47) G. K. Chesterton, 앞의 책, p.265.
48) 이는 마치 창세기에 나오는 함이 하느님에 의해 셈과 야벳에게 종속되어 있었던 것과 같은 것이었다.
49) I *Regula*, XVII, 혹은 *Vita prima*, 56.
50) J. Le Goff, 앞의 책, p.74.
51) J. Le Goff, 앞의 책, p.91.
52) J. Le Goff, 앞의 책, p.114.
53) *Vita secunda*, 191, p.240.

하였다. 이들 형제들에게 그는 신의 모델을 따라 하느님이 태초에 그에게 아버지로서 존재했던 방식대로 아버지가 될 것이었다. 프란체스코는 처음부터 최소의 조직을 만들었다. 프란체스코는 3-4명이 모일 수 있는 '장소들'을 원하였다. 그들 가운데 2명은 '어머니'가 되어 외적인 업무를 수행해야 하였고, 다른 한 두 사람은 '아들들'이 되어 순수하게 명상적인 생활을 하도록 하였다.[54] 르 고프는 프란체스코가 신앙인들이 그리스도의 배우자, 형제들 및 어머니가 된다는 가족의 이념을 자극하였다고 설명하면서, 이러한 가족의 언급은 성 프란체스코의 이전 종교생활에서의 어떤 집단에서도 볼 수 없었던 매우 경이로운 것이었다고 지적하였다.[55]

4. 맺음말

12세기와 13세기의 서유럽 사회는 새로운 도시의 성장으로 변화되어 가고 있었다. 이때 이탈리아 아씨시에서 상승하는 계층이었던 부유한 상인의 아들로 태어난 성 프란체스코는 개심을 통해 교회에 귀의하게 되면서 철저히 가난한 삶을 추구하였다. 그는 전통적인 가톨릭 교회의 교리와 7성사 및 성직자의 권위를 인정하는 충직한 교회의 아들이 되었다. 프란체스코야말로 교황 그레고리우스 7세 개혁 운동을 지속적으로 발전시킨 탁월한 실천가 가운데 한 사람이었다. 그렇다면 프란체스코가 추구한 독창적인 삶의 방식은 무엇이었는가? 그는 중세 삼 신분제를 뛰어넘는 새로운 패러다임을 제시하고 있었다.

---

54) Y. Congar, 앞의 논문, p.70.
55) J. Le Goff, 앞의 책, p.76.

첫째, 프란체스코는 성서에서 표현된 인간 예수 그리스도를 자신의 삶의 원형으로 받아들이고 이를 따르는 삶을 살았다. 성탄절 아기 예수의 구유를 만들어 보급함으로써 성육신의 이념을 보다 구체적 인간의 모습으로 대중화 하는데 성공하였다. 또한 아기 예수의 어머니 였던 가난한 성모 마리아에 관한 인식을 통해 도시의 가난한 일반 여성들의 삶속에 보다 깊숙이 침투할 수 있었다.

더욱이 프란체스코는 인간에 대한 낙관주의적 인식을 통해 새로운 인간관을 지녔으며, 세상 안에서 기쁨의 금욕주의적인 생활을 추구하였다. 특히 그가 설립한 수도회 가운데 속인들로 구성된 제3회는 성직자들의 전유물이던 교회의 특권을 속인들에게도 확장시키는 결과를 가져왔으며, 이는 당시 새롭게 성장해 오던 이탈리아 도시 코뮌들의 도시민들에게 자유의 개념을 경험할 수 있는 좋은 계기를 만들어 주었다.

둘째, 프란체스코는 중세의 삼 신분제를 뛰어넘어 모든 이들을 수평적으로 받아들였다. 무엇보다도 그가 드러내고자 한 점은 정신적인 견해로부터 나오는 계서적인 조직이 아니라 구원의 대상에 있어서의 모든 동등함에 근거한 범주였다. 즉 지구촌의 모든 이들이 그의 선교 대상이었다.

셋째, 모든 이들을 수평적으로 받아들인 그는 이들을 하나로 통합하는 것을 형제애의 실천으로 제시하였다. 삼 신분제에서는 세 번째 부류의 사람들이 상위 두 부류의 사람들에게 종속되었던 개념에서 출발하였으나 그러한 구분을 타파하였다. 그는 성직자와 속인으로 구분하여 이들이 서로 동등한 위치에서 상호 협력하는 보다 민주적인 방식을 추구하였다. 그리하여 그의 수도회의 형제들 간에는 복종이나 차별이 없는 서로의 통합성을 중시하였다. 또한 그의 수도회는 어머니가 자식을 돌보듯이 소수의 사람들로 이루어진 가족 구조로서, 르고프는 이를 근대의 핵가족의 모델을 의미한다고 파악하고 있다.

프란체스코는 성기 중세에 살았던 인물이었음에도 그가 추구한 삶의 방식은 자유, 평등, 형제애를 구현하는 완전히 새로운 근대적인 세계관을 지향하고 있었다. 또한 그를 따르고자 하는 프란체스코회 형제들과 재속회 회원들은 전 유럽으로 확산되면서 도시민들의 자발적인 기부 문화, 구휼적인 병원 설립, 가난하고 약자들에 대한 우선적 보호, 검소하고 절제하는 생활, 친절한 매너, 자선 등의 아름다운 도시 문화를 꽃피우게 되었다. 이는 바로 현대의 우리 사회에도 꼭 필요한 요소로서 지속적으로 실천해야 할 과제인 것 같다.

제 3 장

성 프란체스코 아씨시와 레오나르도 다빈치의
인식 비교-자연, 개체, 속어와 관련하여-

1. 아씨시의 성 프란체스코는 근대인인가?

1) 왜 프란체스코와 레오나르도인가?

1885년 독일인 하인리히 토데Henry Thode는 당시 한 시대를 풍미했던
책,『프란체스코 아씨시와 이탈리아 르네상스 예술의 기원』에서 "프란
체스코는 그것의 감지할 수 있는 형식으로 자연을 재발견하였고, 성상
화에 초상화와 배경을 도입하였으며, 이 이론에 따르면 사실주의와
설화 예술이 그에게서 유래했다"[1]고 하였다. 르 고프는, "프란체스코가
고전 문명의 새로운 연구로부터 어떤 영감도 받지 않았다. 그러나
학자들은 한 세기 전부터 프란체스코야말로 르네상스인이라고 평가하

---

[1] J. Le Goff, *Saint Francis of Assisi*(London: Routledge, 2004), trans. by Christine
Rhone, p.54 재인용.

고 있다"고 언급한 바 있다.[2]

정치사상을 연구하는 필자는 이러한 평가를 염두해 두고서 다음의 중세적인 인식을 배경으로 이 글을 구상해 보았다. 첫째는 프란체스코의 자연에 대한 인식이었다. "9-10세기의 르네상스가 왕실 일각에 의해 주도된 라틴 고전의 보존운동이었다면, 라틴 고전과 함께 그리스 고전을 기초로 하였던 12세기 인문주의는 사물의 본성과 질서에 대한 지적 철학적 추구를 그 현저한 특징으로 하고 있었다. 이는 무엇보다도 그리스도교적 사유가 함축하고 있던 물질세계에 대한 부정적 인식에 일대 전환의 계기가 되었다. 자연natura 그 자체의 위엄과 자율에 대한 이 시기 인문주의자들의 재인식은 자연을 비본질적 내지 환영적인 무엇으로 간주하여 온 종래의 자연관을 극복하게 하였다. 그리하여 아우구스틴의 원죄설 이후 부정되어 온 인간 본성과 인간 이성의 고유한 가치와 존엄에 대해서도 새로운 자각을 가지게 하였다. 이제 자연과 인간사회의 본성적 질서란 체계적으로 구명되고 의식적으로 추구될 수 있다는 획기적인 합의가 마련되고 있었던 것이다."[3] 이러한 중세적 맥락에서 사상가 혹은 학자도 아니었던 프란체스코가 인식한 자연은 무엇이었는가? 아우구스틴류의 자연관이었는가? 아니면 새로운 인식이었는가? 왜 그는 그런 인식을 하게 되었을까?

둘째는 이미 "질송E. Gilson이 중세인들의 유일한 철학적 주제가 보편자론이었다고 지적한 바 있다. 이는 세 가지 유형으로 첫째 실재론, 둘째 온건 실재론, 셋째 유명론이다. 토마스 아퀴나스류의 개체 속에 존재하는 보편자를 처음부터 부정하였던 윌리엄 오캄William of Ockham은 오직 개체만이 실재한다는 엄격한 유명론을 재천명하였다. 또한 유명

---

2) J. Le Goff, 앞의 책, p.54.

3) 박은구, 『한 사학도의 역사산책』(서울 : 숭실대 출판부, 2011), pp.46-47.

론은 토마스 아퀴나스류의 주지주의가 아니라 둔스 스코투스와 더불어 그리스도교적 주의주의 전통을 형성하였다"는 점이다.[4] 이들 오캄과 스코투스는 모두 중세 말기 프란체스코 수도회 수사들이었다는 공통점이 있다. 이는 우연적 산물이기보다는 이들 개념의 원형이 바로 그들 수도회의 창립자였던 프란체스코에게 이미 내포되어 있지 않을까 하는 의구심을 가져 보았다.

그리하여 필자의 문제의식은 위에서 언급한 중세 사상사적인 맥락을 토대로 당대인들과는 다른 프란체스코의 새로운 세계관과 관련하여 르 고프가 평가한 르네상스인으로서의 프란체스코를 동시에 규명해 보려는 것이다. 이를 위해 본고에서는 프란체스코와 그의 동시대인들이 아닌 대표적인 르네상스인 레오나르도 다빈치를 비교대상으로 삼았다.[5] 즉 프란체스코의 어떤 점이 그의 동시대인들과는 다른 인식이었으며, 또한 이것이 르네상

〈레오나르도 다빈치의 자화상〉, 그의 제자 프란체스코 멜찌 작품

---

4) 박은구, 앞의 책, pp.52-53.
5) 레오나르도 다빈치를 비교대상으로 택한 이유는 그가 대표적인 '이탈리아 르네상스의 3대 미술가'로서 르네상스인이라는 점이었다. 그러나 그는 동시대인 미켈란젤로와도 다른 인식을 하였다. 미켈란젤로가 몰락한 귀족가문 출신이며 메디치 가문의 후원 및 신플라톤주의의 영향을 받았다고 한다면, 레오나르도는 귀족가문도 아니었고 메디치 가문이 이끄는 학회와 특별한 관련이 없었으며, 오히려 밀라노의 스포르자 공작의 후원을 받았으나, 그에게서는 보다 자연주의적, 민중 지향적인 태도를 찾아볼 수 있었기 때문이다.

스기의 레오나르도가 인식한 것과는 어떤 유사성이 있었는가? 하는 점이다. 그리하여 필자는 프란체스코라는 투시경을 가지고 방대한 레오나르도의 일부를 한정적으로 비추어서 그들 인식의 공통점을 찾아내고 시대를 뛰어넘는 비범한 두 인물을 비교해 보려는 것이다. 이러한 작업은 다소 도발적인 부문도 지닐 수 있을 것이나 새로운 시도가 될 것이다.

과연 성 프란체스코가 인식한 인간 및 자연에 대한 인식이 르네상스인들 특히 레오나르도가 인식한 그것과 동일한 것이었을까? 그렇다면 프란체스코와 레오나르도로 대표되는 르네상스인들이 중세 천년을 거쳐 오면서 깊이 내재된 그리스도교적 가치관으로부터 완전히 자유로울 수 있었는가? 이들 간에는 어떤 공통성이 존재하는가? 이들은 어떻게 자신의 시대정신을 초월하는 새로운 세계관을 지닐 수 있었는가? 이를 알아보기 위해 먼저 그들의 지적 배경부터 살펴보자.

2) 지적 배경

(1) 성 프란체스코

토마스 첼라노는 성 프란체스코에 관해 묘사하기를, "그는 마르고 당대의 기준으로 보아 중간 키보다 작았고, 그의 얼굴은 긴 편이었으나, 잘생긴 이목구비에 부드럽고 깨끗한 피부에 검은 눈을 지녔다. 그의 머리와 잘 정돈된 구레나룻 수염 역시 검은 색이었으나, 치아는 고르고 흰 편이었다. 그의 입술은 얇고 작았으며, 목소리는 힘차면서도 밝고 다정다감하였고, 손가락이 긴 가냘픈 손을 지녔다"고 언급하였다.[6]

---

6) *1 Cel.* Ed. Regis J. Armstrong, J. Wayne Hellann, William J. Short, *Francis of Assisi : Early Documents, 1. The Saint*(New York: Franciscan Institute of St.

프란체스코는 8세가 되었을 때, 자신의 집에서 수백 야드 떨어진 본당 교회인 산 지오르지오 성당 부속학교에 다녔다. 이것이 그의 공교육의 전부였다. 프란체스코의 교육에 관해서는 항상 많은 논쟁이 있어왔다. 일부 당대인들은 그를 문맹인이거나 거의 교육을 받지 않은 사람으로 묘사하였다. 그들 가운데 그를 찬미하였던 두 인물, 즉 추기경 자크 드 비트리와 주교 테르니인데, 이들은 "그가 문맹이었

성 프란체스코

기 때문에 대학에 다닐 수 없었고 따라서 사제로 서품되지 않았으며, 그의 수도회의 구성원들에게 책을 소유해서는 안된다고 주장하게 되었고, 그 자신에 관해서도 "완전히 무지하고 무학"ignorans sum et idiota 이라고 언급하였다. 그리고 자신이 손수 쓴 두 개의 현존하는 라틴어 원문에서도 오류들이 발견되었고 그의 원고가 자신의 필기자인 레오의 그것과 비판적으로 비교되고 있다는 점"을 지적하였다.[7]

또한 어린 시절의 프란체스코는 모친 피카에게서 많은 것을 전수받

Bonaventure University, 1999), p.253. 또한 프란체스코의 생애를 연구하였으며 성공회 주교였던 존 무어맨(Dr. John Moorman)은 프란체스코의 발굴을 통해 키가 5피트 3인치(159cm)이며 특히 그의 치아가 희다고 언급하였다.

7) Karen Armstrong, *Francis of Assisi*(New York: Adrian House, 2001), pp.17-18.

앉음을 알 수 있다. 특히 그는 모친의 무릎에서 배운 남부 프로방스 방언을 노래하면서 온 거리를 다녔다는 것으로 유명하다. 이는 프란체스코가 12세기와 13세기에 유행하였던 투르바두르에게 영향을 많이 받았음을 시사한다. 그들은 음유시인들로서 자신의 시를 노래로 부르며 왕왕 악기를 연주하면서 도시를 돌아다녔다. 특히 남부 프랑스의 도시화를 발전시켰으며 파리의 전통과 경쟁적으로 혹은 그것을 무색케 할 정도로 위협적이었다. 그는 도시의 광장, 집, 길거리 등 어느 곳에서든지 사람들을 불러모았다. 마치 투르바두르가 가는 곳이면 어디든 구경꾼들이 모여들어 그들의 공연을 즐기듯이 말이다. 그들이 시 속에서 여성을 비유적으로 많이 사용하였듯이 프란체스코도 가난을 여성에 비유하여 설명하였다.[8]

프란체스코의 이러한 성장 과정은 그에게서 고전에 대한 연구 및 고전어에 대한 해박한 지식을 찾아보기 힘들게 한다. 그에게 제도권의 교육은 극히 일부에 지나지 않았으며 오히려 그의 모친에게서 유전되는 선천적인 남부 프랑스인들의 낭만적인 기질, 따뜻하고 섬세한 인성미 및 프로방스의 속어로 된 음악 교육에 깊이 영향 받았다고 볼 수 있다.

(2) 레오나르도 다빈치

1452년 4월 15일 레오나르도[1452-1519][9]는 피렌체 근방의 빈치의

---

8) Karen Armstrong, 앞의 책, p.13.
9) 레오나르도에 관한 1차 사료는 대체로 세 가지 형태로 남아있다. 첫째는 레오나르도 사망이후 편찬된 장정본의 모음집, 둘째는 레오나르도가 소장하였던 공책들, 셋째는 낱장으로 된 것들이다. 가장 유명하며 매우 방대한 규모의 코덱스 아트란티쿠스(Codex Atlanticus)는 밀라노의 암브로시아나 장서에 보관되어있고, 다른 두 개의 주요 잡록집은 모두 영국에 있다. 하나는 윈저성의 국립도서관(Royal Library)에 있는 데생화 모음집 및 필사본들이고, 다른 하나는 브리티시 도서관(British Library)의 코덱스 아룬델(Codex

작은 마을에서 출생하였다.[10] 부친은 공증인이었고, 여러 차례 결혼하였으나 레오나르도의 모친은 정식 아내가 아니었다. 사생아로 태어난 그는 당시 학교에 갈 수 없었다.

그러나 그의 부친이 세 번의 혼인으로 자식을 얻을 수 있을 때까지 레오나르도는 유일한 자식이었다. 그리하여 그의 부친은 10대 소년이었던 그를 피렌체 도시 중심부에 있는 당시의 저명한 금세공사 장인이었던 베로키오에게서 도제수업을 받도록 해주었다. 이 과정은 그에게 탁월한 예술가적 기질을 향상시킬 수 있던 절호의 기회였다. 이때 그는 스승에게서 사실적인 표현방식, 새로운 기술들을 공부할 수 있었고 많은 예술가들과도 친분을 맺을 수 있었다. 또한 베로키오 공방에서 악기 연주하는 것을 배웠을 것이다. 오늘날 바이올린과 비슷한 7개의 현을 지닌 악기로 활로 연주하는 리라를 연주하였다. 베로키오 역시 그의 재산목록에 루트를 지니고 있었다. 아마도 베로키오의 작업장은 음악을 연주하였던 곳이기도 하였음을 암시하고 있다.[11]

15세기 예술가들의 대다수는 장인들로서 자신의 제자들과 함께 작업하며 생산해내던 작업장을 지녔다. 그들의 열성적인 활동은 시인들과 학자들의 독서, 사색 및 저술 활동에 비교되었다. 그들은 라틴어를 알지 못하였기 때문에, 예술가들은 거의 어느 정도의 지적인 추구로부터 제외되었다. 이러한 약점과 그들의 낮은 사회적 신분의 경향에도

Arundel)이다. 이외에 바티칸의 코덱스 우르비나스, 매우 작은 규모의 뉴욕의 코덱스 휘젠스, 코덱스 레스터, 투랭 코덱스 등이 있다. C. Nicholl, *Leonardo da Vinci ; Flights of the Mind*(New York: Penguin Books, 2004) pp.4-6 참조.

10) 그의 생애를 대략적으로 정리해보면, 유년기(1452-1466), 도제기(1466-1477), 독립기(1477-1482), 새로운 지평(1482-1490), 스포르자 궁정기(1490-1499), 만투아와 베네치아기(1500-1506), 다시 밀라노 시절(1506-1513), 말년기(1513-1519)로 구분해 볼 수 있다. C. Nicholl, 앞의 책, pp.1-623.

11) C. Nicholl, 앞의 책, p.156.

불구하고 특별한 재능과 지적으로 야망을 지닌 장인들은 저술가들의 고차원 세계로 상승하려는 열망을 지녔다.

당시 대학 교육과 장인 훈련 간에 이러한 차별성이 존재했을지라도, 르네상스 예술의 전체 흐름은 그 간격을 좁히게 되었고 예술가는 학자들, 철학자들 및 과학자들의 부류에 속할 수 있고 속해야 함이 강조되었다.

2. 두 인물의 공통성

1) 자연에 대한 새로운 인식

(1) 성 프란체스코

그가 등장하기 이전까지 중세의 그리스도교도들은 창세기를 해석할 때, 만물에게 이름을 부여하고 그들의 종복으로서 온갖 형태의 생물을 다스리라는 것으로 인식하였다. 그러나 이에 비해 프란체스코는 만물을 하느님의 작품들로서 그들이 사람과 다를 바 없이 존중되어져야 하고 사랑받아야 할 것으로 믿었다. 그 자체의 단순성 및 순수성 안에서 모든 창조물의 중심적인 미를 파악하였던 프란체스코의 인지력은 매우 탁월하면서도 순수하고 광범위한 것이었다. 자연 세계에 대한 프란체스코의 인지력은 전 우주적인 것이었다.

프란체스코는 본성적으로 극도로 예민하고 지상이든 하늘이든지 색깔, 소리 혹은 미각에 대한 모든 아름다움을 예리하게 인식할 수 있는 정서를 지녔다. 그것은 모든 창조물 즉 꽃, 나무, 동물들에게 확대되었고, 그것이 본질적인 명확성과 가장 친밀한 사물들 즉 태양,

달과 별, 땅, 공기, 구름 및 물의 아름다움에서의 새로운 기쁨을 발견하였을 때 가장 특징적인 것이 되었다.[12] 따라서 프란체스코는 자연과 만물을 아우구스틴류의 타락한 자연관으로 인식하지 않았음을 알 수 있다.

한 형제가 채소를 가꾸기 위해 땅을 갈고 있을 때, 그는 그에게 꽃들을 심을 수 있는 땅 한 떼기를 남겨놓으라고 이야기 하였다. 그는 꽃의 아름다움과 향기 때문에 꽃들을 사랑하였다. 그는 나무를 베고 있는 한 형제에게 그가 다시 그것을 심을 수 있기 위해 그 나무 각각의 공간을 충분히 남겨 놓으라고 주문하였다. 그는 밀밭과 포도밭, 돌과 삼림, 그리고 들판의 모든 아름다운 것들과 텃밭의 푸른 채소들에게 하느님을 사랑하고 하느님께 기쁘게 봉사할 것을 훈계하였다.[13]

토마스 첼라노는 프란체스코에게서 이러한 능력을 확인하였다. "그는 말 못하는 동물들, 파충류들, 그리고 다른 생물에 대한 연민으로 가득 찼다. … 결코 다른 이들이 경험하지 못하는 가장 특별한 방식으로, 그는 자신의 민감한 가슴으로 사물의 감추어진 본성을 인식하였다."[14] 이러한 인식은 이후 둔스 스코투스에게서 보다 발전된 형태의 주의주의로 표현되었다고 볼 수 있다.

그러나 그는 당시 사회에 일반적으로 받아들여진, 기본적으로 아리스토텔레스가 언급하였던 세상을 이루고 있는 4대 요소 즉 물, 불, 흙, 공기를 살아있는 생물체로서 따뜻하게 끌어안았다. 그는 우리의 어머니로서 대지를, 우리에게 날씨의 변화를 가져오는 것으로서 형제인 바람을, 그에게 매우 귀중한 것으로서 씻은 물도 사람들이 밟지

12) D. Knowles, "Francis of Assisi", in St. Francis of Assisi : Essays in Commemoration, 1982. ed. M. W. Sheehan(New York: Franciscan Institute, 1982), p.8.
13) 1 Cel. Ed. Regis J. Armstrong, 앞의 책, p.251.
14) 1 Cel. 77, 81.

못하는 곳에 버리도록 하였던 자매인 물, 또한 미신적인 입장을 넘어서 유용하게 사용되었던 형제인 불을 찬미하였다.[15] 그리하여 프란체스코는 자연의 인식에 있어서는 당대인들을 뛰어넘는 새로운 인식을 하였지만, 아리스토텔레스의 구성요소를 그대로 수용하는 입장에서는 여전히 중세인들의 정서를 드러내고 있다고 볼 수 있다.

(2) 레오나르도 다빈치

아르노 계곡의 전경(1473년)

프란체스코의 시대와 마찬가지로 15세기는 중세로부터 전수되어왔던 우주를 구성하는 기본 요소를 아리스토텔레스의 4대 요소로 파악하였으며 소우주로서의 인간도 마찬가지였다. 레오나르도 역시 자연을 하느님의 창조물로서 바라보는 그리스도교적 개념으로 묘사하였다. 그러나 개별적인 관찰과 상상력은 어떤 것보다도 명확히 레오나르도의 시각을 형성하는 데 보다 중요한 역할을 수행하였다.[16]

르네상스 3대 문인 가운데 한 사람인 페트라르카는 한때 그 자신이 절정에 달해있었던 내면을 바라보는 시각이 아우구스틴의 권고에 빠져 있었다. 그의 언급이 풍경에 대한 새로운 인식을 암시하는 것처럼 보일지라도, 사실상 인문주의자 페트라르카는 레오나르도와는 달리 자연에 대해 등을 돌렸다. 레온 바티스타 알베르티와 마르실리오 피키

---

15) Karen Armstrong, 앞의 책, p.177.
16) D. A. Brown, 앞의 책, pp.2-3.

노를 포함하는 페트라르카의 15세기 후예들은 투스카니 전원의 아름다움을 매우 잘 표현하였다. 그러나 그들은 자연을 결코 즉 이들이 실제적이든 혹은 기쁨을 주는 것이든지 간에 인간의 관심대상으로부터 분리하지 않았다. 사냥하는 곳, 농사짓는 곳 그리고 집짓는 곳에 집중된 일종의 자연의 이용에 대한 "전원생활"의 절정은 로렌조 메디치의 시에서 발견되었다. 그의 생생한 묘사가 자연의 무대에 대한 괄목할만한 예리한 감정을 드러낸다하더라도, 로렌조는 인류를 위한 한 장소로서 외부세계로서의 개념을 여전히 공유하였다.

그러나 젊은 레오나르도는 이러한 견해를 수용할 수 없음을 나타내는 것 같다. 그 자신의 자연 개념은 근본적으로 다른 것이었다. 식물과 동물에 대한 심오한 호기심으로 그들을 표현하였던 젊은 레오나르도의 탁월한 능력은 그를 동시대인들과 분리시켜 놓았다. 그의 차별성은 자연 현상 뒤에 있는 힘과 작용 즉 빛, 분위기, 움직임 혹은 성장에 대한 그의 원숙한 이해력에 있었다.

레오나르도는 뛰어난 인지력과 직관력으로 사물에 대한 정확한 인식을 할 수 있었다.[17] 그는 자연을 마음을 통해서가 아니라 눈을 통해서 직접 바라보았다. 그의 눈은 경이로운 것이었다. 카메라처럼 예리하고 단절적인 모습을 담았다. 레오나르도가 남긴 공책들은 기상천외하고 그에 관한 모든 것을 담은 것으로써 개인적인 것이다. 그 공책들 중 현존하는 것은 대략 7천 페이지 가량 된다. 그것은 자연을 꿰뚫는 관찰로 가득차며, 특히 해부학적인 밑그림으로, 또한 그의 관찰로부터 샘솟는 발명으로 꽉 차있다. 레오나르도는 자연과 지성의 종합을 요구

---

17) 각각의 장은 밑그림, 간단한 필기들이 마구 뒤섞여 있다. 그곳에는 기하학의 일면, 말의 머리, 천문학적 추측, 그 옆에는 꽃 등이 그려졌다. J. H. Plumb, 앞의 책, p.231.

함으로써 근본적으로 새로운 창작 원리를 확립하였던 최초의 예술가였다.[18]

2) 개체에 대한 인식

(1) 성 프란체스코

프란체스코는 고의적으로 나무를 보기 위해 숲을 보지 않았던 인물이었다. 그는 사람을 보기 위해 대중을 보지 않았다는 것이다. 그는 모든 이를 사랑할 뿐 아니라 존경까지 하였다. 교황에서 거지에 이르기까지, 그리고 대형천막 안에 있는 시리아의 술탄에서 덤불숲에서 누더기를 걸치고 나오는 강도들에 이르기까지 그의 눈에 개체로서 특별한 존재로 인식되지 않는 이는 하나도 없었다.[19] 그는 모든 이가 하느님의 한 자녀인 것처럼 그리하여 한 사람의 형제 혹은 한 사람의 자매가 존재하듯이 각각의 나무를 분리하여 거의 성스러운 것으로 보기를 원하였다. 그는 한 마리의 종달새와도 대화를 나누었고, 모두가 피해갔던 나병환자와도 얼굴을 맞대고 '친구여'라고 이야기하며 대화를 나누었다. 그는 모든 이와 일대일로 대화하기 좋아하였고 각 개체의 존엄함을 인식하였다.

또한 프란체스코는 사물 그 자체를 하나의 있는 그대로의 실체로 파악하였다. 〈태양의 찬가〉에서 프란체스코는 하느님의 이미지를 태양을 통한 상징주의에 비유하고 있을지라도, 별들, 바람, 구름, 하늘, 불, 꽃들 및 초원을 처음으로 그들의 물질적 아름다움과 감지할 수

---

18) Otto Letze & Thomas Buchsteiner, *Leonardo da Vinci : Scientist, Inventor, Artist* (Tübingen : Institute für Kulturaustausch, 1998), p.14.

19) G. K. Chesterton, *St. Thomas Aquinas, St. Francis of Assisi*(San Francisco : Ignatius Press, 1986), p.266.

있는 존재로 인식하며 사랑하는 것으로 표현하였다. 그가 그들에게 느낀 사랑은 그들을 왜곡하지 않고 혹은 동떨어진 상징들의 무게로 그들을 억누름 없이, 신실하게 그것들을 표현하기를 원하였던 예술가들에게로 전이되었다. 그는 동물들에게도 동일하게 적용하여 상징적으로 존재하는 것으로부터 실체로 인식하게 되었던 것이다.[20] 이러한 개체에 대한 뛰어난 인식은 이후 윌리엄 오캄의 유명론으로 보다 분명히 드러났다고 볼 수 있다.

더욱이 프란체스코는 개체에 대한 인식뿐만 아니라 나체에 대해서도 인식하고 있었던 것으로 보인다. 그의 나체에 대한 인식은 자신의 유일한 모델이었던 그리스도, 즉 벌거벗은 그리스도를 따르고자 함에서 나온 것이었다.[21] 토마스 첼라노는 첫 번째 전기에서 다니엘서에 나오는 배교를 강요받은 세 명의 젊은이들에 관해 설명하면서 "수치와 모욕을 당하고 옷이 벗기어져 알몸으로 매맞고 묶이고 감옥에 갇혀 어느 누구의 보호로도 그들을 방어할 수 없었던 이들이 이러한 모든 것을 참아 받으며 매우 용기있게 그들의 입에서는 찬미와 감사의 소리만이 울려퍼졌다. 그들은 하느님께 기도하고 찬미하는 일을 결코 한 번도 그치지 않았다"[22]라고 서술하였다. 이러한 태도는 프란체스코에게 깊이 감동을 주어 그도 어떠한 굴욕과 수치도 인내의 덕으로 극복하며 하느님을 찬미하고 평화와 모든 이와 함께 온유함을 추구하도록 하였다. 그리하여 그의 유언대로 맨몸으로 오상을 지닌 채 어머니인 땅 속에 묻히게 됨으로써 모든 것을 포기하고 수치와 고통을 당하며 벌거벗은 십자가상의 그리스도를 따르는 삶을 마감하였던 것이다.

---

20) J. Le Goff, 앞의 책, p.55.
21) J. Le Goff, 앞의 책, p.11.
22) 1 Cel. Ed. Regis J. Armstrong, 앞의 책, p.219.

그의 알몸 시신은 아주 잘 보존되어 있었다.

(2) 개체에 대한 연민의 정을 느낀 레오나르도

말의 연구

레오나르도는 자연 및 동물에 대한 개체로서의 인식은 물론 이들에 대한 애호가였다. 이는 그의 어린 시절의 농촌적 경험이 바탕을 이루고 있었던 것 같다. 그의 스케치에는 포도 수확, 올리브 나무, 올리브 열매, 기름 짜기 등이 나오며 올리브 압착기에 대한 묘사도 나온다. 또한 새, 소, 말, 개, 당나귀, 고양이에 대한 그림도 많이 그렸다. 바사리에 따르면, 레오나르도는 개와 고양이 뿐만 아니라 말들도 '항상 키웠다.' 동물들은 그의 생애의 한 부분이었다고 언급하였다.[23]

그리하여 그는 동물에 대한 연민의 눈으로 그림을 그렸다. 자연에 대한 이러한 연민의 입장은 레오나르도의 우화에서 또한 발견된다. 이것은 밀라노에 머물 때 스포르자 궁정에서 아마도 낭송을 위해 쓰여졌을 것이다.[24] 우화는 살아있는 생명체로서 감정을 느낄 수 있는

23) C. Nicholl, 앞의 책, p.46 재인용.
24) 확인될 수 있는 것으로 30여 개 혹은 현존하는 그러한 우화들이 창작되었다.

것들이었다. 그것은 목소리를 지닌 동물들뿐만 아니라 나무와 식물, 광물에 이르기까지 다양하였으며, 이들은 고통이라는 감정을 느낄 수 있는 감각을 지닌 창조물이 되었다. 그 고통은 사람에 의해 그들에게 지속적으로 가해지는 것이었다.[25]

〈토비아와 천사〉

이러한 동물에 대한 연민을 표현한 대표적인 작품으로 베로키오의 작업장에 있을 때 베로키오와 레오나르도가 함께 그린 〈토비아와 천사〉(1468-1470, 브리티시 박물관 소장)라는 회화이다. 이것에는 토비아와 라파엘 천사 그리고 충직한 개와 물고기가 등장한다. 베로키오와 그의 동시대인들이 그린 다른 그림에서는 개와 물고기를 인물들에 비해 적은 중요성만을 지니는 것으로 표현되었으나 레오나르도에게서는 매우 다른 방식으로 표출되었다. 그의 그림에서는 물고기의 입이 벌려져 있는데, 이는 마치 물고기를 물속에서 바로 꺼낸 듯이 공기 중에서 헤엄을 치는 것처럼 보인다. 또한 더욱 탁월한 점은 물고기의 머리인데 특히 젖어있는 눈이다. 이는 진실로 경이로운 화가의 자유로움이 잘 표현되었다. 이야기 속에서 토비아는 물고기의

그것들은 이솝 이야기에 필적하나 그에게서 차용한 것은 아니었다. 레오나르도는 알베르티의 모음집 『변명(Apologhi)』을 알고 있었을 것이다. 그 책은 1568년까지 출판되지는 않았지만 필사본으로 유용되었을 것이다.

25) C. Nicholl, 앞의 책, p.221.

염통을 그의 아버지의 눈을 치유하기 위한 치료제로서 사용하기 위해 제거하였다. 피가 흐르는 그 장면을 그림으로 표현하였던 레오나르도는 물고기의 처지에 대해 진정한 연민을 보여주었다.[26] 레오나르도는 토비아의 개와 물고기를 단순한 대상으로서가 아니라 살아있는 감성을 지닌 생명체로서 표현하였던 것이다.

그의 유명한 채식주의는 이와 연관된 것처럼 보였다. 그가 평생 채식주의자였다는 근거는 없으나 그는 확실히 말년에 가서 그러했다. 1516년 한 서간에서 이탈리아인 여행자였던 안드레아 코르세이는 인도를 여행하면서 다음과 같은 기술을 남겼다. 구자라티는 "양순한 사람들로서 피를 지닌 어떤 것도 먹지 않았다. 그들은 살아 있는 어떤 생물도 해를 입히는 것을 허용할 수 없었다. 우리의 레오나르도 다 빈치처럼"이라고.[27]

레오나르도의 개체 및 자연에 대한 이러한 연민의 감정은 일반적인 동시대인들의 인식을 뛰어넘는 것으로, 오히려 근대인들이 인식한 것과 매우 흡사한 것이었다. 당시의 롬바르디 화가들과 필사본의 채색화가들이 표본집들에서 새들과 동물들에 관한 그들의 관찰을 기록하였다. 이들 화가들이 선호하였던 주제들인 말, 사냥개, 매, 산토끼 등은 자신들의 귀족 후원자들의 궁정적 사냥 문화에서 일차적으로 등장하는 것들이었다. 그리고 그들의 기능과 모순되지 않는 동물의 이미지들은 본래 모델들이 죽은 견본들이었음을 암시하는 단일하게 정적인 상태로 그려졌다. 15세기 중반 죽어있는 자연natura morta의 전통은 피렌체에

---

26) D. A. Brown, 앞의 책, p.51.
27) 1516년 피렌체에서 발행한 신문, 소제목 「1516년 10월 인도에서 돌아온 안드레아 코르사이가 저명한 공작 기울리아노 데 메디치에게 보낸 편지」. 레오나르도는 1513년부터 1516년까지 기울리아노에게 봉직하고 있었다. C. Nicholl, 앞의 책, p.43 재인용.

유포되었다. 그러나 레오나르도의 성취는 자연에 대한 독창적인 이해력을 지녔음을 알 수 있다. 이들과 다른 동물들을 묘사하면서 레오나르도는 자신의 삶을 통해 그들을 연구했어야만 했고 표현하기에 이르렀다.

3) 속어 사용

(1) 성 프란체스코

프란체스코는 속어와 관련하여 두 가지 측면에서 의미를 지닌다. 첫째, 그가 지은 〈태양의 찬가〉The Canticle of Brother Sun로 알려진 송가는 움브리아 대화체로 작성되었다. 이 찬가는 1225년 그가 사망하기 1년 전 그의 육체적 고통이 극에 달해 있을 때 성녀 클라라가 있는 산 다미아노 교회에서 2개월간 머물면서 작성되었다. 그의 신에 대한 열렬한 사랑은 육체적 고통까지도 승화시켜 무아지경의 경지에 이른 것처럼 표현되었다. 이는 이탈리아 속어 문학의 백미라고 일컬어지며 오늘날까지도 많은 이들의 사랑을 받고 있다. 몇몇 학자들은 그것이 현존하는 근대 유럽의 언어로 쓰여진 최초의 시로 언급하였으며, 다른 학자들은 그 원본이 그것의 이미지의 선택과 배열뿐만 아니라 리듬의 정교함에 있어서도 매우 예술적임을 드러내고 있다고 평가한 바 있었다.[28]

둘째, 호이징아는 언급하기를 "르네상스는 기사 문학 정신이 거둔 하나의 승리였다는 사실을 분명히 의식해야 한다. 르네상스를 이해하고자 하는 사람은 누구나 한편으로는 스토아적 진지함, 다른 한편으로는 빛, 행복, 유쾌함, 유머러스하고 관대한 선성善性, 그리고 순진한

---

28) Karen Armstrong, 앞의 책, p.269.

무책임성과 함께 명백히 집약된 의지의 로망스적 결합을 의식해야
한다."29)고 지적했다. 프란체스코는 속어문학의 주요 주제 가운데 하나
인 기사들의 궁정식 사랑 이야기를 그 특유의 섬세하고 아름다운 감성
으로 표현하였다. 그가 개종하기 이전에 습득한 기사 문화와 감수성은
그를 새로운 종교적 이상으로 이끌었다. 즉 가난은 그의 여인이었고
여인은 가난이었다.

르 고프는 "성덕들이 바로 그러한 많은 궁정적 여성 영웅들이었으며,
성인은 한 사람의 투르바두르로 이해된 신의 기사였다는 것이다. 이에
조금 더 진전하여 아서왕의 기사들이 원탁에서 모이는 것에 근거해서
나온 것이 포르티웅쿨라의 총회였다"고 지적하였다.30) 또한 그는 "경이
로운 프란체스코가 투르바두르의 세속적인 기사도 문화와 민속의 동물
들과 그것의 자연적 통일성을 지닌 농민적 세속 대중문화를 그리스도교
적 영성부문으로 흡수함으로써 성직 문화가 인류의 오랜 전통 문화에
대해 완전히 밀봉해왔던 마개를 열게 된 것이었다."31)고 설명하였다.

(2) 박학다식 학구파 레오나르도

로렌조 메디치의 기준에 따르면 레오나르도는 비학자적, 문맹의
화가라고 생각하였다. 그는 라틴어를 알지 못하였고, 그리스어에도
관심을 기울이지 않았기 때문이었다. 그러나 바사리는 레오나르도를
탁월한 사람이었고 전대미문의 제자로서 묘사하였다.32) 레오나르도는

---

29) 호이징아, *Men and Ideas : The Middle Ages, The Renaissance*(London: Edward
   Arnold, 1960) ; 노먼 캔토 · 사무엘 버너 편저, 진원숙 역, 『서양 근대사 1500-
   1815』(서울 : 혜안, 2000), p.67.
30) J. Le Goff, 앞의 책, p.58.
31) J. Le Goff, 앞의 책, p.61.
32) C. Nicholl, 앞의 책, p.53 재인용.

'문맹인'omo sanza lettere으로서 그 자신을 묘사하였다. 물론 그가 글자를 모르는 사람임을 의미하는 것은 아니었으나 학자들의 언어인 라틴어를 교육받지 못했기 때문이었다. 그 대신 그는 실천적인 장인수업 과정을 따랐다. 이것도 확실히 교육이었다. 비록 그것이 고전 대학에서라기보다는 작업장에서 이루어졌을지라도, 그것은 지적인 성취라기보다는 기술 습득이었다. 그리고 그것은 라틴어라기보다는 이탈리아어로 훈련되었다.[33]

1480년대 후반부터 레오나르도는 라틴어를 배우기 시작했으며, 한 공책을 라틴어 단어들로 채웠다. 그러나 그는 그 주제가 무엇이던 간에 문제없이 대화의 수단으로서 속어를 사용하였다. 1492년 경 코덱스 아티란티쿠스Codex Atlanticus에서 레오나르도가 한 장의 붉은 색 초크로 기록한 자신의 도서목록표에서 37권의 도서를 소장하였다고 기록하였다.[34] 이들 37권 가운데 6권은 본성상 철학 및 종교 저서이고, 15권이 과학기술 서적이며, 16권이 문학 저술이다. 첫 번째 범주는 성서, 시편, 철학가들의 생애, '영혼의 불멸성'과 동일시할 수 있는 한 저작을 포함하였다. 이 저서는 아마도 '영혼의 불멸성'이라는 소제목을 붙여 1481년 라틴어로 출간된 피치노Ficino의 『플라톤 신학Theologia platonica』의 이탈리아어 판이었을 것이다.[35] 과학적 저술들은 예상할 수 있을 정도로 다양하였다. 즉 수학, 군사 학문, 농업, 외과술, 법률, 음악, 수상학 및 진귀한 돌에 관한 저작, 그리고 건강에 관한 세 권의 낱권 등이었다. 그것은 경이로울 정도로 문학적 범주가 풍부하며 광범위하였다. 문법, 수사학에 관한 세 권들의 문학 서적들과 사실보다는 허구에 가까운

---

33) C. Nicholl, 앞의 책, p.54.
34) *Codex Atlanticus*, 559r/2 i or-a, C. Nicholl, 앞의 책, p.215 재인용.
35) C. Nicholl, 앞의 책, p.215.

존 맨드빌John de Mandeville의 편집서인 한 권의 여행 서적도 있었다. 나머지는 이솝, 리비우스 그리고 오비드의 고전 저술들을 포함하는 산문과 시집들의 인상적인 모음집이었다. 이들 장서 대부분은 이탈리아 속어본으로 레오나르도는 당시에 유통되던 많은 서적들을 독서하고 있었음을 알 수 있다.

3. 두 인물 비교

1) 그리스도의 모방자 프란체스코

성 프란체스코의 자신의 시대를 뛰어넘는 독창적인 인식은 그의 교육을 통해서라기보다는 그의 삶을 통해 인식되고 체득된 것으로 볼 수 있다. 그의 삶에 일관된 모습은 다름아닌 그리스도의 모방이었다. 1차 사료 기록자인 토마스 첼라노는 자신의 전 기록을 통해 그가 그리스도 예수의 강생, 수난 및 부활에 대한 모방의 삶을 살았음을 서술하고 있다.[36]

첫째, '강생의 겸손'이라는 주제는 토마스의 첫 번째 전기 1편에서 프란체스코의 개종, 삶, 가르침 및 모범의 내용을 담고 있다. 그는 그 전기 말미에서 경이로운 환시가 있었던 그레치오 동굴에서의 한밤중의 성탄절 전례 미사를 생생하게 전하고 있는데, "구유에 생명력 없이 누워있는 어린 아기는 그의 거룩한 종 프란체스코를 통해 그 자신의

---

36) *1 Cel.* Ed. Regis J. Armstrong, 앞의 책 p.176. 그의 첫 번째 전기는 연대기 순으로 세 편으로 구분되었다. 1편이 그의 청년기부터 1223년 성탄절까지, 2편이 그의 생애 말년의 2년 동안으로 1224년 초부터 1226년 10월 4일 사망일까지, 3편은 1228년 7월 16일 시성식과 기적들의 목록을 서술하였다.

은총에 의해 그들에게 사랑하는 기억을 각성시키고 감동을 주었다"는 것이다.[37]

그리하여 프란체스코는 그레치오에 나무로 만든 구유와 함께 그 옆에 소와 나귀를 만들어 성탄절 구유를 만드는 관행을 발전시켰다.[38] 그는 그레치오의 작은 은신처로부터 더 작은이들에게 힘과 영감을 줄 수 있었다. 그곳에는 많은 시골 사람들과 작은 도시의 거주민들이 모여왔고, 축제일들과 성인 축일에 그들은 그곳에 와서 탁발수사의 외곽에 서서 시편과 형제들의 찬가들을 번갈아가며 응송을 노래하였다.

가난하고 조촐한 이들은 대주교가 이끌었던 화려한 주교좌성당보다 프란체스코와 그의 형제들이 있는 이렇게 보잘것없고 꾸밈없는 이곳에 와서 속박되거나 주눅이 들지 않고 자유롭고 평화로이 그들의 찬미를 드릴 수 있었다. 프란체스코에게는 가난하고 소외받는 모든 이들이 그의 형제요 자매였던 것이다. 구원의 대상에 있어 모든 이가 동등한 범주임을 표명하는 것이었다. 이는 프란체스코에게서 이미 종교개혁 이전에 성직자가 아닌 가난하고 소박한 평신도도 교회의 중요한 한 구성원으로 받아들여지고 인정되어지는 모습을 보여주고 있었다.

둘째, 그리스도의 수난에 동참하고자 하는 프란체스코는 토마스의 전기 2편에서 잘 나타나는데, 이는 "수난의 자비심"이 그 책의 주요 주제였다는 점에서 잘 나타난다.[39] 프란체스코는 1224년 라 베르나[40]

---

37) 1 Cel, 86.

38) M. Warner, *Alone of All Her Sex*(New York: Vintage Books, 1983), p.183.

39) 1 Cel. Ed. Regis J. Armstrong, 앞의 책, p.177.

40) 오르란도 치우시(Orlando of Chiusi)는 당시 투스카니 지방의 방대한 토지를 소유하였는데, 프란체스코의 단순하고 예의바른 행위에 감동받아 프란체스코에게 그 산을 선물로 기증하였다. 프란체스코는 개인적인 소유라기보다는 임시적인 시설로 받아들여, 수도원적 생활보다는 은둔을 위한 일종의 피신처

에서 한 환시를 경험하였다. 그곳에서 그는 다가올 미카엘 천사의 축일(9월 29일)을 준비하기 위해 8월 15일의 성모 마리아 몽소승천일 이후부터 단식과 기도로 외부와 차단된 철저히 고립적인 생활을 하고 있었다. 간신히 몸 하나 누울 수 있는 매우 비좁은 공간에서 극소량의 음식을 전달하기 위해 올라온 형제와의 짧은 제한된 만남만이 있었을 뿐이었다. 그러던 중 9월 말엽의 매우 이른 새벽에 그는 한 치품천사의 현시와 함께 그에게 매우 강렬하게 일어난 환희를 경험하였다. 그곳에서 그는 마치 그리스도가 그의 삶을 보증이라도 하듯 그의 몸에 예수 그리스도와 동일한 5상[41]을 받게 되었다. 즉 십자가에 못 박히고 창에 찔린 것처럼 그의 양손과 양발 및 옆구리에 상처가 생겼다. 그의 동료 친우들 가운데 몇몇이 이 일에 관해 그들의 시각을 저술하거나 전수하였다.

말씀과 환시를 통해 프란체스코는 강생하고 십자가에 못박힌 그리스도로 변화되었다. 그리하여 예수의 오상을 받은 최초의 인물이 되었던 프란체스코에게서 그리스도의 모방적 삶이 그 절정에 이르렀음을 보여주었다.[42]

셋째, 프란체스코의 부활의 삶에 대해서는 토마스의 전기 3편에서

로서 그곳을 사용하였다.

41) 이에 대한 보다 심층적인 연구로는 Octavian Schmucki, *The Stigmata of St. Francis of Assisi*(New York: St Bonaventure, 1991) 참조.

42) 이후 수백 년 동안 몇몇 인물이 이러한 오상의 기적을 받는데, 이탈리아 성인의 아버지로 불리는 프란체스코와 만났다던 교회 대분열기의 성 카트린 시에나(1347-1380), 19세기 프랑스 아르스의 본당사제로 매일 많은 시간을 고해성사에 할애하였던 장 마리 비안네(1786-1859), 20세기의 많은 남성과 여성을 불러모은 영국인 여성 도로시 케린(1889-1963), 그리고 1999년 5월 5일에 교황 요한 바오로 2세가 시복한 현대인으로 가장 유명한 카푸친 프란체스코회 형제였던 빠트르 비오(1887-1968) 신부이다. 이 비오 신부님은 근 50년이란 긴 세월동안 예수 그리스도의 5상을 몸에 지니고 살았다.

잘 나타났다. 그의 1편과 2편이 프란체스코의 생애에 관련된 것이라면, 3편은 이와는 전혀 다른 형식으로 이루어졌다. 이 책의 주요 내용은 프란체스코가 사망한 후 교회에서 일어난 사건들에 관해 기록한 것으로, 그의 시성과 기적에 관해 언급하였다.[43] 프란체스코가 성인으로 시성됨으로서 모든 그리스도교도들은 기뻐하며 전 지역은 새로운 생명과 열정주의로 가득찼다는 것이다. 그의 무덤이 있는 그곳에 새로운 삶이 있었다. 이 전기는 "성령강림절"을 경험하였던 것을 기록하였다.[44] 그의 저술은 성 프란체스코를 통해 수많은 기적이 일어났으며 이는 많은 이들에게 성령강림절을 체험하도록 하였다는 것을 전하는 것이었다.

그리하여 궁극적으로 프란체스코의 삶은 인성을 지닌 한 인간이 십자가에 못박힌 그리스도의 이미지 즉 모든 것을 사랑하고 자비로운 신과 친밀하게 합일하는 근본적으로 변화되는 한 사랑을 경험하도록 초대하는 것이었다. 그리하여 그의 이러한 그리스도의 강생, 수난, 부활의 삶은 지금도 유효하여 오늘날의 그리스도를 찾는 많은 이들에게 하나의 모델을 제공하고 있다는 것이다.

2) 만능인 레오나르도

(1) 수학, 기하학 및 광학에 대한 지식

레오나르도는 수학과 기계학에 관심을 지녔다. 특히 살아 있는 것의 움직임에 대한 기계학에 관해서 또한 새가 날아가는 원리에 대해 지속적 관심을 지녔다.[45] 그는 자연의 과정들의 과학적 분석이 생명의

---

43) 1 Cel. Ed. Regis J. Armstrong, 앞의 책, p.177.
44) 1 Cel. Ed. Regis J. Armstrong, 앞의 책, p.178.

과정을 박탈하는 것으로 생각하지 않았다. 역으로 그는 그러한 분석이 그들의 변화하고 살아있는 운동을 표현할 수 있기를 원하였다.

한 마리 새는 수학적 공식에 따라 움직이는 기계이다. 그것은 인력으로 그것의 모든 동작들을 통해 이러한 기계를 재가동시키는데, 큰 힘으로써 그렇게 하는 것은 아니다. … 사람이 작동한 그러한 기계는 새의 단일한 정신을 결핍하였으나 이 정신은 사람의 정신에 의해 흉내내질 수 있을 것이다.[46]

기계에 대한 연구 이상으로 투랭 코덱스Turin Codex는 바로 날아가는 새에 관해 기록한 것이었다. 그의 가장 초기의 텍스트들 가운데 하나는 비상의 가능성에 관한 언급으로, "사람이 충분히 커다란 날개들을 지니고 적절히 붙어 있다면 공기의 저항을 극복하는 방법을 배울 수 있을 것이다."라는 표현은 낙하산에 대한 그의 통찰력을 드러냈다.

레오나르도는 기원 후 1세기의 위대한 로마의 건축가이면서 군사 기술자였던 비트루비우스Vitruvius에게서 영향을 받았다. 비트루비우스의 저술들은 조화로운 비율들의 주제에 관한 고전적 이론과 실기의 독보적인 기록이었다. 원저성에는 1490년대의 이 주제에 관한 소묘들이 많이 소장되어 있다. 코덱스 휘젠Codex Huygens의 모사본들을 통해 알려진 다른 것이 있으나 현존하지는 않는다.[47]

---

45) J. H. Plumb, *The Italian Renaissance*(New York: Mariner books, 2001), p.225.

46) *Codex Atlanticus*, fol. 161r-a. C. Nicholl, 앞의 책, p.394 재인용.

47) 이 코덱스는 16세기 후반기에 아마도 밀라노인 예술가 지로라모 피지노 (Girolamo Figino)에 의해 편집된 필사본 논문집이었다. 지로라모는 레오나르도의 초기 조수였던 프란체스코 멜지의 제자였으며, 레오나르도의 논문들을 많이 수장한 멜지에게 접근할 수 있었다.

가장 저명한 이러한 비례의 연구는 유명한 소묘 가운데 하나로서 〈비트루비안 사람Homo ad circulum〉(1490)이라 불리는 인체도로 알려진 그림이다.[48] 건축가 비트루비우스는 건축에 관한 그의 연구에서 이르기를, 사람의 척도는 다음과 같이 자연에 의해 분류된다. 4개의 손가락들은 1뼘을 만들고, 4뼘은 1발이 되고, 6뼘은 1완척[49]이 되고, 4완척은 사람의 키가 된다. 이 그림의 배율의

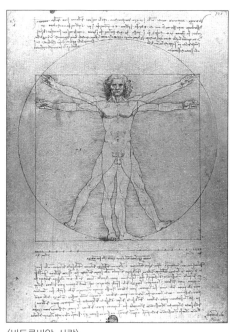

〈비트루비안 사람〉

비는 이론 기하학의 그것과 교차하였으며 물리적 실체성physical reality을 관찰한 것이었다. 그것은 인체를 개략적인 아름다운 윤곽으로 그렸으며 힘차게 밀고 나가는 형상이었다. 이 그림은 자화상의 요소들이 들어있으며 자연의 조화를 표현한 것으로 예술가이면서 해부학자 및 건축가였던 레오나르도를 보다 잘 이해할 수 있게 해 주었다.[50]

또한 레오나르도는 빛에 대한 연구를 반복적으로 하였다. 그의 그림 특징은 물결 흐르는 듯한 곱슬머리, 움직이는 동작, 원근을 이용한 사실적인 배경 묘사, 빛과 그림자의 대비 등이다. 그는 이미 도제시절에

---

48) Ed. Otto Letze and Thomas Buchsteiner, 앞의 책, p.109.
49) 가운데 손가락에서 팔꿈치까지의 길이를 뜻한다.
50) C. Nicholl, 앞의 책, p.247.

베로키오를 도와 그린 회화 가운데 〈그리스도의 세례〉(1472-1473)에서 매우 잘 표현되었다. 베로키오는 그 그림에서 야자수 나무와 인물들에서 조각칼로 깎은 듯한 예리하면서도 둔탁한 느낌으로 표현하였으나, 천재가 그린 무릎을 꿇고 등을 보이고 있는 천사의 모습은 매우 유연하면서도 빛과 그림자의 기술이 탁월하게 처리되

〈그리스도의 세례〉, 베로키오와 레오나르도 다빈치 작품

었다.51) 그의 이러한 기법은 수많은 관찰을 통해 얻어진 것이었다. 이에 레오나르도는 빛의 투과시 창문에 반사된 빛의 느낌과 자연적인 자유로운 빛의 느낌의 차이점을 인식하기에 이른다. 이는 빛의 그림자의 농암을 발견해 낸 것이다. 이를 〈모나리자〉(1503-1507, 루브르박물관)에 이용하여 표현하였던 것이 바로 '스푸마토라'Sfumatura 기법이다.52)

(2) 해부학자 및 과학자

레오나르도는 해부학에 심대한 관심을 지녔다. 해부학자로서 그의 활동은 기술자, 혹은 발명가 혹은 건축가로서 그의 작업보다 훨씬 더 과학적인 것이다. 그는 인간의 몸을 이전까지 해왔던 것보다 더욱

---

51) Ed. Otto Letze and Thomas Buchsteiner, 앞의 책, p.28. 일설에 의하면, 레오나르도에게 압도당한 베로키오는 이 그림 이후 다시는 회화에 손을 대지 않았다는 이야기가 전해진다.
52) C. Nicholl, 앞의 책, p.266.

엄밀하고 특별히 그려내고 자료화하였다. 해부학적 데생은 신체의 부분을 묘사하는 새로운 가시적인 언어로 만들어진 것으로서, 이는 그의 기술적인 데생들이 기계를 위한 것과 마찬가지였다. 그의 이러한 탐구를 위해서는 매우 특정한 불굴의 용기가 있어야 했다. 당시 해부학은 터부시되고 교리적인 의구심들이 따라다니고 있었으며, 냉동되기 전 시체의 해부라는 긴장감과 동시에 혐오감을 불러일으켰기 때문이었다.

레오나르도의 해부학은 실험적이고 경험적이며 후세에 남겨주는 조사서의 전형이 되었다. 갈렌, 히포크라테스, 아리스토텔레스라는 오늘날 '의학부'의 기둥들이었던 고대 의술가들에게서 전수받은 지혜를 엄밀히 조사하여 재평가하는 것이었다. 정통 교의에서는 해부학이 호기심의 대상에서 크게 벗어나 있었다. 이는 인간이 하느님의 모상대로 창조되었기 때문에 기계의 한 부분처럼 분해되어져서는 안된다고 생각했기 때문이었다. 해부학은 '자연이 조심스럽게 숨겨온 것'을 밝히는 것이라고 초기의 인문주의자 콜로치오 살룬타티가 언급하였을지라도 말이다.[53]

레오나르도는 베로키오 공방에 있을 때 해부학을 연구하였을 것이다. 1470년대 피렌체의 상징적인 스타일은 즉 안토니오 폴라이우올로 Antonio Pollaiuolo의 그림들과 베로키오의 조각들을 통해 볼 때 해부학적인 섬세함과 극적인 효과가 강하게 드러났다. 폴라이우올로는 외관상으로 해부로부터 나오는 인간의 근육 조직에 관한 상세한 연구를 하였다.[54]

1489년 36세의 레오나르도는 죽음의 보편적 상징인 사람의 해골을 명상하였다. 오늘날 윈저 성의 박물관에 있는 세 장에서는 해골에

---

53) Colluccio Salutati, *Tractatus de nobilitate legum et medicinae*(c. 1399), C. Nicholl, 앞의 책, p.241 재인용.
54) 그의 〈나인들의 전투(Battle of the Nude Men)〉는 근육 묘사에서 해부학적 연구가 아주 잘 표현되고 있는 작품이다.

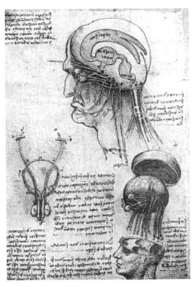
뇌 생리학 스케치

대한 여덟 가지의 연구를 그렸다. 그 소묘는 오싹하기보다는 상세하고 아름답게 음영이 칠해졌다. 그러나 여기에서 그의 주된 관심은 과학적인 것보다는 형이상학적이었다. 연구들 가운데 하나는 비율에 따라 사각형 안에 해골을 그려 넣고, "a에서 m에 이르는 수직선이 c에서 b에 이르는 수평선과 교차되는 그곳이 모든 감각들의 합류점이 될 것이다."라고 서술해 놓았다.[55]

그가 시도하였던 이러한 '감각들의 합류점'은 아리스토텔레스에 의해 공리로 인정된 공통의 감각 sensus communis이었다. 감각의 인상이 정리되어 해석되는 곳이 바로 뇌의 부분이라는 것이다. 뇌의 가장 중요한 부분이 세 개의 뇌실들 ventricles이고, 나머지는 생경한 감각의 데이터가 모아지는 인상imprensiva 과 처리된 정보가 저장되는 기억memoria이라는 곳이 존재했다. '뇌실'은 단지 하나의 장소 혹은 구멍을 뜻하나 공통의 감각은 또한 활동적이었다. 레오나르도는 고전적 이론을 규정하였다. 고대의 현인들은 이 공통의 감각이 인상과 기억의 구간 사이 머리의 중심부에 위치한다고 말하였다. 그리하여 공통의 감각은 이성, 상상력, 지적인 영혼의 집이었다. 레오나르도는 다음과 같이 언급하였다.

55) Royal Library, Windsor, 655점의 데생과 필사본 모음집, 해부학 관련 19000-19152 가운데 19059v, C. Nicholl, 앞의 책, p.242 재인용.

영혼은 공통의 감각이라 불리는 이 기관에 머무르는 것처럼 보인다. 그것은 많은 사람들이 사유하였던 것처럼 신체를 통해 퍼지지 않고 전적으로 한 부분 안에 존재한다. 왜냐하면 그것이 전체에 퍼져 있고 모든 부분에서 동일하다면, 감각의 기관들을 집중하도록 만들 필요가 없었을 것이기 때문이다. … 공통의 감각은 영혼의 자리이다.[56)]

레오나르도는 추측하기보다는 탐구하고 있었다. 그는 이론의 '고전적 사변가들' 주로 아리스토텔레스와 다른 고대 사변가들 즉 플라톤, 헤르메틱은 영혼이 모든 곳에 퍼져 있다고 주장하였던 함의를 기록하였다. 따라서 이것은 전형적인 레오나르도의 비약이었다. 그는 '공통의 감각'이 존재하는 공간을 매우 진지하게 찾아 헤맸으나 끝내 찾지 못하였다. 이제 모든 것은 새롭게 설명되어져야만 하고, 각각의 주제는 실험의 요구 속에서 다른 주제들의 근거를 밝히기 위해 공개되어야 했던 것이다.[57)]

(3) 혁신적인 표현기법

레오나르도는 베로키오의 작업장에서 표현기법을 배웠다. 이를 통해 사실주의 표현으로 발전해 갈 수 있었다. 베로키오와 그의 경쟁자였던 폴라이우올로는 그의 성장에 가장 커다란 역할을 수행하였다. 베로키오의 탁월한 천재성은 본래 조각분야에서 형성되었고, 그와 그의 탁월한 제자였던 레오나르도는 그것들을 그림으로 전환시키려는 시도를 하였다. 레오나르도의 손을 통해 베로키오의 고도로 표현된 조각

---

56) Royal Library, Windsor, 12603 레오나르도가 수정하였지만, 기본 이론은 아리스토텔레스의 『영혼론』에 근거하고 있다. Nicholl, 앞의 책, pp.242-243 참조.
57) Nicholl, 앞의 책, p.243.

원형들은 심오한 변형을 겪었다. 그의 스승과는 달리 레오나르도는 네덜란드식 유화방식을 습득하여 이제까지 상상조차 할 수 없었던 부드러움과 투명성을 그리는 방식을 알아냈다. 베로키오의 자연주의자로서 부적합성에 대한 반격으로 레오나르도는 폴라이우올로에게서 자연 세계를 표현하는 가르침을 받게 되었던 것이다.[58]

바사리에 따르면, 폴라이우올로는 기름을 사용하여 그림을 그리는 것을 선호하였다. 기름의 사용은 형상과 빛에 대해 보다 상세하고 미묘한 묘사를 할 수 있게 하였다.[59] 유화기법을 이탈리아에 소개했다는 바사리의 언급은 즉 폴라이우올로가 그것의 창시자였던 얀 반 에이크Jan Van Eyck에게서 그 기술을 배웠을 것으로 추정하였다. 학자들에 의해 거부당해 왔으나 템페라로부터 기름을 예리하게 구분하는 것이 그리 오래되지 않았으며 오랜 시기동안 그들의 혼용 혹은 병행적 사용을 수용해 왔기 때문이었다.[60] 레오나르도는 이러한 유화기법을 이용하여 부드러움, 섬세함, 생동감을 표현하였다. 또한 붓터치 혹은 손으로 문지르는 방법을 이용하여 보다 섬세한 표현을 할 수 있었다.

그러나 그는 단지 표현 기법에서만이 아니라 사고의 틀에 있어서도 새로운 인식의 전환이 있었다. 그의 유명한 〈암굴의 성모〉(1483-1485)[61]라는 그림에서 레오나르도는 두려움과 열망을 동시에 표현하였다.

---

58) D. A. Brown, 앞의 책, p.2.
59) 이러한 기법으로 그와 그의 남동생이 함께 그린 〈세 성인〉의 작품에서 피부, 머리모양, 무늬를 두드러지게 짠 직물, 모피, 보석, 금속, 여러 빛깔의 돌 등의 다양한 표현이 가능해졌다.
60) D. A. Brown, 앞의 책, p.14.
61) 〈암굴의 성모〉는 두 개의 판본이 남아 있다. 오리지널로 여겨지는 것이 루브르본이고, 이후 레오나르도와 그의 제자들에 의해 1486-1490년, 1506-1508년에 그려진 브리티시 박물관 소장본이 있다. 그러나 동일한 제목의 익명의 북유럽 예술가가 1495년에 그린 코펜하겐 국립박물관 소장본도 있다.

〈암굴의 성모〉　　　　　　　　　　　　　〈성 제롬〉

어둡고 컴컴한 동굴이라는 두려움과 동시에 구원자인 아기 예수와 아기 세례자 요한의 만남이 이루어지는 경이로운 곳으로 표현하였다. 당시 중세인들의 시각에서 동굴의 입구는 지하세계 혹은 지옥의 입구로 생각하였으나, 레오나르도는 이런 시각을 완전히 전환시키는 것이었다.[62] 그의 미완성작이었던 〈성 제롬〉(1481년)에서 동굴은 황량하고 엄격한 자아 부정의 장소였다면, 〈암굴의 성모〉에서는 조용한 축복의 무대로 표현하였던 것이다.

---

62) C. Nicholl, 앞의 책, p.164.

4. 맺음말

이제까지 필자는 중세 사상사적인 맥락과 르 고프의 평가를 토대로 성 프란체스코와 레오나르도의 인식을 고찰해 보았다. 이 연구는 프란체스코라는 렌즈를 레오나르도 다빈치에게 비춤으로써 양자 간의 인식을 비교 설명해 보는 방식이었다. 놀랍게도 두 인물 간에는 상당한 시대적 차이가 있음에도 불구하고 중요한 공통점들[63]이 발견되었다.

첫째, 자연에 대한 새로운 인식과 친밀감을 지녔다. 프란체스코는 도시가 한창 성장하고 있던 아씨시에서 태어나고 성장하지만 그가 개심한 이후 청빈을 이상으로 삼아 살아가게 되면서 그는 모든 것을 떠났다. 그는 버려지고 소외된 곳으로 찾아갔는데, 이는 주로 도시외곽 내지 농촌에서 떠돌이 생활이었다. 그리하여 프란체스코는 대부분의 시간을 야외 즉 자연에서 지내면서 자연에 대해 실체적으로 인식하고 친밀감과 연민의 정을 느끼며 중세인들과는 다른 새로운 자연관을 지니게 되었다. 이러한 개체에 대한 인식은 이후 윌리엄 오캄에게서 유명론으로 표출되었다고 볼 수 있다.

한편 레오나르도는 어린시절 농촌에서 생활하였다. 이 점은 레오나르도에게 자연에 대한 친밀감과 깊은 이해력을 지니게 하였으며, 평생 그의 연구대상이 되기도 하였던 것이다. 그리하여 이들 모두는 있는 그대로의 자연을 아름답게 인식하였으며 이에 나아가 자연과 인간에 대한 연민과 사랑의 감정을 표출하였다는 점이다.

둘째, 지배 계층이 아닌 민중 지향적이었다는 점이다. 프란체스코는 당시의 수도원 생활을 귀족주의적 은둔적인 수도원주의에서 벗어나

---

63) 레오나르도는 성 프란체스코 수도회의 재속회(제3회) 회원이었다고 한다. Karen Armstrong, 앞의 책, p.59.

예수 그리스도를 모방하는 삶을 통해 가난하고 조촐한 모든 사람에게로 확장해 가는 일반 대중의 종교운동을 이끌었다면, 레오나르도 역시 당시의 메디치 가문의 후원 하에 이루어지고 있는 그가 성장하였던 고전적 문헌적 르네상스와 불목하게 되면서 보다 민중적이고 자연주의적 르네상스로 변화하게 되었다는 것이다.[64]

셋째, 어린 시절 공교육 과정이 짧았거나 정규 교육을 받지 않았다는 점이다. 그리하여 이들은 라틴어 혹은 고전어에 대해 무지하거나 약간 아는 정도였다. 그러나 이들은 자신의 모국어로 서술할 수 있어서 사고의 발전에 큰 어려움은 없었다. 프란체스코는 이탈리아 속어로 아름다운 찬미시를 창작하였으며, 레오나르도도 이탈리아 속어로 번역된 고전서의 탐구를 통해 그의 불붙는 창작 활동에 박차를 가할 수 있었고, 이는 새로운 인식의 지평을 확장하는 계기가 되었다.

그러나 이들은 왕왕 중세적인 세계관도 여전히 지니고 있음이 드러났고, 더욱이 이들의 차별성도 존재하고 있었다.

첫째, 프란체스코는 당시 사회에 일반적으로 받아들여진 기본적으로 아리스토텔레스의 세상을 이루고 있는 4대 요소 즉 물, 불, 흙, 공기에 대해 인식하고 있었다. 이에 레오나르도 역시 15세기 동시대인들이 지녔던 이러한 중세적인 자연관을 기본적으로 공유하고 있었다. 또한 여전히 신이 이 세상을 창조하였다는 기본 입장에서도 중세적 세계관의 지속성을 살펴볼 수 있었다.

둘째, 그러나 레오나르도에게 자연은 예리하게 통찰하고 과학적으로 분석하는 대상이 되었다. 그리하여 프란체스코는 사물을 인식하는 태도에 있어 머리가 아닌 가슴으로 인식하였던 뜨거운 인간애를 지닌 인간이었다면, 레오나르도는 눈을 통해 인식하는 정확한 관찰력과 분

---

64) J. H. Plumb, 앞의 책, p.237.

석력에 근거한 과학적 인간이었다고 볼 수 있을 것이다.

이는 인생목표에 있어서 프란체스코는 그리스도를 모방하는 삶으로 모든 창조만물을 포용하였던 반면, 레오나르도는 예술 세계를 통한 아름다움 추구, 끊임없는 새로운 창작 욕구, 탐구 및 실험 정신으로 표출되었다. 이러한 이들의 인식 저변에는 동시대인들의 인식을 초월하는 근대인 혹은 르네상스인으로서의 면모를 드러내고 있었다.

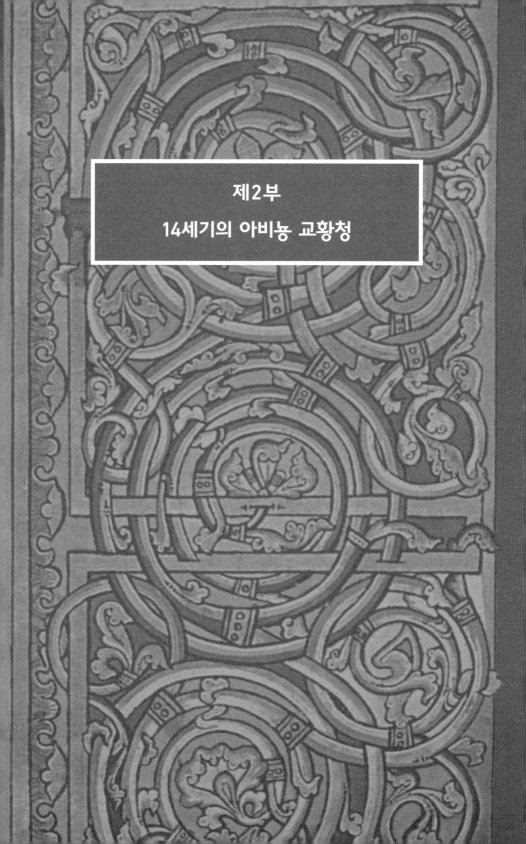

제2부

14세기의 아비뇽 교황청

아비뇽 교황청

제 1 장

아비뇽 교황청은 유수인가? 아니면 성장인가?

1. 아비뇽 교황청의 연구 동향

1) 배경

오늘날 우리에게 일명 '아비뇽 유수'(1309-1377)라고 알려진 이 사건은 이제까지 로마에 있어왔던 교황청이 프랑스의 아비뇽[1]으로 이전하여 프랑스 군주의 영향력 하에, 교황이 군주의 꼭두각시처럼 활동하였던 그야말로 유폐시기로 알려져 왔다. 더욱이 이 사건 이후 교황청은 로마로 되돌아갔으나 교회는 대분열(1378-1417)로 이어지면서 여러 교황들이 난립하는 교회사에 있어 분열기이며 어두운 암흑기로 그려져 왔다. 오늘날 이러한 부정적인 시각의 근저에는 그 동시대의 유명한

---

1) 7인의 아비뇽 교황들은 모두 프랑스인으로 1명의 신학자를 제외하고는 법률가 출신이었다. 이들은 클레멘스 5세(1305-1314), 요한 22세(1316-1334), 베네딕트 12세(1334-1342), 클레멘스 6세(1342-1352), 인노켄티우스 6세(1352-1362), 우르반 5세(1362- 1370), 그레고리우스 11세(1370-1378) 등이었다.

아비뇽 교황청의 전경

저술가들이 남긴 부정적인 시각의 저술들이 이후 확대 재생산되면서 많은 영향을 주었기 때문이다.

투네이 도시민들이 흑사병 희생자를 매장해줌

그러나 이 글에서는 그동안의 이러한 암울하고 부정적인 아비뇽 교황청에 대한 시각에서 벗어나 새로운 모습의 아비뇽 교황청에 대해 설명해 보려고 시도했다. 이러한 연구는 주로 수정주의 시각에서 나왔다. 그렇다면 이러한 부정적인 시각은 왜 등장하게 되었으며 새로운 수정주의 연구는 어떻게 나오게 되었는가? 과연 이 시기의 교황청은 어떤 모습이었을까? 더욱이 이러한 중세 말 아비뇽 교황청의 시기는 신성로마제국의 황제가 로마를 점령하는 등 크고 작은 전쟁들이 있어왔고, 특히 영국과 프랑스 간의 백년전쟁이 발발하고 흑사병이 창궐하는 등 매우 혼란한 시대였으나, 아비뇽 교황청은 통치에 있어 행정제도를 정비하고 재정 제도를 발전시켰으며, 도서관을 설립하는 등 학문연구 발전에도 상당한 기여를 하였다.

또한 아비뇽 교황들은 13세기 최절정에 달했던 교황수장제론을 지속적으로 추구함으로써 점차 성장해 가는 군주권과의 갈등은 피할 수 없는 일이 되었으며, 또한 이는 점차 민족의식의 성장으로 성직자들에게도 영향을 미쳐 분열되는 양상을 보이게 하였다.

그럼에도 불구하고 14세기의 위기상황 속에서 로마를 떠나 아비뇽에 정착한 아비뇽 교황들은 이러한 과정을 통해 오히려 새로운 정치구조의 모델을 제시하게 되었는데, 이러한 교황들의 중앙집권적 통치체계는 이후 프랑스, 영국, 스페인 등의 유럽 군주들이 모방하는 결과를 가져왔다. 따라서 아비뇽 '유수'의 개념은 교황청의 약화라기보다는 가톨릭 세계 전반에 대한 교황청 지배권의 회복을 위한 노력이었다고 볼 수 있겠다.

2) 연구 동향

먼저 아비뇽 교황청에 대해 부정적인 시각2)을 만들어내는 데 가장

---

2) 아비뇽 교황청에 관한 1차 사료에 대해 간략히 소개하면 다음과 같다. *Regestum Clementis Papae V*, ed. the Benedictines of Monte Cassino, 1884-92, 8vols. *Vitae Paparum Avionensium(1305-1394)*, ed. Baluze(1693), re-ed., G. Mollat, 4vols. (Paris, 1916-22) ; *Vatican Register 62*(1974), *Acta Ioannis XXII(1317-1334)* (Pontificia Commissio ad redigendum codicem iuris canonici orientalis, Fontes, ser.3, v.7, pt.2) ed. Aloysius L. TÂUTU, Rome, 1952 ; *Benoît XII : Lettres communes analysée d'apres les registres dits d'Avignon et du Vatican*, ed. J.M. VIDAL G. Mollat, 2v., Paris 1913-1950 등 다수가 있음. 여기서는 부정적인 시각에 관한 1차 자료집으로 R. Coogan, *Babylon on the Rhone: A Translation of Letters by Dante, Petrarch, and Catherine of Siena on the Avignon Papacy*(Maryland, 1983)를 참조하였다. 교황청의 재정적인 부분에 대한 비판적 논문은 John A. Yunck, "Economic Conservatism, Papal Finance, and the Medieval Satires on Rome", *Medieval*

일차적인 자료로 활용된 것은 당대의 저술가들이 남긴 저술에서 살펴볼 수 있다. 이들 저술가들 가운데 많은 영향력을 미친 인물로는 단테, 페트라르카, 카트린 시에나 등을 들 수 있다.[3] 그렇다면 이들은 왜 아비뇽 교황청을 부정적으로 보았는가?

첫째, 이들 모두는 이탈리아인들이었다는 공통점을 지녔다. 이들은 교황청이 사도좌를 승계하는 로마에 있어야 한다고 굳게 믿었던 인물들이다. 또한 이들에게서는 이탈리아의 민족주의적 입장도 엿볼 수 있다. 이들 가운데 페트라르카는 프랑스인 혐오감정도 드러내고 있었다.

둘째, 이들이 지향했던 국가의 이미지가 각기 달랐다. 이들은 국가와 교회의 관계에서 각기 다른 국가관을 이상향으로 제시하였는데, 먼저 단테는 국가의 개념을 군주정의 이미지로, 페트라르카는 공화정의 이미지로, 카트린에게서는 신비주의의 이미지로 나타나고 있음을 알 수 있다.[4] 특히 페트라르카는 아비뇽 교황청과 동시대 인물로서 교황청에서 여러 임무를 맡아 성직록을 받으며 활동하였던 시인이며 인문주의자이고 열렬한 이탈리아 애국주의자로서 교황청의 세속성과 도덕적 비열한 행위에 대해 신랄하게 비판하였다. 그리하여 그의 저술들은 당대에뿐만 아니라 이후 종교 개혁기의 개혁가들에게 많은 영향을 주었다. 1350년이 희년이어서 페트라르카는 순례자가 되어 로마로 여행하였다.

Studies, XXIII(1961), pp.334-351. 교황에 대한 르네상스 이탈리아 휴머니스트들의 비평적 논문은 John M. McManamon, "The Ideal Renaissance Pope: Funeral Oratory from the Papal Court", Archivum Historiae Pontificiae, XIV(1976), pp.43-45. 이탈리아 휴머니스트들에 의한 교황청 법정에 대한 비평적 저술로는 John W. O'Malley, Giles of Viterbo on Church and Reform(Leiden, 1968), pp.132-135, 같은 저자의 Praise and Blame in Renaissance Rome(Durham, 1979), pp.184-194, 그리고 Robert Brentano, Rome Before Avignon: A Social History of Thirteenth-Century Rome(New York, 1974), pp.88-89 참조.

3) 이에 대한 연구로는 R. Coogan, Babylon on the Rhone, pp.23-126.

4) R. Coogan, Babylon on the Rhone, p.10.

그 길에서 페트라르카는 조반니 보카치오를 만났다. 그는 이후 다시 1351년 아비뇽으로 돌아왔으나 2년 후 프랑스를 떠나 밀라노에 정착하였다. 이 시기에 페트라르카는 고대 유대인들이 기원전 586년 예루살렘 도시를 바빌론인들에게 정복당하여 나라를 잃고 바빌론으로 끌려가서 유배생활을 하던 '바빌론 유수'의 개념에 빗대어, 교황청의 비극적 망명을 내포하는 아비뇽 시기에 대해 "아비뇽의 유수"라는 표현을 사용하였다.[5]

아비뇽 교황청에 관한 이러한 페트라르카의 유명한 서술[6]은 14세기 아비뇽 교황의 대중적인 이미지를 지속적으로 지배하였다. 그러나 모리스 비숍Morris Bishop은 아비뇽에 대한 페트라르카의 이러한 부정적인 견해는 그가 교황청 쿠리아에서 적절한 지위를 획득하지 못한 것에서 일부 기인한다고 지적하였다.[7] 페트라르카가 제공하였던 아비뇽 교황청의 부패하고 사악한 모습은 교황청이 이후 200년을 지나는 동안 일련의 위기들을 겪는 과정에서 특별히 그러하였다. 교회의 대분열, 공의회 운동, 그리고 마침내 종교개혁은 페트라르카가 묘사하였던 사악함으로부터 불가피하게 만개한 것처럼 보였던 것이다. 그리하여 19세기와 20세기 초엽의 역사가들은 이러한 과정을 경직된 의미에서 파악하였다.[8] 14세기와 15세기 교황청에 대한 균형잡힌 평가가 이루어

---

5) Peggy Saari, Aaron Saari, *Renaissance & Reformation, Biographies,* vol.2(Detroit, 2002), p.295.

6) Petrarch, *Liber sine nomine,* ed. R. Coogan, *Babylon on the Rhone,* pp.11-22. 이 책은 단테, 페트라르카는 물론 왈도파와 루터, 이후 18세기에 이르기까지 서신들이 수록되어 있다.

7) Morris Bishop, *Petrarch and His World* (Bloomington, Indiana, 1963), pp.304-319.

8) Mandell Creighton, *A History of the Papacy* vol.5, new ed.(London, 1892), 1: p.50 ; Alexander C. Flick, *The Decline of the Medieval Church* vol.2(London, 1930), 2: pp.466-475 참조.

지지 못한 주요 요인으로는 이들 세기의 교황들에 대한 많은 자료들이 교황청 문서고에 그대로 남아있다는 점이다.[9]

그러나 19세기 말엽에 로마 교황청이 그동안 굳게 닫혀있던 문서보관소의 자료를 개방함으로써 새로운 연구가 시작되었다. 이러한 수정주의 연구 경향들을 대략적으로 정리하면 다음과 같다.

첫째, 이전 연구에서는 중세와 근대 초에 일어난 제도적 붕괴와 경험의 단절 문제를 주로 다루었으나, 새로운 연구에서는 이 두 역사적 시기들을 연결하는 개인들의 역할을 강조하는 것으로 이동하였다는 점이다.[10] 둘째, 이 시기의 교황의 활동상에 관한 것으로 외국의 선교에 대해 교황의 관심이 있었다는 것이다. 몇몇 학자들은 이들 교황들이 일반적으로 인식해왔던 것보다도 전통적으로 그 교황직위가 지녀왔던 종교적 책임감을 더 크게 가졌다고 주장하였다. 루드비히 파스토르는 아비뇽 시기의 부정적인 측면들에 대한 강조는 이 시기의 교황의 행동에 대한 "매우 부분적인 모습"을 드러내고 있다고 주장하였다. "그곳에서 이교도 국가들의 개종을 위한 이들 교황들의 귀중한 노력들은 어두운 배경 속에서 거의 인식되지 못하고 있었다."[11] 또한 아비뇽 교황들의 종교적 열정에 대해 몰라Mollat 교수는 한층 더 강조하고 있는데, "결론에서 아비뇽 교황들의 종교적 활동상은 그들이 이단을 억제하고 종교적

---

9) 이러한 문제들을 인식하여 이들 자료들에 대한 간략한 소개는 Leonard E. Boyle, *A Survey of the Vatican Archies and of its Medieval Holdings*(Toronto, 1972), pp.103-131 참조.

10) 이러한 새로운 연구들에 대한 가장 중요한 연구서들 가운데 Jaroslaw Pelikan, *Obedient Rebels : Catholic Substance and Protestant Principle in Luther's Reformation* (New York, 1964) ; 같은 저자의 *Spirit Versus Structure : Luther and the Institutions of the Church*(New York, 1968) 참조.

11) Ludwig Pastor, *The History of the Popes*, 영역은 F. J. Antrobus, H. F. Kerr, E. Graf, E. F. Peeler vol.40(London, 1938-1961), 1, p.60.

수도회들을 개혁하여 복음의 말씀을 먼 지역에까지 전파하려는 열정에서 두드러진다."[12]고 언급하였다.

셋째, 또한 아비뇽 교황청의 시기를 교황청의 역사에서 상궤일탈로 파악하기 보다는 오히려 아비뇽 교황들을 중세 동안 교황 발전의 주류 속에 자리매김하는 것이 타당하다고 보는 견해이다. 교황 그레고리우스 7세 시기에 시작되었던 교황 정부의 중앙집권화가 14세기에 그것의 절정에 도달하였음을 지적하였다.[13] 아비뇽 교황들이 왕왕 믿어왔던 대로 그레고리우스 7세와 그의 후임 교황들이 추구했던 정신에서 그렇게 많이 벗어나 있지 않았다는 것이다. 그리하여 아비뇽 교황들(1305-1378)이 통치한 73년의 세월은 13세기 교황청이 추구했던 이상과 목적에서 단절이 아니라 지속성을 지녔다는 점이다. 아비뇽 교황들은 그들이 처한 시대적 난관에도 불구하고 유구한 로마 교황청이 발전시켜온 여러 제도들을 아비뇽에서 새롭게 지속적으로 승계, 발전시키려는 노력을 하였다는 것이다.

그리하여 F. 오클리 교수는 최근 50년 동안 수정주의자들의 연구가 아비뇽 교황청의 전통적인 부정적인 모습을 완전히 변형시키지는 못했어도 많은 부분을 수정하도록 하였다고 지적하였다. 그것은 교황청이 관례적으로 가장 암흑기의 특색으로 표현되었던 세 가지 특징들, 첫째는 프랑스와의 제휴 문제, 둘째는 주교들 스스로의 개인적 도덕적 성격, 셋째는 교회 정부의 커져가는 중앙집권화 및 절대주의와 관련하여 새로운 해석이 시도되었다는 점이다.[14]

---

12) G. Mollat, *The Popes at Avignon, 1305-1378*, 영역은 Janet Love(London, 1963), p.344.

13) G. Mollat, *The Popes at Avignon*, p.335.

14) F. Oakley, *The Western Church in the Later Middle Ages*(Ithaca and London, 1979), p.39.

2. 교황청의 아비뇽 이전

1) 시대 상황

그렇다면 교황청은 왜 로마를 떠나 다른 지역으로 이전해야 했는가? 교황청이 영원한 로마를 떠나 프랑스 변방의 작은 쇠락한 도시에 정착했다는 사실은 커다란 충격이면서 동시에 큰 사건이었을 것이다. 그리하여 당시의 변화된 상황 속에는 중세 교황권의 위상에 현저한 변화가 있었음을 알 수 있다. 그것을 대략적으로 정리해 보면 다음과 같다.

첫째, 1291년 사라센인들의 아크레 점령은 제1차 십자군 운동의 결과로 예루살렘에 세워진 라틴왕국이 최종적으로 종식된 사건이었다. 이는 근 200년에 걸쳐 이루어진 십자군 운동에 대한 실패로 당대인들에게 깊은 실망감과 좌절감을 주었다. 그러나 교황들은 이러한 십자군 원정의 실패에 대한 반성이 매우 부족했던 것 같으며, 이후에도 이슬람 세력의 확장에 대한 방어를 위해 여전히 십자군에 대한 강한 열망을 품고 있었다. 둘째, 1294년 7월 5일 가난한 은둔자Poor Hermits 피터 모론Peter of Morrone이 교황 켈레스티누스 5세(1294년 7월-1294년 12월)로 선출되었다. 이 선출을 통해 알 수 있는 점은 당시 교회에서 프란체스코회의 이념들인 개혁적이고 영성화된 교회를 추구하고자 하는 열망이 있었다는 것이다. 그러나 청빈한 교황 켈레스티누스 5세는 1294년 12월 13일에 교황직을 사임하였다. 이러한 교황의 사임은 선례가 없는 일이었기 때문에, 그의 사임은 몇 가지 의미를 지녔다고 볼 수 있다. 첫 번째로 그리스도교 교회를 관리한다는 일이 얼마나 막중한 의무를 지니는가를 보여주는 것이며, 두 번째로 교회의 관리자로서 그가 추구했던 이상주의와 공평함만으로는 교회를 통치하기에 충분치 않다는 점, 세 번째로

추기경단의 힘이었다.[15]

셋째, 이탈리아 내에서 귀족 간의 분열이 심화되었고, 교황의 충성파의 지지가 매우 약화되었다. 로마 귀족은 개타니파Gaetani와 콜로나파Colonna 간에 분열되어 그들의 싸움은 로마와 로마를 둘러싼 외곽지역이었던 캄파냐 지역을 매우 불안정하게 만들었다. 개타니파 출신의 교황 보니파키우스 8세는 로마에서 확고한 기반을 마련하기로 굳게 마음먹고 이를 위해 콜로나 가문을 가차없이 타도하였다. 이탈리아의 나머지 지역에 있어서는 황제파를 격파하고 교황파에게 권력을 장악하게 함으로써 안정된 위치를 확보하려 하였다. 그러나 보니파키우스 8세는 교황 반대파인 기벨라인파Ghibelline의 많은 적들에게 공격을 받았으며 이들 세력은 군주권과 결탁함으로써 교황의 입지는 더욱더 좁아지게 되었다.

2) 교황권에 대한 속권의 도전

(1) 성직자 세금의 징수에 대한 문제

성직자는 12세기 초반에 영국과 프랑스에서 세속의 사법권으로부터 자유롭게 되었다. 성직자들은 1215년 제4차 라테란 공의회의 법령에 의해 그들 세속의 통치자들로부터 세금 또한 면제받다.[16] 그러나 그들은 십자군을 지원하는 교황청에 그들 수입의 십일조를 지불하도록 요구될 수 있었다. 십자군을 위해 사용될 목적으로 1095년 이래로 확장되어 13세기에 더욱 빈번히 요구되었던 교황의 '십자군 십일조'는

---

15) Y. Renouard, *The Avignon Papacy, 1305-1403*(London, 1970), p.13.

16) R. Collins, *Keepers of the Keys of Heaven : A History of the Papacy*(New York, 2009), p.276.

점차 일반적인 것이 되어갔고, 한 해 이상으로 확장되었다. 그러나 성직자에 세금을 부과하는 것이 대중적인 것은 아니었다. 설령 교황청 특사들이 그 수합된 돈을 감찰하기 위해 쿠리아로부터 파견되었을지라도, 그 과정은 점차 오래 지연되었는데 많은 저항이 있었기 때문이었다.

교황 클레멘스 4세(1265-1268)에 의해 1266년 부과된 프랑스 성직자에 대한 세금은 시칠리아 왕국의 만프레드Manfred와 맞서기 위해 샤를 앙주의 원정 비용을 돕기 위한 것으로, 하나의 십자군이 선포되어 1274년에 마침내 세금을 거두게 되었다. 야망을 지닌 세속 통치자들은 성직자 세금을 수익의 원천으로 간주하기 시작하였으며, 교회의 방어자로서의 자신들의 역할 때문에 그 권한을 자신들이 지녀야 한다고 생각하였다.

이에 교황 보니파키우스 8세는 1296년 2월 5일에 〈재속 성직자〉 Clericis laicos 교서를 반포하여, "교황의 동의 없이는 어느 나라의 성직자이건 군주에게 세금을 내지 못하게 금지하는 것이었다." 그러나 영국에서는 에드워드 1세가 사제들에게 만일 세속 정부의 유지에 도움을 주지 않는다면, 정부는 그들을 보호해주지 않을 것임을 깨닫게 하는 등 강력한 대응책을 펴서 보니파키우스를 좌절시켰다.[17] 프랑스에서는 필립 4세가 국왕의 허락 없이 금은이 자기 영토 밖으로 유출되는 것을 금지함으로써 교황에게 응수하였다. 이로써 보니파키우스는 교황청이

---

17) 1294년 새롭게 선출된 캔터베리의 대주교가 이탈리아로 출타 중에 있을 때, 영국의 군주 에드워드 1세는 요직에 있는 성직자들에게 회합을 소집하도록 하여, 성직자들로 하여금 에드워드에게 자신들의 연 소득의 절반을 세금으로 낼 것을 요구하였다. 에드워드는 성직자들이 20퍼센트의 세금을 내겠다는 것을 거부하였다. 그는 1296년에도 다시 동일한 일을 제안하였다. 프랑스의 필립 4세도 유사한 조치들을 취하면서, 사전에 교황 권위에 요청하는 것을 무시하고 자신의 왕국이 영국인들에 의해 침략당할 수 있는 위험한 상황이라고 주장하고 있었다.

성직자로부터 거두어들인 세금을 전혀 공급받지 못하게 되었다.

또한 보니파키우스는 성직자의 권리를 위해 싸운다는 명분을 내세웠음에도 불구하고, 성직자들로부터 전폭적인 지지를 얻어내지 못하였다. 성직자들은 교황과 국왕 양쪽으로부터 재정적인 압박을 받아왔는데, 그들은 둘 가운데 교황쪽에 더 큰 반발을 느끼고 있었다. 그들이 어차피 어느 쪽에든 자비로움을 기대하면서 복종해야 한다면, 교황보다는 국왕을 선택하는 것이 적어도 더 합당한 일이었다.[18]

(2) 군주측의 법률가 집단 대두

세속군주는 점차 힘을 키워가면서 교황청 정부의 하수인으로만 머물지 않았다. 이들은 자신들의 봉건제후들과 법률가 집단을 두어 이론적 정치적 기반을 구축해가고 있었다. 1302년 11월 18일에 교황 보니파키우스 8세는 교서 〈유일하고 거룩한 (교회)Unam sanctam〉에서 "하나의 검은 다른 하나의 검에게 복속되어야 하며, 현세의 권한은 정신적 권한 아래에 있어야 한다."고 천명하였다. 보니파키우스 8세 교황은 황제권을 교황권 안에 흡수해 들임으로써 유럽 전체를 교황이 그리스도교의 우두머리이자 보편적 법률의 관리자로서 통솔하는 하나의 거대한 연방국가로 통합시키려 했으나, 그는 단지 서서히 그 간격이 벌어지고 있던 교황의 목표와 유럽의 열망 사이의 틈을 뚜렷하게 드러냈을 뿐이었다.

교황 보니파키우스 8세와 필립 4세 사이의 틈은 점점 더 크게 벌어져갔다. 법률에 대한 발전은 교황 자신이 선택한 문제를 두고서도 교황과 당당하게 맞설 수 있는 법률가 집단을 배출시켜 주었다. 교황이 교회법

---

18) 박은구, 이영재 외, 『중세 유럽문화의 이해 1』(숭실대 출판부, 2012), pp.402-403.

의 원칙들로 튼튼하게 무장을 하자, 프랑스의 법률가들은 옛 로마법의 원칙들을 끄집어내었다. 두 법체계는 서로 충돌하였고, 그 둘은 본질적으로 동질적인 것이기 때문에 타협은 전혀 불가능하였다. 양측 모두 극단으로 치달았다. 필립의 법률가들은 교황을 이단과 범죄 그리고 성직매매의 주범으로 고발하고 교회의 공의회에 제소하였다. 보니파키우스는 필립을 파문하고, 필립의 신민들을 충성의 의무로부터 해제시킴으로써 필립의 폐위를 선언할 채비를 갖추었다. 폐위를 선언하는 칙령의 반포 예정일 하루 전에 보니파키우스는 필립을 지지하는 패거리들에게 사로잡혔다. 보니파키우스에 의해 추방당했던 이탈리아인 스키아라 콜로나Sciarra Colonna가 습격 계획을 짰고, 필립의 법률가 가운데 하나인 톨로사 사람 귀욤 드 노가레Guillaume de Nogaret가 빈틈없이 진행하여 거사를 성공시켰다. 일명 아냐니 사건이었다. 교황은 자신의 고향에서 조용히 쉬고 있다가 기습을 당하여 아무런 반격도 하지 못하고 사로잡힌 뒤 치욕스러운 대접을 받았다. 사흘째 되는 날 교황은 구출되었으나, 그의 위신은 땅에 떨어졌다. 그는 이 사건이후 한 달 만에 세상을 떠났다. 교황청은 파문령과 같은 순수하게 영적인 무기들의 효력에 더 이상 의존할 수 없었고, 강력한 속인 보호자를 상실하였다. 사실상 그러한 역할을 하였던 가장 그럴듯한 후보자 가운데 한 사람이었던 프랑스 군주는 교황의 가장 단호한 적대자가 되었다.[19]

3) 왜 아비뇽인가?

교황좌가 로마 베드로의 무덤에서 멀리 떨어진 로마 밖 교황령[20]의

---

19) R. Collins, *Keepers of the Keys of Heaven*, p.275.
20) 로마 밖 교황령으로는 8개 지역이 있었다. 즉 로마냐, 볼로냐 도시와 그

안전한 곳에서 정주하기 시작하였던 것은 보니파키우스 8세 이후의 교황 베네딕트 11세(1303년 3월-1304년 7월) 때부터였다.[21] 그러나 그는 매우 단명하였고, 차기 교황으로 클레멘스 5세가 선출되었는데, 그는 가스코뉴 출신의 보르도의 대주교였다. 이 가스코뉴 지역은 당시 영국 군주와 프랑스 군주 간에 영토적 이해관계가 첨예하게 대립되는 지역으로 전쟁까지도 불사하던 곳이었다. 클레멘스는 아뀌텐느 공작의 가신이면서 영국 에드워드 1세의 가신이기도 하였다. 따라서 그는 프랑스 군주 필립 4세에 의해 보르도 교구에 임명되지 않았던 것이다. 그는 1302년 보니파키우스가 소집한 로마에서의 공의회에 참석하였다. 필립은 금지하였을지라도 말이다. 이 점은 그가 자신의 독립성을 보여주는 모습이었다.[22] 그는 평화수호자peacemaker로 잘 알려진 인물로서, 영국 군주 에드워드와 프랑스 군주 필립 양측 모두와 좋은 관계를 유지하고 있었다. 자신의 고향에 대한 연민의 정을 가지고 있으면서 그 지역의 평화에 기여하고자 하였다.

그러나 그는 교황에 선출된 후 건강이 악화되어 아마도 위암으로 사망하게 되었을 것이다.[23] 클레멘스는 이탈리아로 돌아갈 것이라고 선언했을지라도, 콩타 브네생Comtat Venaissin에 머물렀으며, 아비뇽에는 1309년과 1311년에 몇 개월간 머물렀고, 1312년과 1313년에는 겨울에만 거주하였다. 그리하여 클레멘스는 일시적으로 아비뇽에 머물렀으며, 아비뇽을 지속적인 거주지로 만들었던 인물은 교황 요한 22세

<hr />

구역, 안코나 변경지대, 스폴레토 공국, 투스카니의 성 베드로 세습령, 캄파냐와 마리티마, 베네벤토 도시와 그 영역, 그리고 알프스 이남의 프로방스 지역의 콩타 브네생이다. Y. Renouard, *The Avignon Papacy*, p.17 참조.

21) 교황 베네딕트 11세는 로마 교황령이었던 스폴레토 공국의 가장 중요한 도시였던 페루지아에 정착하였으나 곧 그곳에서 사망하였다.

22) Y. Renouard, *The Avignon Papacy*, p.18.

23) R. Collins, *Keepers of the Keys of Heaven*, p.282.

론강의 아비뇽 교황청과 생베네제 다리

때였다. 요한은 자크 뒤에즈Jacques Duèse로서 추기경으로 임명되기 전에 아비뇽의 주교로 있었다. 그리하여 그는 아비뇽의 주교궁에 대해 잘 알고 있었으며, 그곳은 그에게 친근함과 편리함 그리고 넓고 전망 좋은 곳이며 서구의 가장 중요한 교역로들 가운데 하나로 인식되었다.

일반적으로 알려진 대로 아비뇽 교황청이 프랑스 군주의 꼭두각시의 역할을 하였다면, 왜 프랑스 군주의 직접적인 지배권이 미치는 지역이 아닌 아비뇽이었던가? 교황들이 아비뇽에 정착한 이유는 몇 가지 유리한 이점 때문이라고 볼 수 있다.[24]

첫째, 그곳은 지정학적 요충지로서 요새의 기능을 할 수 있었다. 당시 신성 로마제국과 프랑스의 국경선은 론 강이었는데 아비뇽은 그 강 하구의 맨 끝에 위치하여 강 교역에서 나오는 이점을 지녔다. 또한 론 강은 위협적인 군주에 대항하는 안전한 방어선의 어떤 것으로

---

24) Y. Renouard, *The Avignon Papacy*, pp.34-36 참조.

서 작용하였을 것이다.

둘째, 동시에 그 도시는 론 강을 가로지르는 그것의 중요한 다리로 생베네제 다리the Pont St.-Bénézet가 있었는데, 이 다리는 서쪽으로 프랑스와, 동쪽으로 이탈리아와 신성로마제국의 경계로서 전략적인 요충지였다. 모든 교황들은 외부의 세계와 접촉할 수 있는 소통의 통로들을 필요로 하였는데, 이곳의 론 강은 북유럽의 국가들과 지중해 접경 국가들 간에 긴밀한 연결을 제공하였다.

셋째, 더욱이 교황 클레멘스 5세가 처음 의도하였던 대로 교황청이 로마로 곧 귀환해야만 했기 때문에 수척에 마르세이유의 큰 항구가 가까이 있다는 이점도 있는 곳이었다.

넷째, 보다 큰 이점은 아비뇽이 프랑스 귀족 앙주 가문의 샤를 2세의 소유였으며 그는 필립 4세의 삼촌이었다. 샤를 2세는 프로방스의 백작이며 나폴리 군주 및 시칠리아 군주이며 예루살렘의 군주라는 막강한 칭호를 지니고 있었다. 그러나 봉건 유럽에 침투하였던 복잡한 사회적 체제에 따라서 그는 또한 전통적으로 교황청의 가신이기도 하였다. 효과적으로 이는 그 도시의 소유권을 보유하고 있었던 샤를이 법률적으로 그의 상위주군으로서 교황에게 사적인 충성을 해야 할 의무를 지고 있었다는 점이다. 클레멘스에게 샤를은 친구이며 지원자로서 생각되어질 수 있었다. 설령 그 친구가 군주의 삼촌이 되었을지라도 말이다.

일부 역사가들은 교황청의 역사에서 아비뇽 교황청의 특별한 성격을 최소화하려는 열망을 가진 사람들을 위해, 이전의 200년 동안 교황들이 로마를 떠나 이탈리아의 다른 지역들에서 얼마나 자주 지냈던가와, 교황 인노켄티우스 4세와 그레고리우스 10세와 같은 교황들이 실제로 이탈리아를 떠나 프랑스에서 많은 시간을 보냈음을 강조하였다. 자주 반복되는 계산상의 수치로서 1100년부터 1304년까지 204년 동안 교황들은 로마를 떠나 122년을 보냈고 로마에서는 82년 간을 지냈다.[25] 그리하여 교황청이 이탈리아를 벗어나 있기는 했지만 이 사실이 곧 교황청의 약화를 의미하지 않는다는 것이었다. 오히려 아비뇽 교황들은 이 시기에 여러 세속군주들의 도전이 있었음에도 불구하고, 그들은 가톨릭교회의 보편성을 추구하면서 제도적인 정비를 하고 있었다.

3. 아비뇽 교황청의 보편적 지배의 추구와 제도 정비

1) 보편 그리스도교 세계에 대한 통치

(1) 교황 클레멘스 5세

아비뇽 교황들의 이상은 여전히 이전 교황들이 주창해왔던 대로 라틴 그리스도교 왕국을 이 땅에 건설하는 것이었다. 이는 교황 그레고리우스 7세의 교회 개혁이후 교황들이 주창해 온 것이었다. 무엇보다도 교황은 그리스도가 성 베드로에게 수여한 묶고 푸는 권한을 지닌 자로서 자신의 판단 아래 모든 그리스도교도를 두는 것이었다. 왜냐하면 모든 이들이 그들이 지은 죄 때문에 그러하였다. 군주들 혹은 황제 자신도 이러한 사법권 즉 신자들에 대한 교황의 최고권으로부터 면제될 수 없었다. 도덕적이고 정신적인 이유들로 인해 교황 그레고리우스 7세는 황제 하인리히 4세를 폐위하는 데 그 권한을 이용하였다.[26]

교황 클레멘스 5세 역시 이러한 보편 그리스도교 세계를 추구하였는

---

25) Y. Renouard, *The Avignon Papacy*, p.37.
26) 졸고, 「교황 Gregory 7세의 서임권 투쟁에 관하여」, 『서양중세사연구』 15 (2005.3), pp.27-62.

데, 그는 비잔틴 제국과의 재통합 문제와 프랑스 군주 필립 4세의 성전기사단 처리 문제에 직면하여 갈등하고 있었다. 첫째, 클레멘스 5세는 비잔틴 제국에 대해 심각하게 인식하고 있었는데, 당시 나폴리와 시칠리아의 군주였던 프랑스 앙주가의 샤를 발루아가 비잔틴 제국의 황제 자리를 탈환하려는 야망을 지니고 있었다. 그리하여 샤를은 콘스탄티노플에 건립된 제국의 황제

1307년 교황 클레멘스 5세가 받은 몽골에 관한 보고서

들의 상속녀와 혼인을 시도하였으나, 그의 혼인정책은 실현되지 못했다. 또한 1274년의 리용 공의회[27]에서 논의되었던 동 서 교회의 재통합이 비잔틴 제국의 협의내용 불이행으로 실현되지 못하게 되면서, 결국 이러한 실패는 콘스탄티노플을 재탈환하려는 샤를 발루아의 야심을 일으키는 것이 되었다.

둘째, 교황 클레멘스 5세의 눈에 콘스탄티노플의 재정복은 십자군들

---

27) 제2차 리용 공의회(1272-1274) : 교황 그레고리우스 10세가 주재하였던 이 공의회의 주된 주제는 성지 회복, 동서 교회의 통합에 관한 내용이었다. 비잔틴 제국의 황제 미카일 8세에게 서구교회와 동방교회의 통합을 위한 서약을 실효화하기 위해 소집되었다. 주교 300명, 수도원장 60명, 천여 명의 고위성직자와 대리인들, 제임스 1세 아라곤 군주, 동방 비잔틴 황제 미카일 8세의 사절, 그리스 성직자들이 참석한 대규모 공의회였다.

의 목적에 적합한 것이었다. 아비뇽 교황들은 클레멘스 5세를 필두로 십자군 원정을 늘 희망하게 되었다.[28] 그리하여 그는 샤를 발루아의 전쟁을 재정적으로 지원하기 위한 십자군 십일조를 요청하였다. 시칠리아의 십자군 십일조를 징수하는 자들에게 보낸 서한에서 "교황 클레멘스 5세는 비잔틴 제국의 황제 미카일 8세(1260-1282) 팔라이올로고스와 그의 아들 안드로니코스 2세(1282-1328)는 분열주의자들이기 때문에, 그들은 십자군의 정당한 대상이 되었다."라고 서술하였다.[29]

십자군의 목적은 사악한 군주들이 길을 잃어버리게 인도한 양떼를 다시 목장에로 되돌아오도록 하는 것으로, 콘스탄티노플에 적법한 군주를 다시 세우는 일은 고귀한 목적을 지니는 것이 되었다. 그러나 1310년 샤를 발루아를 황제로 만들려는 시도는 크게 실패하였는데, 이는 동지중해의 운명에 강한 이해관계를 지닌 유일한 서구 국가들인 제노바와 베네치아의 상인 국가들의 지원을 적절히 얻어내지 못함에서 기인하는 것이었다. 만일 십자군이 성공하려면 이들 국가들의 지원은 본질적인 것이었음을 인식하게 되었다.

더욱이 교황 클레멘스 5세가 해결해야 할 또 다른 중대한 문제는 프랑스 군주 필립 4세의 성전기사단Templars 해체 사건이었다. 필립 4세는 1307년 10월 13일에 그 수도회와 연관된 15,000명을 프랑스 전역에서 전격적으로 체포하였다. 당시 성전기사단은 면제권을 받은 수도회로서 사전의 교황의 승인을 받은 이후에야 어떤 세속인이든 성직자든 개입할 수 있었다.[30] 그러나 필립은 그러한 조치를 취하지

---

28) N. Housley, "Pope Clement V and the crusades of 1309-10", *Journal of Medieval History* 8(1982), pp.29-43 참조.

29) J. Muldoon, "The Avignon Papacy and the Frontiers of Christendom", *Archivum historiae pontificiae*, xvii(1979), p.157.

30) R. Collins, *Keepers of the Keys of Heaven*, p.283.

않고 바로 성전기사단을 공격하였고, 그들을 체포하였다. 이에 대해 클레멘스 5세는 프랑스 남서쪽에 머물면서 협상하려고 하였다. 성전기사단에 대한 유일한 해답은 공의회를 소집하여 논의하는 일이었다. 클레멘스 5세는 1308년 8월 12일에 공의회를 소집하여 1310년 10월 1일에 비엔느[31]에서 공의회를 소집하기로 하였다. 결국 클레멘스 5세는 성전기사단을 폐쇄 조치하기에 이르렀으나, 그들의 재산은 병원기사단에게 유증하도록 하였다.

또한 병원기사단은 1291년 아크레 함락 후 그들의 거점지역을 사이프러스 섬으로 이전하였으나 그곳에 정착하지 못하였고, 이후 비잔틴 제국으로부터 로도스 섬을 얻어내어 지속적으로 정착하게 되었다. 클레멘스 5세는 이 과정에서 병원기사단을 적극 후원하고 도움을 주었다. 1307년 9월 5일 그는 병원기사단에게 로도스 섬에 대한 소유권을 확정해 주었다.[32]

한편 1307년 영국에서의 에드워드 2세의 군주 대관식, 그리고 클레멘스 5세의 조력으로 이루어졌던 에드워드와 프랑스 공주 이사벨라와의 결혼식은 아뀌뗀느 지역에 대한 문제를 일시적으로나마 종식시켰다. 결국 아뀌뗀느는 프랑스의 일부였고, 클레멘스는 프랑스 바깥에서 필립으로부터 독립하여 있기를 원하였다.

(2) 교황 요한 22세 및 베네딕트 12세
클레멘스 5세의 뒤를 이은 교황 요한 22세 역시 이전 교황들처럼 교황 수장제론을 신봉하고 있었다. 교황 요한 22세는 성 토마스 아퀴나

---

31) 비엔느(Vienne)는 신성로마제국의 영토에 속해 있었다.
32) A. Luttrell, "The Hospitallers and the Papacy, 1305-1314", *Studies on the Hospitallers after 1306 : Rhodos and the West* (Ashgate, 2007), p.602.

스를 시성하였는데, 이것은 14세기 교황들이 토마스와 그의 본원적인 일원론 체계를 매우 신봉하였다는 점을 보여주는 일례였다.[33] 그러나 이러한 교황의 논리는 당시 신학자이며 철학자였던 마르실리우스 파두아, 윌리엄 오캄, 프란체스코 수도회의 영성파 등에 의해 공격받았다. 특히 윌리엄 오캄은 『교황 요한 22세의 오류들』에서 교황이 이단에 빠지거나 혹은 신앙에 관하여 오류를 범하는 일이 가능한가의 문제를 제기하였다. 이는 또다른 유서깊은 문제에 관하여 야기된 최근의 논쟁 즉 교황은 진정 베르나르 클레르보가 '전능권'이라고 불렀던 권한을 가지는가 하는 문제에 관한 것이었다. 오캄은 이를 단숨에 부정하였다.[34]

1321년 요한 22세는 그루지아인들Georgians에게 로마교회와 그들 교회를 재통합하기 위해 로마교회의 성격에 관한 서한을 썼는데, 그의 서한은 보니파키우스 8세가 사용하였던 성서적인 이미지들의 많은 부분과 함께 우남 상탐에 근거한 전반적인 주제들의 많은 부분을 재언급하는 것이었다.[35] 보니파키우스가 사용했던 성서 구절을 확장하여 요한 22세는 "모든 인류는 한 사람의 아담에게서 기원하였으며 한 분이신 그리스도에 의해 구원되었다고 그루지아인들을 환기시켰다. 분열은 분열된 공동체를 영적인 죽음으로 이끄는 것인데 이는 육체의 한 부위를 절단하는 것과 같은 것으로, 마치 인간의 몸이라는 전체로부터 손을 잘라내었을 때 절단된 손은 죽은 것과 같은 이치이다."[36] 교황 베네딕트 12세는 아르메니아의 군주에게 교황이 주님의 양떼

---

33) Y. Renouard, The Avignon Papacy, p.123.
34) 박은구, 이영재 외, 『중세 유럽의 사상가들』(숭실대 출판국, 2014), p.378.
35) J. Muldoon, "The Avignon Papacy", p.136.
36) John XXII, Cum simus, October 15, 1321: Register Vatican 62, fols. 5v-6r, Mollat, Letters communes, no.16093, J. Muldoon, "The Avignon Papacy", p.137 재인용.

의 보편적인 목자이며 그리스도의 양떼는 교황의 보호아래 있음을 상기시켰다. 교황의 의무는 양떼를 떠나 배회하는 사람들에게조차 확장되어 이들은 교회 안에서 길 잃은 양뿐만 아니라 분열주의자들과 이교도들까지도 의미하는 것이었다.[37] 당시 교황 클레멘스 5세, 요한 22세, 베네딕트 12세의 문서집에서 발췌된 서한들을 통해서 볼 때 이들 교황들이 무슬림에 관한 관심을 가졌으며, 이것은 서한들의 배경 역할을 하고 있었다. 이들 교황들에게서 나온 서한들의 주요

교황 베네딕트 12세의 무덤의 조각상

주제는 분리주의자들과의 재통합 문제와 몽골인들의 개종에 관한 것으로 그리스도교 왕국의 방어에 있었다.[38] 그리하여 이슬람 및 분리주의자들로부터의 방어를 위해서는 그리스도교 국가 군주들의 지원이 중요하였다. 이를 위해 아비뇽 교황들은 프랑스 군주와의 관계를 강조하지 않으면서도 다른 세속권력들과 협력 및 지원을 필요로 하였으며, 동지중해에 대한 관심 및 대외 관계를 폭넓게 추진하게 되었다.

---

37) Benedict XII, *Quamvis dilecti filii*, August 1, 1341 : *RV 62*, fols. 34r-35v, J. Muldoon, "The Avignon Papacy", p.137 재인용.

38) J. Muldoon, "The Avignon Papacy", pp.162-163.

2) 행정 및 재정 제도의 정비

(1) 행정제도의 정비

교황청이 아비뇽에 정착한 것은 교황청의 행정제도를 정비할 수 있는 계기가 되었다. 교황 요한 22세는 아비뇽의 주교 궁전으로 교황 거주지를 옮겨와 여러 가지 제도적인 정비를 하였다. 이러한 교황 행정부의 재조직화는 교황청에 도달했던 점차 증가하는 업무량의 결과로서 필연적인 것이 되었다.[39] 로마 도시와 교황령은 경제적 재정적으로 쇠퇴해가고 있었던 반면, 아비뇽 교황청에는 점점 더 많은 자금이 들어왔다.

교황 요한 22세는 최고의 조직가이면서 행정가로서 모든 것을 절감하여 체계화할 수 있었다. 그리하여 요한은 전임 교황 클레멘스 5세 시기에는 통제권 밖에 있었던 교황 행정부를 재조직하였는데, 매우 방대하며 세세하기조차 한 새로운 법률들에 입각해서 상서원, 법정 및 다른 부서들을 정비하였다. 또한 그는 거대한 교구들을 분할함으로써 주교들의 힘을 약화시켰다.[40] 요한 22세는 6번의 추기경회의를 통해 28명의 새로운 추기경들을 선출하여[41] 아비뇽 교황청 시대의 새로운 추기경단을 구성하였음을 의미하였다. 이는 새롭게 시작하는 아비뇽 교황청이 적어도 로마 교황청의 오래된 로마 귀족들의 얽혀있는 가문 복수심의 연루에서 벗어나려는 의도를 담고 있었다. 또한 아비뇽

---

39) W. Ullmann, *A Short History of the Papacy in the Middle Ages*(London, 1972), p.286.

40) G. Barraclough, *The Medieval Papacy*(London, 1979), p.148.

41) 이들 신임 추기경들 가운데 자크 드 비아(Jacques de Via), 고슬렝 드 장 (Gauscelin de Jean), 그리고 아르노 드 비아(Arnard de Via) 3명이 그의 조카들 및 친척이었다.

교황청 정부에는 공증인들, 문서관리인들, 기록인들, 필경사들, 문서 속기사들, 교정자들 등의 수백 명의 사람들이 근무하고 있었고, 수천 개의 서류들을 수합하고 문서화하고 날짜별로 분류하고 검인을 찍는 일은 행정 조직화에 크게 기여하였다.[42]

더욱이 초기 중세 교황들이 자신들의 권력을 사도들의 성 유물에 근거하였던 것에 비해, 아비뇽 교황들의 시기는 유럽의 법률 제도에서 그들의 근간을 가져온 것이었다.[43] 이는 아비뇽 교황들이 13세기 교황 청의 전통을 고수하였던 인물들로서, 법률적 훈련을 받고 교회법에 관한 지식을 지닌 자들이었으며, 따라서 이들 교회법학자 교황들은 또한 법률적으로 훈련된 직원을 많이 채용하게 되면서 점차 관료제로 발전해 가게 되었다.[44] 오늘날의 교황청의 부서 체계는 여기에서 기원 하고 있으며, 이후 1331년에 설립된 로타Rota는 혼인 사건을 다루는 기구로서 후대에 많은 변화가 있었으나 현재까지 운영되고 있다.[45]

(2) 재정제도의 정비

교황의 조세제도의 정비는 행정적인 중앙집권화를 이루기 위한 것 이었다. 교황의 주요 수입원은 다음 다섯 가지이다. 첫째, 교회 영지로 부터 나오는 세금, 둘째, 교황의 봉건 가신으로서 다수의 그리스도교 왕국들이 납부하는 부과조 및 이들 주교들의 관할로부터 면제된 수도원 들과 교회들이 납부하는 세금census, 셋째, 성직록에서 나오는 세금들, 넷째, 교황청 법정에서의 수수료, 다섯째, 선물, 유산증여, 다양한 저술 로 인한 세금 등이었다.[46] 이러한 교황 수입의 전체 가운데 대략 절반이

---

42) W. Ullmann, *A Short History of the Papacy*, p.287.

43) E. Duffy, *Saints and Sinners: A History of the Popes*(New Haven, 1997), p.125.

44) J. Muldoon, "The Avignon Papacy", p.129.

45) E. Duffy, *Saints and Sinners*, p.125.

성직록에서 나오는 세금들이었다. 교황의 세금은 본질적으로 십자군들을 위한 것이었다.

이러한 체제는 교황 인노켄티우스 3세가 모든 성직록이 십자군을 위해 기여하도록 만들게 된 이후 교황 재정의 토대가 되었다.[47] 교황의 성직 임명(권)은 자연히 성직록을 수여받은 사람들로 하여금 교황의 측근으로서 교황에게 조언을 하였던 추기경들과 교황에게 감사의 뜻으로 선물을 주어야만 하는 관례를 장려하였다. 그 선물은 현금으로 주어졌을 것이다. 점차 이러한 선물들이 성직록에 관련하여 일정한 비율로 환산되게 되었다. 이것이 다른 모든 세금의 기본이 되었기 때문에 쉽게 확정되어질 수 있었다. 성직록과 연관된 세금들은 점차 안정적으로 수적으로 많아졌으며 강제적인 것이 되어갔다.

아비뇽 교황청 시기에 성직록을 희망하는 청원서는 크게 증가하여 수만 개에 달하였는데, 예를 들면, 요한 22세의 경우 6만 5천 개, 클레멘스 6세는 9만 개 이상, 인노켄티우스 6세는 대략 3만 개였다.[48] 각각의 청원서는 최종 결정이 내려지기 전에 복잡한 절차를 거쳐 면밀히 조사되어져야만 했다. 여기에는 반드시 교황과 제후들, 군주들 및 다른 유력자들과의 정치적 고려가 반영되어야만 했다. 이러한 복잡한 절차는 행정체계를 정비할 수 있었다.

그리하여 행정적인 중앙집권화와 교황의 세금은 상호 보완적인 것이다. 더피 교수는 "프랑스, 독일 및 영국이 반목하였던 시기에 교황 수입의 상당한 부분은 독일과 영국에서의 성직록과 순석료(교구의 교회를

---

46) Y. Renouard, *The Avignon Papacy*, pp.102-103.
47) 그는 성직록에서 각기 10분의 1세를 걷을 수 있도록 제안함으로써 십자군 세입 망의 한 방법을 확정하게 되었다. 이것은 일명 '살라딘' 십일조로서 특별 십자군 십일조 세가 된 것이었다.
48) W. Ullmann, *A Short History of the Papacy*, p.287.

순회하는 성직자에게 주는 사목활동비)에서 유래했다는 사실이 적의감으로 이끌었는데, 이는 영국과 독일의 교회들에서 나온 수입이 프랑스에서 탕진되고 있다는 생각 때문이었다. 그러나 이러한 주장은 환상이었으며 실제로 그러하지 않았다는 것이다. 사실상 아비뇽 교황청의 수입의 절반 이상이 아마도 프랑스에서 나왔기 때문인데, 교황 요한 22세가 전쟁비용으로 자신의 수입의 63퍼센트를 지출하였고, 아비뇽 교황청에 의해 증가한 모든 수입의 3분의 2는 용병을 유지하고 이탈리아 정책을 위한 동맹자들을 달래기 위해 사용되었다"고 지적하였다.[49]

교황 요한 22세는 교황의 재무장관Chamberlain으로 가스베르 라발Gasbert de Laval을 임명하여 1319년부터 1347년까지 라발은 이 모든 일에 있어서 교황의 주요한 조력자였으며, 정치적 군사적으로뿐만 아니라 주요 재정적 행정적 조언자로 활동하였다. 이후 교황 베네딕트 12세와 클레멘스 6세도 모두 라발을 계속 연임시킴으로써 그는 교황의 재정체계화를 완수할 수 있었다.

교황청의 주요 지출항목을 보면, 첫째 중앙 행정부와 교황청 법정의 관리들에 대한 지불, 교황 궁전의 건물들 유지비, 둘째 이탈리아와 동로마제국에 대한 전쟁비용, 셋째 아비뇽 외곽의 건물들과 기관들의 유지비, 넷째, 자선과 자선품 등이었다. 세금을 걷어 그것을 아비뇽으로 보내고 그것을 수합하여 현금으로 지출할 수 있게 만들고, 지출을 관리하기 위한 조직화를 만드는 책임을 지녔던 사람이 바로 가스베르 라발이었을 것이다. 이 모든 일은 교황청의 카메라(재무국)에서 관장되었다. 그는 그것의 다른 부서들과 기능들을 명시하였으며, 출처와 행선지의 장소들에 따라 분류 정리, 영수증 및 지출의 복잡한 체계를 확립하였다.

---

49) E. Duffy, *Saints and Sinners*, p.125.

그는 그리스도교 왕국을 점차 특정 수로 이루어진 재정적인 지역을 구분하여 '징수관들'collectories이라 알려진 이들에게 대략적으로 동일한 지위를 부여하였는데, 이들은 교황의 세금들을 걷는 단위가 되었다. 이들 각각은 여러 교구들을 하나로 묶는 경우, 혹은 단일 교구로 이루어진 경우, 때로는 한 지역을, 혹은 지방교구 하나를 한 집단으로 묶었다. 그들의 수는 성직록이 많이 있는 지역에서는 그 규모가 더욱 커졌다. 징수관은 모든 수입을 받아서 그 자신이 그것을 교황청 카메라로 가져오거나 그것이 보내지는 것을 지켜보았다. 자금은 거대한 상업 조합들을 통해 보내졌으며 혹은 피렌체 은행의 아비뇽 지사로 보내졌다. 카메라는 정기적으로 각각의 징수관이 보낸 세금을 감독하였는데, 이러한 재정 체계는 1350년대에 이르러서야 완성되었다.

이러한 교황의 수입과 지출을 근거로 이 시기 교황 재정에 관해 르누아르Y. Renouard 교수는 다음과 같은 두 가지의 결론을 도출하였다. 첫째, 수입의 매우 많은 부분이 프랑스 왕국에서 왔다는 점이다. 그곳에는 31명의 징수관들 가운데 15명이 있었다. 그리고 지출의 방대한 대부분은 교황령 국가들의 회복을 위해 40년 이상이나 투쟁하기 위해 무장하는데 쓰인 것이었다. 요한 22세와 가스베르는 프랑스에서 걷은 재원이 이탈리아에서 지출되도록 하는 원리에 근거해서 그들의 재정 행정체계를 조직화하였다.[50]

3) 아비뇽의 발전 및 학문의 후원

교황 요한 22세의 18년간의 통치 동안 아비뇽시의 인구는 적어도 그것의 이전 규모보다 5배나 증가하였다. 이러한 인구의 폭발적 증가는

---

50) Y. Renouard, *The Avignon Papacy*, p.104.

교황이 그곳에 영구적으로 정착하게 될 것이라는 분위기에서 기인하고 있었다.[51] 아비뇽 도시는 유럽에서 가장 중요한 지역들 가운데 하나가 되었는데 대부분의 은행 가문들이 그곳에 분점을 세웠다. 아비뇽에는 주방들, 식품 보관실, 지하저장실, 개인적인 의복과 옷감, 보석, 도서관, 새로운 건물들과 보수된 시설들, 안전을 위한 장치, 자선금, 기부금 등에 상당한 화폐가 흘러들어갔다.[52]

또한 모든 가능한 서비스 산업이 아비뇽에서 증가했는데, 은행에서부터 작업장에 이르기까지 모든 종류의 교역 조직망이 발달해갔다. 수년 안에 아비뇽은 전체 프로방스 지역에서 교역 중심부가 되었으며 그러한 결과 번창하는 국제적 공동체를 만들어갔다. 여러 언어들이 프로방스 속어와 섞여 거리와 광장들에서 들려왔다. 아비뇽은 이전의 폐허의 도시에서 이제 새로운 교역의 중심지로 급부상하면서 전 세계에서 많은 이들을 불러들였다. 이들은 상업과 교역에 관련된 사람들뿐만 아니라 외교관들, 군인들, 학자들 및 다양한 사람들을 불러모아 많은 이들의 소통의 장소가 되었다.[53]

아비뇽이 국제도시로 자리매김함으로써 아비뇽의 역할은 학문적으로도 매우 중요한 기능을 할 수 있었다. 14세기 아비뇽 교황청의 역할이 라틴 문화의 역사에서 점하는 위치가 중요하였는데, 그 의미는 아비뇽 교황청의 전략적 지위에서 나오는 것이었다. 그곳은 북부의 중세 문명의 위대한 대학의 중심지들과 이탈리아 도시국가들에서의 르네상스 휴머니즘 사이의 시간과 장소 모두에 위치해있었다. 또한 이 중요성은 페트라르카가 아비뇽에서 자신의 초기 생활을 영위하면서 유럽의 지식

---

51) E. Mullins, *The Popes of Avignon,: A Century in Exile*(New York, 2008), p.47.
52) W. Ullmann, *A Short History of the Papacy*, p.287.
53) E. Mullins, *The Popes of Avignon*, p.48.

과 문학에 매우 깊은 영향력을 미치는 환경을 조성하였다는 점에서 그러하다. 예를 들면 조반니 보카치오는 이 교황의 도시를 페트라르카가 교육받았고 강한 영감을 받은 곳으로 묘사하였다.[54] 일부 근대 저술가들은 페트라르카의 업적들을 설명하기 위해서 아비뇽이 유니크하게 국제적인 공동체와 분위기를 제공하였음을 주장하며, 장학금과 장서 수집을 촉진하였다고 전하였다.[55]

이러한 아비뇽 교황청의 장서의 진정한 설립자는 교황 요한 22세였다. 이 80세 고령의 교황은 페트라르카가 언급하였듯이 지적이고 책을 사랑하였다. 그는 심지어 리비우스에 관한 최초로 알려진 주석서를 의뢰하고 보조금을 지급하였다. 요한 22세는 교황의 정치적 우월성 정책을 공격적으로 추구하였던 것처럼, 학자들을 후원하고 이러한 야망에 부응하는 도서관을 세움으로써 학문 분야에서의 교황청의 지도력을 확립하려고 추구하였다.[56]

그리하여 아비뇽의 도서관의 기능을 하게 될 문서보관소는 1304년 이래 아씨시에 있어온 문서보관소를 모형으로 할 수 있게 되었다. 1336년부터 교황 베네딕트 12세는 교황 궁과 함께 교황집무실도 건축하기 시작하여 1339년에는 문서보관소를 이곳으로 이전케 하였다. 그리하여 아비뇽 교황들은 확장된 도서목록들에 기초해서 유럽 최고 수준에 달하는 하나의 도서관을 만들 수 있었는데, 1369년 교황청은

---

54) G. Boccaccio, *Opere latine minori*, ed. A.F. Massèra(Bari, 1928), p.112.

55) W. Braxton Ross, Jr., "Giovanni Colonna, Historian at Avignon", *Speculum*, vol.45. no.4(Oct., 1970), p.533.

56) 그러나 당시에 교황들만이 아비뇽에서 장서가였던 것은 아니었다. 고위 성직자들과 수도원들도 중요한 장서들을 소유하였고 페트라르카는 보클뤼즈 근처에서 고대 라틴 저자들에 집중하여 특별 개인 장서를 수집하였다. B. L. Ullman, "Petrarch's Favorite Books", *Studies in the Italian Renaissance*(Rome, 1955), pp.117-138 참조.

2천 권이 넘는 장서를 지니게 되었다. 이 장서들은 법학과 신학의 범위를 넘어서 성서 주석서들, 역사, 강론집, 철학, 정치적 저술들 및 상당한 규모의 집단이 작업하였던 고전 로마의 산문시를 포괄하는 것이었다.[57]

아비뇽 교황청이 이렇게 장서를 수합할 수 있었던 것은 외교관들과 학자들의 지속적인 왕래로 가능할 수 있었으며, 그리하여 아비뇽은 북부의 9세기 카로링조 르네상스와 12세기 르네상스에 의해 수합되고 보존되었던 고전과 다른 사료들의 통로를 제공하는 역할을 하게 되었다. 따라서 아비뇽에서 수합되고 연구되어진 자료들은 이제 아비뇽 교황청이 로마로 복귀함에 따라 15세기 이탈리아 인문주의의 중심부들로 이전하게 되었다는 것이다.[58] 따라서 아비뇽 교황들은 도서관 건립과 고전 학문에 대한 장려, 많은 장서들의 수집 및 보존을 통해 학문 발전에 힘썼으며, 14세기 후반에는 아비뇽에 대학을 설립하여 교회법 발전에 크게 기여하였다. 더욱이 교황 우르반 5세는 치세 8년 동안 유럽의 타 지역에 여러 대학을 설립하여 많은 학자들을 후원하였다.[59] 이러한 교황청의 문예부흥사업은 그동안 교황청이 해오던 일 가운데 하나로서 아비뇽에서도 수행되었으며, 교황청의 로마 복귀 후에도 지속되었다.

---

57) M. Faucon, *La libraire des papes d'Avignon*, 2vols.(Paris, 1886-1887), W. Braxton Ross, Jr., "Giovanni Colonna", p.534 재인용.

58) B. L. Ullman, "Some Aspects of the Origin of Italian Humanism", *Studies in the Italian Renaissance*(Rome, 1955), pp.29-33 ; G. Billanovich, "Petrarch and the Textual Tradition of Levy", *Journal of the Warburg and Courtauld Institutes*, XIV(1951), p.202.

59) 교황 우르반 5세는 남부 프랑스 지역의 오랑주 대학, 폴란드의 크라코우 대학 및 비엔나 대학을 새롭게 설립하여 대략 1,400명의 학생들의 학업과 연구를 지원하였다. E. Mullins, *The Popes of Avignon*, pp.182-183 참조.

4. 맺음말

오랜 교황의 거주지였던 영원한 로마를 떠나 아비뇽에 정착한 교황청은 그동안 부정적인 측면에서 많이 설명되어 왔다. '바빌론의 유수'에 빗대어 나온 일명 '아비뇽의 유수'로 비유되는 언급에서 그러하였다. 이러한 이미지를 만들어내는 데에는 당대의 저자들 가운데 대표적으로 페트라르카가 있었다. 그리고 이후 종교개혁시기의 루터에 의해 이러한 이미지가 더욱 고착되어 갔다.

그러나 이러한 부정적인 아비뇽 교황청에 관한 연구는 로마 교황청이 19세기 말엽 로마 교황청 문서고를 개방함에 따라 그동안 잠자고 있던 새로운 사료들이 연구되기 시작하였다. 우리는 이러한 새로운 사료의 발굴로 나온 연구를 수정주의적 해석이라고 부른다. 그리하여 필자는 아직까지 우리나라에 소개되지 않은 새로운 연구들을 소개함으로써 아비뇽 교황청에 관한 다양한 시각을 제시하려는 목표를 가지고 이 글을 쓰게 되었다.

첫째, 교황 요한 22세는 교황청 거주지를 아비뇽에 지속적으로 확립함으로써 중앙집권화된 제도적 정비를 마련할 수 있었다. 교황청이 로마에 거주할 때는 오랜 전통있는 도시로서의 로마의 위상에 근거해 귀족들이 파벌을 형성하여 막강한 권한을 행사하였다. 이에 비해 아비뇽으로 옮겨온 교황청은 교황청이 절멸해 버릴 수 있는 위험한 상황이기도 했으나, 새로운 도시에서의 교황청의 새로운 제도적 정비를 할 수 있게 되었다. 더욱이 아비뇽의 교황 7명 가운데 1명을 제외한 6인 모두 법률가 출신 교황이었다는 점에서 법률적 제도화를 활성화할 수 있었다.

둘째, 또한 교황청은 교회 재정을 확충하기 위해서 교회의 수입원을 늘리는 증세 정책을 실시하였다. 이는 새로운 세금을 신설하게 되는데 특히 성직자들에게 부과되는 성직록에 관한 것이었다. 교황 요한 22세는 교황의 재산관리인으로 가스베르 라발을 기용하였으며 라발은 이후 교황들인 베네딕트 12세와 클레멘스 6세 때에도 그 임무를 수행하게 되었다. 이러한 그의 지속적인 활동은 교황의 재정 체계화를 완수할 수 있었고, 이는 아비뇽 교황청과 멀리 떨어져있는 유럽의 여러 지역에까지도 징수관을 파견하여 교황청의 체계적인 재정 제도를 확립할 수 있었음을 의미하였다.

셋째, 중세말 아비뇽 교황청의 시기는 신성로마제국의 황제가 로마를 점령하는 등 크고 작은 전쟁들이 있어왔고, 특히 영국과 프랑스 간의 백년전쟁이 발발하고 흑사병이 창궐하는 등 매우 혼란한 시기였으나, 이전 시기에 폐허가 되었던 아비뇽 도시를 부유한 상업 도시로 발전시켜 유럽의 많은 상인들과 인재들을 끌어모았다. 더욱이 교황청은 많은 장서들을 모아 도서관을 설립하고 또한 대학을 설립하였으며 학자들을 후원하여 고전 학문을 적극적으로 지원하였다.

넷째, 그러나 아비뇽 교황들은 여전히 보편 그리스도교 왕국에 대한 통치를 추구함으로써 교황청이 치러야 할 대가도 매우 컸다. 이들은 라틴 그리스도교 세계에서 떨어져 나간 분열주의자들을 다시 보편교회로 되돌아오도록 하기 위한 정책을 폈다. 이를 위해서는 십자군 원정도 계획하였다. 그리하여 십자군 전쟁의 경비를 마련하기 위해 아비뇽 교황들은 십자군 세금을 부과하는 등 재정 제도를 정비하게 되었다. 그러나 아비뇽 교황들은 세속군주를 통해 그들이 원하던 십자군 원정을 일으키지 못하였고 오히려 교황들의 후원을 얻은 세속군주들은 자신의 군주권을 성장시키는 계기를 만들었다.

요컨대 아비뇽에 정착한 교황청은 행정체제의 정비와 재정제도의 발달 등 관리체계의 발전을 가져왔다. 이후 프랑스 군주들은 아비뇽 교황들의 이러한 중앙집권적 관리체제의 모델을 추구하게 되었다. 따라서 아비뇽의 '유수'는 교황청의 약화 내지 교황의 권위가 하락하였던 시기라기보다는, 오히려 14세기의 복잡한 위기상황에서 교황청은 세속군주와의 긴장 및 병존 관계를 유지하면서 자율성을 회복하기 위해, 그리고 가톨릭 세계 전반에 대한 교황청의 지배권 회복을 위해 노력하는 시기로 볼 수 있을 것이다.

교황 요한 22세의 통치이념과 대외정책

1. 교황 요한 22세는 누구인가?

이미 수십 년 전에 움베르트 에코의 장편 추리소설 『장미의 이름』(1986년)은 출간되자 베스트셀러가 되었고, 이후 영화로 제작·상영되면서 중세 수도원에 대한 대중적인 관심을 불러일으켰다. 또한 이 책의 배경이 되었던 성 프란체스코 탁발수도회의 청빈논쟁은 교황 요한 22세(1316-1334)와 프란체스코회 영성파 간의 교회의 부에 대한 첨예한 인식의 차이를 드러내었다.

교황 요한 22세

더욱이 요한 22세는 당대의 탁월한 정치사상가들 특히 윌리엄 오캄과 마르실리우스 파두아와 논쟁을 벌이게 되었다.[1] 이들 사상가는 요한 22세를 "적그리스도", 혹은 "이단자"로서 매우 부정적인 모습으로 선언하였고, 이들을 지원해 준 신성로마제국의 황제는 요한을 폐위하고 프란체스코회 영성파 가운데 한 인물을 대립교황으로 옹위하여 황제 대관식을 올리게 되었다.

이와 같이 교황 요한 22세에 대한 모습은 대체로 다른 사상가들을 연구할 때 부분적으로 다루어지거나, 아니면 전반적으로 아비뇽 교황청이 그러하듯이 부정적 시각에서 언급되어져 왔다. 캠브리지 대학교의 더피E. Duff 교수는 "불가피하게 아비뇽 교황청 자체는 프랑스에 장기간 망명해 있음으로 인해 그 과정에서 '식민화'되었고, 교황청은 프랑스인이 대부분 차지하게 되었다. 그러나 우리는 이러한 '프랑스적'인 성격을 띠는 것에 대해 매우 조심스럽게 인식할 필요가 있다. 당시에 프랑스는 여전히 지역들로 나뉘어 있었고, 그 각 지역은 자신의 언어와 법률 체계 및 지방의 문화를 지니고 있었다. 프랑스 남부 출신이었던 교황 요한 22세는 프랑스 군주가 보낸 서한들을 통역자의 도움없이는 읽을 수 없었다."[2]고 언급하였다. 그럼에도 불구하고 "아비뇽 교황들 모두는 프랑스인들이었으며, 그들이 임명한 추기경들 134명 가운데 프랑스인들이 112명 미만으로 내려오지 않았고, 그들 가운데에서도 96명이 랑그독 출신이었다. 이 시기에 모든 교황청 행정부의 관리 가운데 70퍼센트가 프랑스인들이었다. 22명이 비프랑스인 추기경들이었고, 14명이 이탈리아인, 2명이 영국인, 독일인은 한 사람도 없었다"[3]

---

1) 박은구, 『서양 중세 정치사상 연구: 마르실리우스와 오캄을 중심으로』(혜안, 2001) 참조.
2) E. Duffy, *Saints and Sinners: A History of the Popes*(Yale Univ. Press, 1997), p.123.
3) E. Duffy, *Saints and Sinners*, pp.123-124.

고 지적하였다.

바로 이러한 점들이 아비뇽 교황청의 시기를 부정적으로 인식하게 만드는 한 이유라고 볼 수 있다. 그러나 필자는 종래의 비판적 인식과는 다른 관점인 수정주의 시각으로 앞장에서 아비뇽 교황청의 전반적인 성격에 관해 설명하였다.[4] 따라서 본 글에서는 교황 요한 22세에 관해 아래의 내용을 집중적으로 살펴보겠다.

첫째, 교황 수장제론자였던 요한은 교황의 전능권과 무오류설을 주창하여 당대의 사상가들과 갈등을 겪었다. 이는 우리에게 잘 알려진 '청빈논쟁'을 포함하고 있는데, 이러한 논쟁은 최근 새로운 인물들에 대한 연구를 통해 다양해진 주장들이 개진되고 있는 것을 살펴보게 될 것이다. 둘째, 요한은 전임교황 클레멘스 5세가 추구하였던 통치정책을 승계하였다. 그리하여 십자군 원정을 계획하였으며, 동시에 교황청을 로마로 복귀하려는 정책을 시도하였다. 이러한 목적을 달성하기 위해 요한 22세가 여러 군주들에게 펼친 외교 정책을 고찰해 볼 것이다. 요한은 사실상 보다 광범위한 지역에까지 통치권을 미치려는 정책을 추진하였으나 지면관계상 이 글에서는 파당으로 분열되어 혼란을 겪고 있었던 이탈리아 및 프랑스와 잉글랜드에 대해 주로 살펴볼 것이다. 셋째, 이러한 과정에서 점차 민족의식이 싹터 나오면서 교황청은 지역민, 귀족, 군주권과 갈등의 양상을 보이며, 때로는 이들의 복잡한 이해관계 속에서 세속군주들에게 교황청을 이용하여 자신의 힘을 강화시키는 것을 용인해 주고 있었음을 살펴보게 될 것이다.

따라서 요한 22세와 이후의 아비뇽 교황들은 세속군주들의 새로운 성직록세의 요구와 저항에도 불구하고 보편 그리스도교 왕국을 수호하

---

4) 졸고, 「중세 말 아비뇽 교황청은 유폐인가? 아니면 성장인가?」, 『서양사론』 120호(2014.3), pp.121-148 참조.

고 평화를 정착시키려는 노력을 지속적으로 기울였으며, 그들의 관심을 지브롤터 해협에서 발틱해에 이르는 전 유럽으로 확대하여 방대한 지배권을 추구하였다. 이는 다음 세기들에 일어날 많은 일들을 예고하고 준비하는 과정이었던 것이다.

2. 교황직에 오른 요한 22세

그러면 교황 요한 22세는 누구이며 어떻게 교황으로 선출되었는가? 요한은 1244년경 남부 프랑스의 콰르시 Quercy 지역의 카오르 Cahours 에서 출생한 자크 뒤에즈 Jacques Duèse 였다. 그는 카오르 출신의 친구들과 인적 관계망을 형성하였으며, 교황 클레멘스 5세와 마찬가지로 친족주의자였다.[5] 콰르시가 고향이었으나 그가 교회 성직에 오른 것은 바로 프로방스 지역이었다. 그는 1300년에 프레쥐스 Fréjus 의 주교가 되었고, 1308년부터 프로방스 백작이며 나폴리의 군주였던 앙주가의 샤를 2세의 대법관 Chancellor 에 선출되었다. 그리고 그는 정치와 행정 능력을 입증하는 시민법의 박사가 되었다.[6] 1310년 아비뇽의 주교가 되었고, 1313년에 산 비탈레 성당의 사제급 추기경 Cardinal priest, 이후 포르토의 주교급 추기경 Cardinal bishop 이 되었다.

1314년 4월 6일 교황 클레멘스 5세가 사망하자 추기경들은 이탈리아인, 가스코뉴인, 프로방스인 등으로 분열되어 신속한 교황선출을 어렵게 만들었다. 이후 새로운 교황선출은 프랑스 군주 루이 10세(1314-1316)

---

5) 졸고, 앞의 논문, p.138 참조.

6) Y. Renouard, *The Avignon Papacy, 1305-1403*, trans. by D. Bethell(London, 1970), p.28.

가 강하게 압박하여 1316년 3월 리용에서 추기경들이 모이기로 했다. 그러나 두 달 후 군주 루이는 사망하였고, 그의 동생 필립 5세(1316-1322)가 왕위를 계승하였다. 새로운 군주 필립은 자신의 형보다 인내심이 덜하여 즉각적으로 군대를 소집하고 한 도미니칸 수녀원에 숙박하면서 불화를 겪고 있었던 추기경들을 포위하도록 명령하였다. 추기경들이 그곳에서 교황을 선출할 때까지 먹을 음식과 음료의 양을 매일 조금씩 줄여가도록 하였던 것이다.[7]

이러한 가혹한 방법은 원하는 결과를 가져왔다. 1316년 8월 7일에 홀쭉해진 추기경들의 콘클라베는 그 자신들 가운데에서 한 사람을 뽑았는데, 그는 다름아닌 왜소하고 연로한 이전의 아비뇽 주교를 역임했던 뒤에즈였다. 그는 요한 22세라는 교황명을 택하여 72세의 고령의 나이에 교황직에 올랐으나 건강하였고 정력적인 정책을 펼쳤다.[8]

1317년 그는 클레멘스 5세가 반포한『클레멘스 교령집Clementines』을 공식 간행했지만, 그 교령의 권위는 불확실했다. 반면 자신의 교령집『추가 교령집Extravagantes』두 권은 오랫동안 교회 법학의 토대가 되었다.[9] 그러나 그는 1331년 만성절에 "사망한 이후의 모든 사람의 영혼들은 육체와 분리되어 지복직관을 누릴 수 있다"는 교의를 설교하자, 이 견해는 이단적인 것으로서 판명되어 그의 적대자들, 특히 프란체스코회 영성파 가운데 프라티첼리Fraticelli와 황제 루드비히의 파당들에게 그의 공격을 정당화하는 데 이용되었다.

그리하여 황제는 요한을 폐위하고 프란체스코회 영성파였던 피터 코르바라Peter of Corbara를 대립교황 니콜라스 5세(1328-1330)로 옹립하기에

---

7) E. Mullins, *The Popes of Avignon; A Century in Exile*(Oxford, 2008), p.45.

8) Y. Renouard, *The Avignon Papacy*, p.27.

9) 존 노먼 데이비슨 켈리 · 마이클 월시 지음, 변우찬 옮김,『옥스퍼드 교황 사전』(분도, 2014), p.327.

이르렀다. 그러나 이후 교황 니콜라스 5세는 1330년에 자신의 실수를 인정하고 교황직을 스스로 포기하였다.[10] 로마와 이탈리아가 계속 불안정하고 여러 소요가 있어서 요한은 로마로 귀환하기를 원하였으나 아비뇽에 교황청을 임시적인 거주지로 만들었다. 그곳에서 그는 정치적, 행정적, 재정적인 방면에서 명민한 감각을 지닌 탁월한 실천가로 활동하였다.[11]

3. 통치 이념

13세기 말엽과 14세기 초반에 교황 보니파키우스 8세와 필립 단려왕과의 갈등은 정신적 권한과 세속적 권한 사이의 갈등을 실제로 표출시켰다. 또한 이후의 교황 요한 22세와 황제 루드비히 바이에른 간의 갈등은 당대 지식인들에게 많은 영향을 주어, 교황주의자들과 요한의 주장에 극렬히 반대하였던 황제 진영의 반 교황주의자들로 나누어졌다. 그러나 이러한 전통적인 주장들에 대해 최근의 수정주의 입장[12]에서는 이들 두 진영의 주장들이 화해할 수 없는 것이라기보다는 강조점에서의 차이가 있으며, 같은 진영의 학자들이라도 조금씩 다른 입장을 드러내고 있음을 주장하였다.

---

10) Y. Renouard, *The Avignon Papacy*, p.38.
11) 졸고, 앞의 논문, pp.136-141 참조.
12) 이 글은 이러한 논쟁의 수정주의 입장을 쇼지멘의 논문에 기초했다. Takashi Shogimen, "The Relationship between Theology and Canon Law: Another Context of Political Thought in the Early Fourteenth Century", *Journal of the History of Ideas*, Vol.60. No.3(Jul. 1999), pp.417-431.

1) 교황 전능권 사상

교황 요한 22세는 이전 교황 보니파키우스 8세가 여러 교서들[13]을 통해서, 서구 그리스도교 사회의 모든 구성원과 사건들에 대한 교황의 전능권을 천명하였던 것을 거듭 강조하였다. 보니파키우스의 교서는 그리스도교 사회의 모든 법률의 정당성 및 과세권을 포함하는 모든 정치권력의 합법적 구속력이 교황청의 승인에 기초하고 있으며, 교황은 스스로가 해석하는 신법의 규제에 의하지 않는 한 절대적이고 무제한적인 주권을 보유한다고 천명하였다.[14]

따라서 교황 요한 22세도 전통적인 정치적 이상이었던 통합된 하나의 그리스도교 사회를 확립하기 위해 강력한 중앙집중적 교회정부를 추구하게 되었다.[15] 11세기 이래로 강화되어 온 수장제 교회정부에 대한 신념을 완강하게 가지고 있었던 그는, 가톨릭 교회만이 유일하고 진정한 교회이며, 성 베드로의 직책을 승계한 교황은 신도집단의 수장일 뿐만 아니라 마땅히 그리스도교 사회 전체에 대해 전능권 plenitudo potestatis을 가진다고 생각하였다. 요한 22세는 "교황은 자신의 개인적 양심 이외에는 어떠한 인정법에 의해서도 제한받지 않으며, 교황과 교회정부의 정치적 우위에 대한 도전은 사회의 통일을 깨뜨리려는 이단적이고 독신적인 행위"라고 단정하였다.

요한이 이러한 전능권 사상을 주장하는 뒤에는 그를 지원해주었던

---

13) 1296년 『재속 성직자(Clericos Laicos)』와 『성스러운 교회(Sacrosancta Ecclesia)』 그리고 1298년에는 『아들아 들어라(Ausculta Fili)』, 또한 1302년에는 『유일하고 거룩한(Unam Sanctam)』 등.

14) 박은구, 앞의 책, p.61.

15) J, Weakland, "Administrative and Fiscal Centralization under Pope John XXII 1316-1334", *Catholic Historical Review* 54(1968), p.309.

당대의 교황주의자 사상가들이 있었다. 이들 가운데에는 중세 정치사상사에서 잘 알려지지 않은 인물들이었던 귀도 테레니Guido Terreni와 존 바콘쏘르프John Baconthorpe 등이 있었다. 그러나 시베르타Fr. Xiberta의 선구적인 연구16) 이래로, 브라이언 티니B. Tierney는 말기 중세 교회학 역사에서 귀도 테레니의 중요성을 주장한 바 있었다.17) 그러나 유감스럽게도 테레니를 다루는 장은 오캄을 다루는 장만큼 주목을 받지 못하였던 것이다.

테레니는 가르멜회 수사로서 파리의 고드프루아 드 퐁텐느의 연구자이며 신학 교수였고 교회법의 전공자였다. 그는 1318년 가르멜 수도회의 총원장에 선출되었고 1321년 마주루카의 주교가 되었으며 1332년 엘린Elne의 주교가 되었다.18) 그는 『교회법령집Decretum』과 『이교도 대전 Summa de haeresibus』에 대한 주석서를 저술하였고, 4 복음서에 관한 주된 연구를 하였으며, 이러한 연구를 통해 그는 교황의 무오류설에 관한 논문집도 발표하였다.19) 존 바콘쏘르프 역시 가르멜 수도회 수사였으며 가르멜회 로버트 왈싱햄과 귀도 테레니의 제자였다. 그는 파리, 캠브리지, 옥스퍼드에서 강의하였고 1326년(혹은 1327년)에 영국 가르멜 수도회의 관구장에 선출되었다.20) 그의 저술로는 피터 롬바르드의

---

16) B. F. M. Xiberta, "De magistro Guidone Terreni, priore generale ordini nostri, episcopo Maioricensi et Elnensi", Analecta ordinis Carmelitarum, 5(1923-26), pp.113-206 ; Guiu Terrena, carmelita de Perpinyà(Barcelona, 1932).

17) B. Tierney, Origins of Papal Infallibility, 1150-1350 ; A Study on the Concepts of Infallibility, Sovereignty, and Tradition in the Middle Ages(Leiden, 1988), pp.238-272.

18) P. Fournier, "Gui Terré", Histoire littéraire de la France, 37(1938), pp.1-38.

19) Quaestio de magisterio infallibili Romani Pontificis, ed. P. B. M. Xiberta(Münster, 1926).

20) A. B. Emden, A Biographical Register of the University of Oxford to A.D. 1500(3vols.; Oxford, 1957), I , pp.88-89.

『문장론Sentences』, 마태오 복음서, 성 아우구스틴의 『신국론』에 대한 주석서들이 있었다.

테레니는 청빈논쟁 시기에 프란체스코회에 대항하는 교황 요한 22세의 정책을 수립하는 데 상당한 영향을 미쳤다. 또한 테레니처럼 결정적인 조언자는 아니었을지라도, 바콘쏘르프도 청빈논쟁에 관여하였으며, 미카엘주의자 프란체스코회 수사들과 마르실리우스 파두아에 대항하여 요한 22세와 그의 승계자 베네딕트 12세의 입장을 옹호하였다. 테레니의 옹호는 교황의 무오류설에 대해 요한의 진보적인 교의에 토대가 되었던 반면, 바콘쏘르프의 견해는 교황 주권론에 대해 영향을 주었으나 교황 무오류설에 관해서는 거부하는 입장이었다.[21]

테레니에 따르면, 그리스도교 교의의 근거는 오로지 성서였다.[22] 테레니는 루가복음 22장 32절 "나는 네가 믿음을 잃지 않도록 기도하였다."(공동번역)에 대한 해석에서, 보편교회의 신앙을 위해 그리스도가 부족함없이 보호한다는 의미로 이해하였다. 그리하여 그는 교회의 권위를 실현하였던 교황이 교의적 결정에 잘못이 있을 수 없다고 주장하였다. 왜냐하면 교황은 성령에 의해 지배되기 때문이었다. 성령의 결단은 교황의 교의적 결정을 과오가 없도록 하였던 것이다. 그러므로 그 결정들과의 어떤 모순이 허용되어질 수 없는 것이었다.[23]

청빈논쟁에서 요한 22세의 입장을 방어하였던 테레니의 주장에서 교황 무오류설의 함의는 무엇이었는가? 테레니는 교황이 전임 교황의

---

21) Takashi Shogimen, "The Relationship between Theology and Canon Law", p.422 ; *Ockham and Political Discourse in the Late Middle Ages*(Cambridge Univ. Press, 2007), 참조.
22) P. de Vooght, *Les sources de la doctrine Chrétienne*(Bruges, 1963), pp.132-137. 그리고 B. Tiernny, *Origins of Papal Infallibility*, pp.251-259.
23) T. Shogimen, "The Relationship between Theology and Canon Law", p.423.

법령을 비난하는 것은 불가능하다고 주장하였다. 왜냐하면 교황은 과오를 범할 수 없기 때문이었다. 프란체스코회 청빈에 대해 법률적 강제를 제공해주었던 교황 니콜라스 3세의 교령 Exiit qui seminat과 요한 22세의 교령들은 상호 배제되는 것이 아니었다. 왜냐하면 교의적 문제들에 연관되는 한 요한 22세는 니콜라스 3세의 결정들을 거부하지 않았다. 테레니에 따르면 요한이 비판하였던 것은 신앙의 문제가 아니었다. 오히려 문제는 "그리스도와 사도들의 청빈에 관련해 제기된 명제들이 신앙과 연관되는가"였던 것이다.

최근의 연구자 쇼지멘Takashi Shogimen은 14세기 초반의 정치 사상사에 대한 연구를 신학과 교회법 간의 관계에 초점을 맞추어 설명하였는데, 테레니는 고의적으로 교황 무오류설에 반대하는 반 교회법학자 교의가 만들어지는 것에 대해 신학적인 입장에서 교회의 문제들을 다루었던 것이었고, 이와는 대조적으로 바콘쏘르프는 전통적인 방식으로 교황의 무오류설을 거부하기 위해서 교회법과 신학을 융합하려는 시도를 하였다고 언급하였다.[24]

2) 반 교황주의자들

요한 22세의 교황 전능권 사상은 프란체스코회 영성파Spiritual Franciscans를 다룸에 있어서 자신의 교황좌에 대한 적대자들을 만들어냈다. 1312년 클레멘스 5세는 프란체스코회에 대한 광범위한 연민의 감정으로 그들의 분열을 지지하는 것을 거부하고, 어떻게 '청빈한 삶'이 이끌어지는지에 대해 영성파의 몇몇 해석들을 수용하는 한 법령을 반포하였다. 더욱 권위적인 요한 22세는 교황좌 초기시절에 프란체스

---

24) T. Shogimen, "The Relationship between Theology and Canon Law", p.425.

코회 수도회에서 음식물의 저장에 대한 규정에 반대한 일부 수사들을 제거해버렸다. 4명의 수사들은 미래의 사용을 위해 보급품을 보유하는 것이 합법적이라는 그의 규율의 수용을 거부하였는데, 이는 복음서의 권고 "내일을 걱정하지 마라"(마태오 6장 34절)를 무시하는 것이기 때문이었다. 그들은 교황을 "이단적이며 복음적 삶의 파괴자"라고 선언하였다. 그리하여 그들 4명의 영성파 프란체스코주의자들은 1318년 마르세이유에서 이단들로서 화형에 처해졌다.[25]

또 하나의 광범위한 갈등이 1321년 나르본의 이단 재판으로 이어졌는데, 제소자는 그리스도와 사도들이 재산을 소유하지 않았음을 언급하였다. 프란체스코파 한 사람이 완전히 정통 신앙을 언급하는 것으로 개입하였고, 이것은 이듬해 페루지아 공의회에서 영성파들에 대해 다루어졌으며 그 문제는 교황에게 보내졌다. 설령 교황이 유순하게 다루려는 시도를 하였을지라도 그는 결과적으로 그들의 견해를 이단으로서 정죄하였다.

일부 영성파들이 교황을 이단으로 고발하였지만 교황은 그들에 대한 심문위원회를 열어 결과적으로 1326년 그들의 완전한 진압을 명령하였다. 몇몇은 화형 당했고 다른 이들은 굴복하였으며, 그들 지도자들의 일부는 황제에게 피신하여 교황에 대항하는 황제의 선전 전쟁에 가담하게 되었다. 이들 가운데 가장 뛰어난 인물은 철학자였던 윌리엄 오캄(1285-1347)이었다. 오캄은 한결같이 교황의 전능권이란 문자 그대로 절대권이 아니라 엄격한 한계를 갖는 권한이라고 주장하였다. 교황의 권한에도 제한이 있다는 그의 주장은 바꾸어 말하면 "교황으로부터 나오지 아니한 권한도 있다"는 논리가 된다. 따라서 오캄은 특히 제국을 지배하는 황제의 통치권이 교황으로부터 나온 것이 아니라, 신으로부터 직접

---

25) R. Collins, *Keepers of the Keys of Heaven*(Basic books, New York, 2009), p.286.

적으로 유래된 것으로서, 특히 로마 인민을 그 매개로 한 것이라고 제기하였다.[26] 오캄은 신앙과 이성처럼 교회와 국가도 완전히 분리되어야만하고, 서로 다른 분리된 영역에 간섭해서는 안되며, 그리하여 황제 혹은 군주들이 교황으로부터 그들의 권한들을 부여받았다고 주장해서는 안된다는 것이었다.[27]

오캄은 『교황 요한 22세의 오류들』에서 교황이 이단에 빠지거나 혹은 신앙에 관하여 오류를 범하는 일이 가능한가의 문제를 제기하였다. 이는 또다른 유서깊은 문제에 관하여 야기된 최근의 논쟁 즉 교황은 진정 베르나르 클레르보가 '전능권'이라고 불렀던 권한을 실제로 가지는가 하는 문제에 관한 것이었다. 오캄은 이를 단숨에 부정하였다. 또한 오캄은 『교황 베네딕트 12세를 반박함』 권2에서 "진리란 교황이 전능권을 주장하기 이전부터 진리였다. 설령 교황이라 하더라도, 한 인간의 선언이 그것을 진리로 만드는 것은 아니다"라고 했다. 오캄은 성서에 인간의 믿음에 관한 신성한 지침들이 제시되어 있다고 주장하였다. "교황에게 동의하지 않는 사람이 문제가 아니라 성서의 가르침을 위반하는 사람은 누구든 그가 바로 이단이었다."[28]

더욱이 오캄에 따르면, 그라티아누스Gratian는 교회가 인정하지 않았던 법령들 가운데 많은 것들을 포함하였다. 그리하여 그 법령들은 거짓일 수 있다는 것이었다. 오캄은 또한 교부들의 저작들만이 진정한 교회법이 될 수 있으며 그리하여 이후 세대들의 몇몇 법령들은 이단적이기조차 할 수 있음을 주장하였다. 오캄은 「대화집」 I (Dialogus)에서 다음의 문제를 제기하였다. "무엇이 가톨릭 주장이고, 무엇이 이단적

---

26) 박은구, 앞의 책, p.299.

27) Y. Renouard, *The Avignon Papacy*, p.130.

28) 박은구, 이영재 외, 『중세 유럽의 사상가들』(숭실대 출판국, 2014), p.378.

주장인지를 결정하는 이는 누구인가? 즉 신학자인가 아니면 교회 법학자인가?" 그 책에서 오캄은 교회법에 대한 신학의 우위성을 선언하였다.[29] 우리는 청빈논쟁에서 주요한 주제를 다루는 데 있어 그의 반-교회법학자 태도를 인식할 수 있다.

그리하여 당시 교황에게 적대적인 입장을 표명한 오캄과 프란체스코 작은형제회의 총원장이었던 미카엘 세세나Michael of Cesena는 보나그라티아 베르가모를 포함하는 다른 프란체스코회 수사들과 함께 하나의 집단을 형성하였는데, 이들은 총괄적으로 "미카엘주의자들"Michaelists로 불렸다.[30] 확실히 이들은 프란체스코회 청빈이념을 옹호하고 있었다. 그러나 쇼지멘에 따르면 오캄과 미카엘은 청빈논쟁에서 매우 커다란 견해 차이를 보인다고 밝혔다. "오캄은 청빈논쟁을 신학적 논쟁과 동일시하였으며 따라서 일종의 신학적 방식으로 프란체스코회의 교의를 옹호하였다는 것이다. 그러나 미카엘 세세나는 일종의 법률적 방식으로서 논쟁하였다고 보았다. 프란체스코회의 청빈에 대한 그의 옹호는 법률적이라는 것이었다. 이와 같은 수정주의자 입장에서 보면, 권한들 ius에 대한 오캄의 담론은 혁신적이지 않으며, 그것의 뿌리는 12세기 교회법학자 담론으로 거슬러 올라갈 수 있다는 것이다. 그렇다고 해서 프란체스코회 청빈에 대한 오캄의 주장이 법률적인 것으로 볼 수는 없다는 점"[31]을 지적하였다.

그리하여 수정주의 입장에서는 신성로마제국 황제의 보호를 받았던

---

29) I Dialogus,, i , ed. M. Goldast, *Monarchia Scanti Romani Imperii*, 3vols.(Hanover and Frankfurt, 1611-13) II, pp.399-410.
http://britac3.britac.ac.uk/ pubs/dialogus/ockdial.html.

30) Lambert, *Franciscan Poverty* 와 Leff, *Heresy in the Later Middle Ages* 참조.

31) T. Shogimen, "The Relationship between Theology and Canon Law", pp.425-426.

그 진영에서의 마르실리우스와 미카엘, 오캄 등이 반교황주의적 입장을 주장했으나 이들이 조금씩 다른 정치적 견해들을 표명하였으며, 이와 마찬가지로 교황주의자들도 언제나 동일한 견해를 공유하지는 않았다는 것이다. 이에 한 걸음 더 나아가 맥크레디 W. D. McCready 는 "교황권주의자들"과 "반 교황권주의자들"에 의해 주장된 교의들은 화해할 수 없는 것이 아니었으며 강조점에서 다른 것이었다는 점이 논쟁되어져 왔다고 언급하였다.[32]

3) 프란체스코회의 교황 지지자 - 베르트랑 드 라 투르

또한 최근 연구에서는 1322 -1323년의 사도적 청빈논쟁에서 오캄과 미카엘 세세나와 같은 프란체스코회의 반교황주의자들에게 주목해온 연구경향에 대비해서, 이러한 갈등의 와중에 중요한 인물로서 교황 요한 22세의 지지를 받았던 베르트랑 드 라 투르 Bertrand de la Tour 에 관해 관심을 가지게 되었다.[33] 베르트랑은 학자들에 의해 중요한 인물로 취급받지 못하였다. 왜냐하면 많은 학자들이 당시의 프란체스코회 총원장이었던 미카엘 세세나 측에서 나온 사료집 즉 『니콜라스 작은 형제의 전기 Chronicle of Nicholas the Minorite』를 통해 연구하였기 때문이다. 이 사료집의 저자들은 교황 요한 22세를 이단자로서, 그리고 그들 자신들을 프란체스코회에 대해 일반적인 신앙을 지닌 권위있는 옹호자

---

32) W. D. McCready, "Papalists and Antipapalists: Aspects of the Church-State Controversy in the Late Middle Ages", *Viator* 6(1975), pp.241-273.

33) P. Nold, *Pope John XXII and His Franciscan Cardinal; Bertrand de la Tour and the Apostolic Poverty Controversy*(Clarendon Press, Oxford, 2007). 추기경 베르트랑에 관한 선구적인 연구는 P. Gauchat, *Cardinal Bertrand de la Tour, Ord. Min.: His Participation in the Theoretical Controversy Concerning the Poverty of Christ and the Apostles Under Pope John XXII*(Vatican City, 1930).

들로 서술함으로써 논쟁점을 내포하고 있었다.

1322년 두 명의 프란체스코회 수사들이 로마 교회의 추기경들이 되었다. 이들은 알바노의 주교급 추기경 비탈 드 포르Vital du Four와 산 비탈레 사제급 추기경 베르트랑 드 라 투르였다. 두 인물 모두 프랑스 남부 출신이었다. 비탈은 가스코뉴인으로서 교황 클레멘스 5세(1305-1314)의 동향사람으로 인해 추기경직에 임명되었고, 베

프란체스코회 추기경 베르트랑 드 라 투르

르트랑은 콰르시 출신으로 콰르시인이었던 교황 요한 22세에 의해 임명되었다.34) 베르트랑은 추기경이 되기 이전에 1312년부터 아뀌뗀느 지역 총원장으로서 프란체스코회 영성파들의 주된 반대자가 되었다. 사실상 부르David Burr은 "프란체스코회의 한 종파로서 묘사된 '영성파'spiritual라는 용어를 만들어 영예를 주었던 인물은 다름아닌 베르트랑이었다"고 최근의 저서에서 언급했다.35)

---

34) 그에 관한 최근 연구논문 P. Nold, "Bertrand de la Tour, OMin. Life and Works", *Archivum Franciscanum Historicum*, 94(2001) ; "Bertrand de la Tour, OMin. Manuscript List and Sermon Supplement", *Archivum Franciscanum Historicum* 95(2002), pp.3-52 참조.

35) D. Burr, *The Spiritual Franciscans; From Protest to Persecution in the Century after Saint Francis*(State College, Pa., 2001), p.vii.

그러나 교황 요한 22세가 프란체스코회 내부에서의 분열주의의 문제를 설명하려는 시도(1317-1318)를 처음 하게 된 것은 베르트랑의 도움 없이 였다. 왜냐하면 당시에 그는 이탈리아와 프랑스에서의 외교사절로서 아비뇽으로부터 멀리 떨어진 곳에 있었기 때문이다. 1318년에서 1320년까지의 시기에 요한은 두 명의 프란체스코회 수사 가운데 베르트랑의 신학적 탁월성을 인정하여 그에게 피에르 데 장 올리비의『요한 계시록 주석서Postilla super Apocalypsim』에 대해 이단 혐의를 조사하도록 위임하였다. 그의 권위는 영성파들이 격렬해지면서 알려지게 되었다. 이러한 심의위원회에서 활동한 후 그는 곧바로 승진하게 되었는데, 먼저 살레르노의 대주교가 되었고 이후 산 비탈레의 사제급 추기경이 되었다. 한참 후 1328년에 프란체스코회 총원장이었던 미카엘 세세나가 교황에게 저항하고 황제 루드비히 바이에른의 진영을 옹호하였을 때, 요한 22세는 그 수도회의 임시적인 통제권을 베르트랑에게 위임하였다.

설령 역사가들에 의해 베르트랑이 "요한 22세의 재위 시에 일어났던 프란체스코회와의 갈등 때'에 주된 역할을 하지 않았다고 간주되었을지라도, 위에서 설명한 두 가지 명확한 사실로부터 요한 22세는 프란체스코회와 관련된 문제들에 관해 베르트랑을 신뢰하였을 것으로 여겨진다."36) 그리하여 사도적 청빈에 관한 논쟁을 프란체스코 수도회와 교황 간의 분열로서 전통적으로 보아왔던 데 대해, 베르트랑은 이 둘 사이를 충성스럽게 연결하는 인물로서 연구하기에 충분한 흥미를 끌고 있었다는 것이다.

---

36) P. Nold, *Pope John XXII and His Franciscan Cardinal*, p.viii.

4. 대외 정책

교황 요한 22세는 프랑스 군주의 꼭두각시가 아니었다. 그는 프랑스 군주는 물론 여러 군주들과도 긴밀한 관계를 유지하는 정책을 펼쳤다. 이러한 군주 관계를 원했던 이유는 십자군 원정을 위한 조치였다. 더욱이 요한은 아비뇽에 있는 교황청을 곧 로마로 회귀시키려는 정책을 추구하였기 때문에 이탈리아 특히 로마와 교황령에서의 안정을 되찾는 일이 매우 중요한 급선무였다. 그리하여 그는 신성로마제국의 황제와는 갈등관계에 있었으나, 여러 세력과 동맹을 맺으면서 보편적 통치를 시도하고 있었다.

1) 분열된 이탈리아

당시 이탈리아의 교황령 도시들은 코뮨을 형성하거나 전제군주에 의해 통치되었다. 또한 이들 도시는 강력한 인근 도시민들에 의해 점령되었는데, 예를 들면 교황령 도시 페라라는 베네치아에 의해, 볼로냐와 로마나의 도시들은 밀라노의 비스콘티 가문에 의해, 그리고 비테르보는 오르비에토에 의해 점령되었듯이, 성 베드로 세습령의 소도시들은 거대한 투스카니 코뮨들에 의해 점령되었다. 이 모든 분열은 교황 클레멘스 5세가 임명한 교구장들과 회계관들이 가스코뉴 출신의 관리들로서, 부패하였고 행정관리에 서툴렀기 때문이었다.[37] 교황령들은 무정부상태로 있었으며 로마는 15년간의 콜로나파와 개타니파의 투쟁으로 혼란에 빠져 있었고, 더욱이 민중파와 귀족들 간에도 갈등이 일어나 고통 속에 있었다.

---

37) Y. Renouard, *The Avignon Papacy*, p.28.

이러한 이탈리아 상황을 타개하기 위해 요한 22세는 먼저 프랑스 왕실 앙주 가문의 로버트와 긴밀한 관계를 유지하였다. 요한은 강력한 군대를 가지고 있었던 나폴리 군주 로버트의 전폭적인 지지를 받고 있었다. 교황으로 선출된 후 군주 로버트에게 "그가 이교도의 수중에서 주님의 귀중한 세습령을 회복해야만 함을 '열렬하게 고대해 왔다'"고 썼다.[38] 그리하여 군주 로버트는 로마에서 교황의 대리자 역할을 하게 되었으나, 그의 권한 대행자는 카피톨 언덕 인근에서 민중파의 공격을 받아 로마에서 쫓겨났다. 로버트가 강력하였을지라도, 그가 교황에게 로마에서의 평화 혹은 위엄을 약속하기에는 어려움이 있었을 것으로 보인다.

더욱이 요한 22세는 갤프파 동맹에게 지지를 구하였는데, 이들은 1266년 이래로 세 주요 구성원들로 교황, 프랑스 앙주 가문의 나폴리의 군주 및 피렌체의 코뮌이 있었다. 동시에 그는 기벨라인 동맹을 패배시키기로 결심하였는데, 이들의 가장 강력한 구성원들로는 밀라노의 비스콘티 주군, 베로나의 스칼리제Scaliger 주군, 피사의 코뮌, 트리나크리아Trinacria의 아라곤 군주 등이 있었다. 루카 코뮌은 투스카니를 지배하였던 탁월한 지도자 카스트루씨오Castruccio Castracani degli Antelminelli의 통치기에 일시적으로 기벨라인파 동맹에 합류하였다. 따라서 기벨라인 동맹을 해체시킬 수 있는 길은 오로지 군사적 승리를 통해서였던 것이다.[39]

그리하여 1319년 요한 22세는 자신의 동료이며 카오르인Cahorsin이었던 베르트랑 뒤 푸제를 추기경으로 임명하여 그에게 군사 원정대를 이끌고 비스콘티와 스칼리제에게서 북부 이탈리아를 탈환하도록 하여,

---

38) ed. C. Baronio et al. *Annales ecclesiastici*, ad annum 1316, nn.7-9, xxiv, pp.33-34.
39) Y. Renouard, *The Avignon Papacy*, p.29.

볼로냐와 로마나에서 교황의 권위를 재확립하려고 하였다. 1319년부터 1334년에 이르기까지 베르트랑 뒤 푸제의 특사직은 이러한 군사원정을 지속하게 되는데, 1323년 베르트랑의 군대는 밀라노를 포위하였으나 비스콘티 가문에 대항하는 이 전쟁은 실패하였다. 이어지는 몇 해 동안 추기경 베르트랑은 에밀리아, 로마나 및 특히 볼로냐의 여러 도시들을 복속시키려고 활약하였다. 그러나 루드비히 바이에른의 로마 원정은 이탈리아 전반의 기벨라인파를 재결속시켰으며, 로마 자체에서의 무질서와 무정부상태를 강화하였다. 베르트랑은 기벨라인 세력에 대항하기 위해 나폴리 군주 로버트와 피렌체의 군대와 상호 연대하였으며, 그는 상당한 규모의 용병 군대를 지휘하였다.[40]

그러나 1328년 1월 17일 루드비히는 로마의 장관들magistrates에 의해 로마에서 황제로 대관하였다. 4월 14일 그는 요한 22세를 이단으로 폐위하였으며, 5월 12일에 프란체스코회의 피터 코르바라를 대립교황 니콜라스 5세로 임명하였다. 그러나 8월에 루드비히는 자신이 로마에서 자극하였던 폭력적인 대응에 의해 로마에서 쫓겨났다. 나폴리 군주 로버트는 로마인들이 루드비히를 축출하는 일에 가담하게 되었다. 루드비히는 황급히 독일로 퇴각하면서 1330년 기벨라인 동맹은 쇠락하였다. 그러나 이것은 단명한 승리였다. 1334년 3월 17일에 추기경 베르트랑도 볼로냐에서 쫓겨났고, 그해 12월 4일에 교황 요한 22세도 사망하였다. 따라서 요한 22세의 통치 말년에 그의 정책은 완전히 실패로 돌아갔음을 알 수 있다. 교황청은 중부와 북부 이탈리아에서 20년 전에 그들이 해왔던 정치적인 일들에서의 지배가 더욱 약화되었기 때문이었다.[41]

---

40) P. Partner, *The Lands of St. Peter: The Papal State in the Middle Ages and the Early Renaissance*(London, 1972), p.312.

추기경 베르트랑 뒤 무제

그리하여 후임 교황 베네딕트 12세는 이탈리아에서 그의 전임 교황의 실패로 인한 혹독한 결과를 수용하게 되었다. 교황 베네딕트는 유화 정책을 펼쳤으나 그것이 교황령 국가들에서 교황 권위의 하락을 막지 못했으며, 결과적으로 그 이후의 4명의 교황 승계자들은 요한 22세의 군사 정책으로 복귀하였다.[42] 그러나 베르트랑 뒤 무제의 특사직은 아비뇽 시기의 교황청의 군대와 재정부문에서 첫 번째 주요한 역할을 발휘한 것으로 드러났다. 이러한 유형이 자리를 잡아갔는데 1353년 교황 인노켄티우스 6세는 추기경 질 알보르노즈Gil Albornoz를 이탈리아로 파견하여 교황령 국가들에 대한 지배를 다시 획득하도록 하였다.[43]

2) 프랑스와 플랑드르

한편 프랑스에서는 교황 요한 22세의 통치기에 군주가 연이어 단명

41) N. Housley, *The Italian Crusades: The Papal-Angevin Alliance and the Crusades against Christian Lay Powers, 1254-1343*(Oxford, 1982), pp.25-29.

42) E. Duffy, *Saints and Sinners: A History of the Popes*(Yale Univ. Press, 1997), p.215.

43) N. Housley, *The Avignon Papacy and the Crusades, 1305-1378*(Oxford Univ. Press, 2002), p.76.

함으로 인해 세 명의 군주와 협상해야 했다. 이들은 카페 왕조의 필립 4세의 아들들이었던 군주 필립 5세(1316-1322)와 그의 동생 샤를 4세(1322-1328)였으며, 샤를이 왕위승계자 없이 사망함으로써 샤를의 사촌 형제였던 필립 발루아가 즉위하여 시작된 발루아 왕조의 필립 6세였다. 이때 요한 22세는 필립 6세의 군주대관식을 집전하기를 주저하지 않았으며, 또한 발루아 왕조와 교황청과의 관계를 돈독히 유지하고자 하였다. 요한 22세의 정책은 클레멘스 5세에 의해 시작된 목적들을 달성하고자 하는 것이었다.[44]

플랑드르 지방에서 프랑스 군주에게 유리하도록 한 교황의 무조건적인 지원은 플랑드르인들로 하여금 교황 요한 22세의 정책을 거부하도록 만들었다. 1316년 일찍이 교황은 프랑스인들의 인내심을 이용하여 십자군들의 재개를 방해하였던 플랑드르 백작과 그 주민들을 제소하였다. 교황의 문서는 프랑스 왕국과 그의 십자군들과의 절대적인 연대를 언급하였다. 교황 요한 22세에 따르면, 카페왕조의 신앙심, 십자군 그리고 교황청에 대한 헌신은 플랑드르에 대한 프랑스의 왕실 정책을 교황청이 지원하는 것을 정당화하였을 뿐만 아니라 요구되기도 하였던 것이다.

필립 5세의 십자군 계획안은 플랑드르지역에 대한 논쟁을 해결하는 것에 따라 결정되었다. 1316년 교황이 필립 5세에게 썼던 서한에서 프랑스 영토의 방어는 명백히 우선적인 것이다. 그 계획안은 1313년 비엔느 회의에서 공식화되었고 기사들에게 전적으로 수용되었으나 플랑드르에서의 반란에 의해 방해받고 있어서, 요한 22세는 이후 시기

---

44) S. Menache, "The Failure of John XXII's Policy toward France and England: Reasons and Outcomes, 1316-1334", *Church History*, Vol.55. No.4(Dec., 1986) p.425.

에 플랑드르지역의 평화 복귀를 위해 분투하였다. 그는 프랑스의 배롱과 군주 간의 논쟁에서 왕실 편에 개입하였고, 왕실의 재정을 복원하는 데 적극적인 관심을 보였다. 그러나 플랑드르에서의 논쟁이 지연되고, 아르메니아에 보낸 사절단들이 군사적인 지원 요청을 해옴으로써 양편의 궁정은 전반적인 교섭을 연기하는 쪽으로 기울고 있었다. 그리하여 교황은 아르메니아의 군주에게 편지를 썼는데, 필립 5세가 강한 군대를 이끄는 대리인을 보낼 것이라는 것이었다. 1318년 9월에 군주 필립 5세는 루이 클레르몽을 임명하여 이번 원정대의 '장군이며 지도자요 지휘 수장'으로서 십자군 문제들에서 군주의 인식을 대신하게 하였다.[45]

이러한 제한된 교섭도 대가를 치르게 되었는데, 병원기사단들이 지원을 해주었기 때문에 필립은 특별 재정으로 부조를 해달라는 압박을 지속적으로 가하였다. 1318년 초엽 요한 22세는 필립을 위해 새로 2년 동안 십일조를 걷을 수 있는 권리를 인정해 주어 그의 채무를 갚고 십자군을 준비하도록 하였다. 그러나 필립은 더 많은 것을 원하였고 교황은 이를 받아들일 수 없었다.

1320년 파리 조약으로 플랑드르 백작은 필립 5세에게 신서서약을 하였다. 교황은 이 조약에 동의하였으며, 양편 모두의 특권에 대한 긴 목록을 작성해 주었다. 프랑스의 연대기작가들은 교황의 지원이 프랑스 북부의 핵심 지역에서의 카페 왕조의 통치를 강화시키는 결정적인 역할을 하였다고 서술하였다. 그러나 요한 22세가 개입하였던 이러한 조치로는 지속적인 평화가 유지되지 못하였다. 1327년 반란군들에 의한 플랑드르 백작의 감금으로 파리 조약은 폐기되었고 프랑스 군주와

---

45) 루이와 십자군에 대해서는 R. Cazelles, *La Société politique et la crise de la royauté sous Philippe de Valois*(Paris, 1958), pp.110-111 참조.

그를 지원해준 교황에 대한 플랑드르인들의 동맹들을 무의미하게 만들었다.[46] 그러나 1년 후 카셀Cassel 전투로 플랑드르인들의 폭동은 진압되었다. 이 전투에서 필립 발로아의 승리는 저지대 지방에서 프랑스의 지배권을 강화할 수 있게 해 주었으며, 이는 요한 22세의 전적인 지원으로 이루어진 결과물이었다.[47]

요한 22세는 프랑스 군주정의 안정을 증대시키는 데 성공하였고 플랑드르 지역에서 프랑스 왕의 통치를 성취할 수 있게 하였다. 그러나 프랑스 군주들의 정치적 성공이 북부 지역에서 교황청의 지위를 자동적으로 향상시키지는 못하였다. 역으로 요한의 정책의 목적과 방법에 대해 플랑드르인들의 의혹은 교황의 권위를 거부하도록 고취하였으며, 그러한 태도는 사실상 교황 개입의 효과를 감소시키는 것이었다. 그리하여 프랑스 군주가 플랑드르에서 교황의 중재를 받아들인 점은 실용적인 태도를 드러낸 것으로, 사도좌의 개입으로부터 얻어낼 수 있는 즉각적인 이득을 인식한 것이었다.

1355년까지 플랑드르인들이 거의 지속적으로 프랑스와 전쟁하였던 동안 플랑드르 지방은 적어도 7번의 단기간 혹은 장기간에 걸친 파문령과 영벌령에 놓이게 되었다.[48] 이러한 사실은 교황의 지지를 받는 프랑스의 군주가 의지할 수 있는 조치였다. 프랑스 군주는 아라스Arras 주교좌, 테루안Thérouanne 주교좌와 투르네Tournai 주교좌를 통해 더욱 강한 압박을 가하고 있었는데, 이들 주교좌에 우선적으로 프랑스인들

---

46) *Chronique normande du XIVe siècle*, ed. Auguste and Emile Molinier, Société de l'histoire de France(Paris, 1882), ad a.1326, pp.35-36.

47) *Lettres Communes de Jean XXII*, ed. Guillaume Mollat, Biliothèque des écoles françaises d'Athènes et de Rome(Paris, 1921-1947), no.24346, 28308, 28355, 43163.

48) Ed. J. Deploige, M. De Reu, W. Simons, and S. Vanderputten, *Religion, Culture, and Mentalities in the Medieval Low Countries*(Brepols, Turnhout, 2005), p.143.

을 임명하여 주교의 임무를 수행하도록 하였으며 동시에 프랑스 궁정에서도 관직을 겸임하도록 하였던 것이다.[49)

　본래 성직자 성직록 수입의 십분의 일세였던 교황의 십일조세는 십자군들을 위한 재정을 마련하는 것이었다. 그러나 이 세금은 수합되어 군주에게 두게 됨으로써 수입의 원천으로 발전해갔는데 군주 필립 4세가 처음으로 그렇게 하였다. 따라서 이들 자금은 이를테면 카페 왕조에 대항하여 투쟁을 하였던 플랑드르인들처럼 결과적으로 그것을 낸 사람들에 대항하는 데 쓰여지고 있었던 것이다.[50) 이는 플랑드르인들에게 교황청에 대한 반감을 부추기는 일이었다.

3) 잉글랜드와 스코틀랜드

　교황 요한 22세의 통치 초반기에 잉글랜드 왕국은 프랑스 군주 필립 4세의 사망으로 이어지는 프랑스에서의 불안보다 더욱 첨예한 정치적 무정부주의 상황에 직면해 있었다. 1314년 배녁번Bannockburn 지역에서 스코틀랜드와의 전투에서 패한 잉글랜드는 정치적 불안정과 결합되어 내전이 발발하기 직전이었다. 정치적 위기를 맞은 에드워드 2세는 교황 개입을 기꺼이 환영하는 분위기로 바뀌었는데, 이는 그의 악화된 상황을 타개하기 위한 것이었다. 그러나 요한 22세는 신중한 태도를 보였다. 1318년 요크의 대주교와 주교들에게 보낸 서한에서 교황은 잉글랜드 왕국과의 긴밀한 관계를 주장하였으나, 군주에 대한 어떤 우호적인 표식을 드러내지는 않았다.

　그러나 에드워드 2세의 퇴위[51)는 교황 정책의 변화를 가져왔다.

---

49) É. de Moreau, *Histoire de l'Église en Belgique* III(Brussels, 1945), p.278.
50) Ed. J. Deploige, *Religion, Culture, and Mentalities*, p.146.

1327년 일찍이 교황 요한은 에드워드 3세와 필리파 하누트(에드워드의 셋째 조카)와의 혼인을 선한 의지의 행위로 받아들였다. 더욱이 교황은 에드워드 3세에게 부성父性적인 태도를 보여주었다. 4년 동안 십일조를 걷을 수 있도록 군주에게 권한을 인정해주는 것과 동시에 토마스 랭커스터의 공격을 고려함으로써 교황은 군주의 권한을 재강화하려는 것에 그의 신뢰를 보여주었다. 연로한 교황은 에드워드 3세에게 통치 기술을 가르쳐주고자 하였다. 그는 어린 왕에게 삼가야 할 행동과 왕국 내에서의 모든 당파들 즉 속인과 성직자들과 연대를 추구해야 함을 조언하였다. 영국 군주 에드워드 3세에 대한 요한 22세의 일관된 태도는 군주권의 공고화를 가져왔다.

그러나 스코틀랜드에서의 교황 정책은 플랑드르에서와 유사한 결말을 가져왔다. 배넉번 전투에서의 스코틀랜드인의 혁혁한 승리와 1315년 아이레 의회에서의 로버트 브루스의 입지 강화는 요한 22세에게 어려운 도전을 가져왔다. 요한은 교황에 오른 초기 시절에 전임 교황 클레멘스 5세의 정책을 이어가야만 했다. 클레멘스 5세는 1306년 존 코민John Comyn의 살해자로서 브루스를 파문령에 처하였다. 교황은 에드워드가 요청한 스코틀랜드에 영벌령을 내리는 것을 거부하였을지

---

51) 잉글랜드 군주 에드워드 2세(1307-1327)는 에드워드 1세의 아들로서 나약한 군주의 모습을 보였다. 배롱들에 대한 저항들이 있었으며, 1311년 배롱들은 에드워드에게 콘월 백작이었던 피엘 가베스톤(Piers Gaveston)을 추방하도록 하였으며, 특별히 전쟁과 재정 부문에서의 왕실의 통치권을 제약하는 법령들(Ordinances)을 수용하도록 강제하였다. 스코틀랜드와의 전쟁 재개와 함께 배넉번 전투에서의 패배(1314년)는 그의 왕국에서 더 많은 문제를 야기하였다. 왕비 이사벨라는 1326년 자신의 애인 로저 모르티메르(Roger Mortimer)와 함께 프랑스에서 돌아와서 군주의 비호세력들을 처단하였다. 그리고 이듬해(1327년) 그녀는 남편 에드워드에게 퇴위하여 자신의 아들 에드워드 3세에게 왕위를 승계하도록 강제하였다. 이러한 모든 정황 속에서 에드워드 2세는 살해되었던 것이다.

로버트 브루스의 흉상, 윌리엄 월리스 기념관에서

라도, 브루스의 군주 지위에 대한 무관심은 요한 22세와 잉글랜드 군주의 입장이 일치하였음을 드러냈다. 요한 22세는 십자군을 재개하기 위한 부득이한 필요에 근거해서 잉글랜드와 스코틀랜드 간의 2년 동안의 휴전을 선언하였으며, 공격자들을 파문과 그들의 충성서약으로부터 그들의 신민들을 해방시키겠다고 위협하였다. 동시에 교황은 사도적 목적을 위해 성직자의 지지를 획득하려 하였다. 캔터베리의 대주교와 워세스터와 얼리의 주교들은 잉글랜드를 침략하려는 어떤 군대도 파문령에 놓이게 될 것이라고 선언하였다. 더블린 대주교의 영향력은 브루스를 설득하여 평화적인 관계를 수용하도록 요구하였고, 스코틀랜드의 전체 성직자 위계는 에드워드 2세에 대항하는 어떤 형태의 반란에도 조력하지 못하도록 만들었다.

영국의 연대기작가들의 대부분은 교황특사들의 성공에 큰 희망을 걸고서 스코틀랜드에서의 교황의 개입을 지지하였다.52) 그러나 브루스의 파문령과 스코틀랜드에 대한 교황의 영벌령은 격렬한 전쟁을 종식시키려는 목적을 지닌 '아버지'의 확고한 결정이었다고 설명하였

---

52) Galfridi le Baker de Swynebroke, *Chronicon*, ed. A. Giles, Caxton Society (London, 1847), ad a.1316, p.59 ; John of Trokelows, *Annales*, ed. Henry Riley, *Chronica Monasterii S. Albani* vol.3, ad a.1317, p.40.

다. 그러나 교황의 조치들은 세력의 균형을 변화시키지 못하였으며, 스코틀랜드인의 공격성을 전방위적으로 제어하지 못했다. 재개된 스코틀랜드인들의 공격은 브루스와 그를 도와준 성직자들을 교황청 법정에 소환하도록 교황청에 압박을 가하였다.

그러나 브루스는 프랑스의 개입을 통해 재판 일정을 무기한 연기하는 데 성공하였다. 이러한 연기는 1320년 스코틀랜드 독립선언Declaration of Arbroath53)을 가져오게 하였다. 이 선언은 외국의 지배에 결코 순종적이지 않았던 독립적인 스코틀랜드 역사의 재개를 여는 것이었다. 스코틀랜드에 대한 잉글랜드의 개입은 선조 때부터 내려오는 자유라는 측면에서 서술하였는데, "백 명이 남아있는 한, 우리는 결코 잉글랜드인의 지배에 굴복하지 않을 것이라는 확고한 결심을 정당화하였다. 우리가 투쟁하는 이유는 영광과 부와 명예를 위한 것이 아니라, 오로지 자유를 위한 것이다. 선한 사람이 결코 잃어버려서는 안되는 그의 생명과도 같은 것이다"라고 서술하였다.54) 교황이 그리스도의 이름으로 대리자로서 축원하듯이, 스코틀랜드 배롱들은 유대인과 그리스인들 간에 혹은 잉글랜드인과 스코틀랜드인들 간의 재판을 좋아하지 않는다고 보았던 하느님의 아들의 보편적 지위를 강조하였다. 그들은 교황이 그리스도교도들 간의 이러한 갈등을 끝내주기를 기대하였다. 왜냐하면 이것은 십자군에 대해 이익이 되지 않기 때문이었다. 그리하여 교황은 스코틀랜드 군주의 정당한 소송을 무시해서는 안되었다. 그는 전 백성에 의해 왕위에 올랐으며 그의 개입을 통해 스코틀랜드인들은 신의

---

53) 이 의회의 결정은 스코틀랜드의 모든 배롱들에 의해 서명되었으며, 왕왕 "근대 역사에서 민족적 독립을 위한 최초의 모임"으로 간주되었다. Rosalind Hill, "Belief and Practice as Illustrated by John XXII's Excommunication of Robert Bruce", *Studies in Church History* 8(1972), pp.135-138 참조.

54) S. Menache, "The Failure of John XXII's Policy", p.432.

은총을 받기를 희망하였기 때문이었다.

이 독립 선언이 요한 22세로 하여금 자신의 정책이 위험한 함의를 지니고 있다는 것을 인식하게 해주었다. 교황은 반복적으로 십자군을 위해서는 평화를 이루어야 유리함을 강조하였다. 1323년 잉글랜드와 스코틀랜드 간의 평화조약으로 정전이 될 때 교황의 열망은 마침내 이루어졌다. 그러나 스코틀랜드의 군사적 우월성과 잉글랜드에서의 에드워드 2세 왕권의 불안정은 세력 균형에 첨예하게 영향을 주었던 그 조약을 이행함에 있어서 교황의 개입으로 인한 정치적 효력에 대해 다시 한번 의문을 던지게 되었다. 한편 교황 개입의 무모한 계획은 스코틀랜드에서 교황의 지위에 영향을 주었는데 요한 22세의 진정성과 교황청의 권위를 약화시키는 것이었다. 1323년부터 로버트 브루스와 그의 아들 데이비드에게 주었던 교황의 특권들에도 불구하고 스코틀랜드인들은 교황이 주장하는 객관성을 신뢰하지 못하였고 잉글랜드와 그들의 협상에서 프랑스 군주의 개입을 시도하였다. 스코틀랜드인들의 입장에서 "대부분의 그리스도교 군주"가 아비뇽의 교황보다 더욱 신뢰할만한 것처럼 보였다. 1326년 코르베이 조약에서 브루스는 이미 프랑스 군주로부터 자신의 군주 지위에 대한 공식적인 인정을 받았다.[55] 이후 에드워드 3세의 통치기 동안 아비뇽 교황청의 정책 변화는 교황 자애심의 단명함을 그들에게 입증하였고, 요한 22세에 대한 스코틀랜드인들의 불신을 정당화하는 것으로 보였다. 브루스의 사망에 따라 에드워드 3세와 교황의 관계를 강화시켰던 교황 요한 22세는 다시 스코틀랜드인들에 대한 신뢰를 철회하고 잉글랜드의 공격을 지지하였다. 1333년 하일돈 언덕Halidon Hill에서의 잉글랜드군의 승리는 그동안의 세력 균형을 역전시키는 것이 되었고, 19년 전 배넉번 전투로 스코틀

---

55) S. Menache, "The Failure of John XXII's Policy", p.433 각주 48 참조.

랜드인이 거둔 승리를 전복하는 것이었다.

이를 통해서 볼 때, 프랑스와 잉글랜드에서의 요한 22세의 통치는 몇몇 공통의 모습을 보여주는데, 특히 분열주의자들의 운동에 대항하여 군주의 이해를 증진시키기 위해 교황의 지원이 있었다. 교황의 이러한 정책이 당대 군주들의 권력에서 혹은 교황에 대한 그들의 강제적인 영향력에서 기인하는 것이 아니었다. 역으로 프랑스와 잉글랜드의 군주들은 각자 자신의 왕국에서 그들의 상황을 안정시키기 위해 교황의 지원을 필요로 하고 있었다. 교황과 군주들 양쪽의 동맹은 교황을 성직자로부터 고립시켰던 반면, 파문령과 영벌령의 사용은 교황과 군주 간의 동맹으로 내포된 강제력의 차원을 증대시켰다. 따라서 요한 22세는 스코틀랜드의 성직자 내부에서 지원을 얻는 데 실패하였으며, 그들은 파문당한 지도자였던 로버트 브루스에게 여진히 충성하였다.

요컨대 교황 요한 22세는 프랑스 군주 및 잉글랜드 군주를 지원하면서 이 과정에서 스코틀랜드와 플랑드르에게 보여준 일관성없는 태도로 이 지역민들 모두에게 자신들의 정신적 수장에 대한 불신감을 가져오게 만들었다.[56] 점차 세속군주들은 교황에게 더 많은 성직록세의 인정을 요구하면서 자신의 세력을 키워갔던 반면, 요한과 함께 이후 아비뇽 교황들은 여전히 보편적 통치권을 추구하면서 그들의 영향력이 라틴 그리스도교 왕국은 물론, 동로마제국, 동지중해, 몽골인들 및 이슬람 세력에까지 미치도록 광대한 지배를 시도하였다.

---

56) S. Menache, "The Failure of John XXII's Policy", p.434.

5. 맺음말

교황 요한 22세는 이전 교황들과 마찬가지로 교황수장제론을 주창하면서 보편 그리스도교 왕국의 지배자로서 확고한 위상을 추구하였다. 이는 이탈리아를 안정시켜서 교황청을 다시 로마로 복귀하려는 정책과 보편 그리스도교 왕국을 수호하기 위한 십자군을 준비하는 일이었다.

첫째, 이를 위해 교황 요한 22세는 통치이념으로 교황의 전능권과 무오류설을 주장하였다. 그러나 14세기에 접어들면서 이러한 교황의 주장은 반 교황주의자들이었던 윌리엄 오캄, 마르실리우스 파두아 및 프란체스코회 영성파였으며 당시 총원장이었던 미카엘 세세나 등에 의해 공격을 받았다. 이들은 신성로마제국 황제의 비호와 지원을 받으며 교황의 주장에 대해 철저히 비판적이었다.

둘째, 그러나 최근의 수정주의 시각에서는 당시의 교황주의자들로서 가르멜 수도회의 교회법학자들이었던 귀도 테레니와 존 바콘쏘르프 등에 관한 새로운 연구를 통해, 그리고 황제 진영의 반교황주의자들이었던 미카엘주의자들의 연구를 통해, 교황주의자들에게서도 혹은 반교황주의자들에게서도 각각의 사상가들이 극단적인 대립보다는 교회법학자들로서 혹은 신학자들로서 그 강조점에 차별성이 있음을 드러내고 있다고 주장하였다.

셋째, 또한 교황 요한 22세는 프랑스 군주뿐만 아니라 다른 여러 군주들과의 관계도 긴밀히 유지하려는 정책을 견지하였다. 이러한 군주관계를 추구했던 이유는 십자군 원정을 위한 조치였다. 그리하여 프랑스 군주와 대치관계에 있었던 플랑드르 지방에 대해서는 억압정책을 실시하여 프랑스 군주에게 힘을 실어주었다. 잉글랜드와의 관계에서도 군주를 지원하였으며, 잉글랜드 군주와 투쟁을 하였던 스코틀랜드인들에게는 반감을 가져오는 정책을 펼치게 되었다. 이러한 군주 지원 정책은 군주권 강화에 중요한 기여를 하게 되었으나, 교황의 힘을 분산시키는 결과를 가져왔다. 더욱이 이러한 맥락에서 요한은 군주와의 관계를 우선시한 나머지 그 지역의 성직자들과 지역민들과의 관계는 소원해지게 되었다.

마지막으로, 이제 점차 민족의식이 싹터가면서 세속군주들은 자신의 이해관계에 따라 교황의 힘을 군주권의 강화에 이용하는 방법을 터득해 가고 있었던 반면, 요한을 비롯한 이후의 아비뇽 교황들은 보편 그리스도교 왕국을 수호하고 평화를 정착시키려는 대의를 지속적으로 추구함으로써 오히려 그들의 관심을 스페인에서 동지중해를 포함하는, 지브롤터 해협에서 발틱해에 이르는 전 유럽으로 확대하려는 노력을 하고 있었다.

제3장

교황 요한 22세의 재정 제도의 정비

1. 머리말

교황 요한 22세의 동전

일찍이 1950년대 후반 루이스A. Lewis 교수는 14세기 유럽의 재정 상황에 관련하여 거시적이고 구조적인 관점에서 연구하였다. 그는 "13세기 중반부터 14세기 중반까지 재정 수입이 줄어든 것이 교황청만의 일이 아니며 유럽의 세속군주들 역시 세입이 크게 감소했다. 그 이유는 그동안 계속 확장되어

오던 중세의 경계선frontier이 이제 정지되어 폐쇄되어가는 과정에 있기 때문이라고 설명하였다. 그리하여 1250년까지 중세 교황청이 직면한 문제들은 본질적으로 도덕적, 종교적, 정치적인 것들로써, 예를 들면,

서임권 투쟁, 십자군, 이탈리아 반도의 지배에 대한 독일 황제들과의 갈등, 혹은 남부 프랑스에서의 이단의 문제 등이었으나, 1250년 이후 교황의 문제들은 점차 재정적인 부문에서 나왔으며, 특히 아비뇽 시기의 교황들에게 있어서도 그러하였다"[1]는 것이었다.

그렇다면 이러한 재정적 어려움을 타개하기 위해 교황 요한 22세는 어떠한 대응책을 마련하였는가? 법률가 출신의 교황은 이러한 부족한 세수를 마련하기 위해 성직록세 개혁과 이를 잘 운용하기 위한 교황청 재무성 Camera 의 제도적 정비를 단행하였다. 교황 요한 22세는 오히려 오래된 로마에서는 개혁하기 어려웠던 교황청의 행정과 재정 제도를 새로운 도시인 아비뇽에서 체계적으로 정비할 수 있었다. 그리하여 이 시기에 교황청의 행정적인 중앙집권화가 이루어졌으며, 재정제도의 발달 등 관리체계의 발전을 가져올 수 있었다.[2] 이러한 교황청의 재정 체계 및 행정제도의 정비는 다음 시기에 절대군주체제로 나아가던 유럽 각국의 군주들에게 하나의 모델을 제공하게 되었다.

2. 세수 확충 정책

1) 재정 상황

14세기 전반기에 교황청의 재정적 비용은 크게 증가하였는데 이를 차지하는 상당 부분이 십자군 원정에서의 필요한 자금 때문이었다.

---

1) A. R. Lewis, "The Closing of the Medieval Frontier 1250-1350", *Speculum* Vol.33. No.4(Oct. 1958), pp.475-483.
2) 졸고, 「중세 말 아비뇽 교황청은 유폐인가? 아니면 성장인가?」, 『서양사론』 120호(2014.3), pp.138-141 참조.

교황청은 1291년 아크레가 이슬람에게 정복당함으로써 예루살렘에 세워진 라틴 왕국을 완전히 상실하게 되었다. 그러나 13세기에는 여러 번의 십자군 운동이 있었고 이 십자군들에는 많은 비용이 소요되었다. 그리하여 결국 이러한 비용을 충당하기 위해 그동안 교회에서 거두어들이던 십일조세가 처음으로 십자군 원정 비용에 사용되었다. 이는 결국 14세기 초반 교황의 재정상황을 악화시킨 주된 원인이 되었다. 이러한 대표적인 사례를 살펴보면 다음과 같다.

첫째, 13세기에 가장 막대한 비용이 들어간 전투는 성왕 루이(9세)가 1248년에서 1254년까지 싸웠던 십자군 원정이라고 볼 수 있다. 이 십자군은 왕실 전체 지출비였던 1백 50만 리브로(투르)[3] 가운데 대략 3분의 2에 해당하는 95만 리브르를 십자군을 위해 사용되었다.[4] 그리하여 이 비용을 충당하기 위해 교황청은 프랑스 교회에서 5년 동안 거두어들인 교회의 십일조를 통해 원정비용을 지불하도록 하였지만, 이 비용으로 해결하기에는 충분하지 못하였고, 프랑스 군주정은 프랑스 지역의 교회에 견디기 어려운 빚을 남겨 놓았다. 그리하여 이 부담은 프랑스 교회에 광범위하게 지워지게 되면서 당대의 통치에 무거운 압박이 되었다. 그러나 루이는 1270년에 두 번째 십자군 원정길에 오르게 되었으며, 이때에는 성직자들에게 크게 지원받았다. 이 경우에 재정 부담은 3년 동안의 십일조를 통해서만 지불되었으나, 그 군대의 수는 1248년의 십자군보다 훨씬 적은 규모였다.[5]

둘째, 매우 동일한 형태로 13세기 중반 또 하나의 주요한 십자군

---

3) 중세 프랑스에서 사용되던 화폐의 한 종류.

4) N. Housley, *The Avignon Papacy and the Crusades, 1305-1378*(Clarendon Press, Oxford, 2002), p.163.

5) J. R. Strayer, "The Crusade of Louis IX", ed. Setton, *History of the Crusades*, ii, pp.490-494, 510-511.

원정으로, 1265년에서 1268년까지 샤를 앙주에 의한 시칠리아 왕국의 침략과 정복에 관한 것이었다. 이 전쟁은 프랑스에 있는 교회와 그 동쪽의 경계에 있는 교구들에서 3년 동안의 십일조 징수를 통해 주로 지원되었다. 이 십일조로 걷힌 70만 리브르가 만프레드Manfred[6]와 콘라딘Conradin을 모두 이긴 프랑스 군대에게 풍족하게 지급되었다. 세금이 없는 침입은 재정적으로 불가능한 일이었을 것이다. 샤를은 필요로 했던 재원을 갖지 못하였기 때문에, 자선적인 보조금을 포함한 교황의 일반적인 세입들로 충당하기에는 큰 어려움이 있었다. 그리하여 재정의 안정성을 확보하기 위해서는 프랑스 내의 교회에서 세금을 걷어야 했다.

그러나 프랑스 교회는 1250년대와 1260년대에 이러한 일련의 세금들에 대해 심하게 불평하였다. 그것은 교황 그레고리우스 10세로 하여금 제2차 리옹 공의회에서 속인들에게 재정적인 부담의 일부를 지우도록 하려는 것이었다. 속인들에게 자선과 속죄의 기부를 통해 거두어들였던 전통적인 방식과는 완전히 다른 것으로, 그레고리우스는 성지로 향하는 그의 십자군을 위해서 투르 혹은 스털링의 화폐로 1페니의 인두세를 매년 그리스도교 왕국 전역에 부과하자고 제안하였다. 그러나 그것은 성공하지 못했다.

셋째, 십일조의 가장 심화된 형태가 13세기 말엽 시칠리아와의 전쟁(1282년부터 1302년까지)에서 나왔다. 나폴리 군주, 프랑스 군주 및 아라곤

---

6) 만프레드 (?-1266). 신성로마제국 황제 프리드리히 2세의 사생아 아들로서 자신의 이복형제 콘라드 4세를, 이후에는 그의 조카 콘라딘을 섭정하여 1258년부터 1266년까지 시칠리아 왕국을 통치하였다. 1260년 자신의 지위를 강화하기 위해서 딸 콘스탄스와 아라곤의 왕자였던 어린 피터를 약혼시켰다. 그는 부친이 해오던 대로 교황청과 롬바르드의 몇몇 도시들과 전쟁을 지속했으며 샤를 앙주가 등장할 때까지 전반적으로 성공하였다. 만프레드는 철학과 과학 분야에서 자신의 부친의 관심을 공유하였다.

군주의 군대와 함대를 지원하기 위한 것으로, 이들 모두는 교황청을 대신하여 수차례에 걸쳐 시칠리아의 반란자들과 싸우고 있었다. 이 시기에 교황청은 서구 교회에 전대미문의 가혹한 일련의 성직록 십일조 세를 징수하였다. 이에 가장 극심한 타격을 입은 이들은 프랑스, 프로방스, 아를르, 그리고 아라곤의 성직자들이었다. 이는 현금의 유통을 가져오는 것과 더불어, 장기화된 갈등에서 나오는 군사적 외교적 비용들이 광범위한 반향을 일으켜 신용의 위기를 야기하였던 것이다.[7] 14세기 초엽에 교황청은 스스로가 원해서이든지 혹은 그것의 동맹에 의해서이든지 간에 십일조를 거두어들이는 교황청의 능력이 교황좌의 위상에 본질적인 것이 되었다.

다음의 표는 14세기 유럽의 몇몇 군주들과 교황들의 연간 소득을 비교한 것이다. 14세기의 교황 보니파키우스 8세와 요한 22세의 연소득을 보면 다른 유럽의 군주들보다 두 배가량이나 적은 것을 알 수 있다. 이는 14세기 초반 교황청이 얼마나 재정적으로 어려운 상황이었는지를 보여주는 것이다.

〈표〉 유럽의 몇몇 군주들과 교황들의 연간 소득 비교 (화폐단위, 플로린화florins)[8]

앙주 샤를 1세(1282년 이전)	1,100,000
로버트 앙주(1309-1343)	600,000
프랑스 성왕 루이(1226-1270)	500,000
프랑스 필립 6세(1329)	786,000
밀라노의 전제자들(1338)	700,000
영국의 에드워드 3세(1327-1377)	550,000-700,000
교황 보니파키우스 8세(1294-1303)	250,000
교황 요한 22세(1316-1334)	240,000
교황 그레고리우스 11세(1370-1378)	500,000

---

7) N. Housley, *The Avignon Papacy*, p.164.

8) D. Abulafia, "The Italian South", *The New Cambridge Medieval History*, Vol.VI

이 표를 통해서 보면 첫째, 앙주 샤를 1세가 14세기의 다른 군주들보다 예외적으로 소득이 높은 것을 알 수 있는데, 이는 교황 우르반 4세의 도움을 받아 1265년 교황청의 봉토였던 남부 이탈리아와 시칠리아를 정복함으로서 엄청난 재정적 수혜를 볼 수 있었다는 점이다. 또한 샤를 1세가 시칠리아 군주로서 1279년 일찍이 지방의 양모 공급을 통해 국제적으로 성공적인 그 자신의 섬유 산업을 발전시켜 이득을 취할 수 있게 하였다. 이는 국내 생산 의류의 질을 향상시킬 수 있었으며, 팔레르모와 같은 중심지들에 염료 산업이 있었고, 이곳에서 유대인들이 특별한 역할을 수행하였다는 것이다.9) 그리하여 14세기 아비뇽 교황청은 프랑스 앙주 가문과 긴밀한 관계를 유지하면서 교황청의 적극적인 지지자로서 이들의 역할을 기대하였다. 결국 교황청은 로마를 떠나 아비뇽에 정착하게 되는데, 이는 아비뇽이 주는 이점 가운데 그곳이 앙주가의 영토였다는 점에서 교황청이 이들의 보호를 받을 수 있다는 점도 작용하였다고 볼 수 있다.10)

둘째, 교황 보니파키우스 8세와 요한 22세를 비교했을 때 1만 플로린화의 차액이 있지만, 로마 교황청 시기와 비교해서 로마 교황령 세입이 전무라고 볼 수 있었던 아비뇽 교황청 시기에 연간 소득이 크게 축소되지 않았다는 사실은 교황 요한 22세 때 교황청의 재정 정책이 유효했으며 재정 체계가 잘 정비되어 작동되고 있었음을 볼 수 있다. 셋째, 그러나 동시대의 유럽의 다른 군주들과 비교해 볼 때 아비뇽 교황청의

---

c.1300-c.1415, Ed. M. Jones(Cambridge Univ. Press, 2000), p.500. 그리고 P. N. R. Zutshi, "The Avignon Papacy", *The New Cambridge Medieval History*, Vol.Ⅵ c.1300-c.1415, Ed. M. Jones(Cambridge Univ. Press, 2000), p.663.

9) *Ibid*, pp.497-498.

10) Y. Renouard, *The Avignon Papacy, 1305-1403*, trans. by D. Bethell(London, 1970), pp.22, 32.

수입이 대략 2분의 1에서 3분의 1 정도에 불과하다는 사실에서 각국의 군주들이 그동안 교황청이 걷어오던 과세권을 상당부분 군주권한으로 가져가면서 군주권의 재정을 증가시켰던 반면 교황청의 재정은 그만큼 축소되면서 위약해지고 있음을 볼 수 있다.

2) 성직록세 및 성직록 첫해 봉헌금annates

교황청의 전체 수입 가운데 대략 절반가량이 성직록에서 나오는 세금들이었다.[11] 요한 22세는 교황이 직접 지급하거나 또는 지명하는 성직록을 크게 확대하였고, 성직록을 두 개 이상 소유하는 것을 금지시켜 이용 가능한 물자를 확대(Execrabilis, 1317년 11월 19일)했던 것이다.[12] '교황령 국가들'로부터 세금을 전혀 거둘 수 없었기에 요한은 부족한 재원을 충당하기 위해 그동안 임시적이거나 부정기적인 형태의 성직자들에 대한 세금을 정기적인 세수로 만들고자 했다.

먼저 교황청은 기존의 세수원을 개발하고 확대하였다. 이는 봉직료 servitia 라 불리는 것으로 교황에 의해 고위직 성직록을 받는 자리에 임명된 성직자들 즉 대주교들, 주교들, 수도원장들이 지불하는 것이었다. 봉직료의 주된 구성요소로서 일반 봉직료common services는 성직록의 거대한 연소득의 3분의 1에 해당하는 것이다. 교황 클레멘스 5세 시기

---

11) 교황청의 주요 세입원은 첫째, 교회 영지로부터 나오는 세금, 둘째, 교황의 봉건 가신으로서 다수의 그리스도교 왕국들이 납부하는 부과조 및 주교들의 관할로부터 면제된 수도원들과 교회들이 납부하는 세금(census), 셋째, 성직록에서 나오는 세금들, 넷째, 교황청 법정에서의 수수료, 다섯째, 선물, 유산증여, 다양한 저술로 인한 세금 등이었다. 졸고, 「중세 말 아비뇽 교황청은 유폐인가? 아니면 성장인가?」, 『서양사론』 120호(2014.3), p.139 참조.
12) 존 노먼 데이비슨 켈리 · 마이클 월시 지음, 변우찬 옮김, 『옥스퍼드 교황사전』(분도, 2014), p.327.

에 몇몇 고위성직자들이 교황에게 비서 봉직료secret services를 추가적으로 지불하는 것을 볼 수 있는데, 그 액수가 일반 봉직료보다 더욱 많은 것이었다.13) 그러나 이러한 비서 봉직료가 클레멘스의 승계자들에 의해서도 실행되었는지는 확실한 자료가 없다.

또한 봉직료와 비교할 수 있는 세금으로 성직록 취득 첫해 봉헌금 annates이 있었다. 이는 하위 성직록을 받는 성직자들이 지불하였다. 교황 요한 22세는 성직록 취득 첫해 봉헌금을 체계적으로 처음 징수하였다. 그가 반포하였던 교황 규정이 성직록을 취득한 성직자들에게 성직록 취득 첫해 봉헌금을 부과하고 그것을 징수하는 방법에 관한 자료를 처음으로 제공하였음에서 알 수 있다. 1316년 12월 8일 교황의 교서에서는 성직록 취득 첫해 봉헌금annates을 지불해야 하는 성직록과 그것을 면제받은 성직록이 전반적으로 언급되었으며, 3년의 유예 기간을 선포한 후 요한 22세의 통치기에 대부분의 세부사항이 명시되었다.14)

성직록에서 거두는 세금 가운데 가장 큰 것이 성직록 취득 첫해 봉헌금이었다. 성직록 취득 첫해 봉헌금은 성직록을 받은 첫 해의 수입을 세금으로 내는 것을 의미하였다. 12세기와 13세기의 많은 지역에서는 공석이 된 후 첫해 동안의 성직록에 대한 수입의 일부를 주교 혹은 대성당 참사가 유용하는 것이 관행이었다. 13세기에는 단기간 동안의 첫해 봉헌금을 취할 수 있는 특권이 왕왕 교황들이 규정한 권한의 범위에 있지 않았던 고위 성직자들이 지닐 수 있었던 것이다.

그러다가 교황의 세입으로 성직록 취득 봉헌금을 사용한 첫 번째

---

13) P. N. R. Zutshi, "The Avignon Papacy", *The New Cambridge Medieval History*, Vol.Ⅵ c. 1300-c. 1415, Ed. M. Jones(Cambridge Univ. Press, 2000), p.663.
14) W. E. Lunt, "The Financial System", p.289.

교황은 클레멘스 5세였다. 그는 1306년부터 3년 동안 영국에서 공석이 되었던 모든 성직록들에 대한 첫해 수입을 확보해 두었다. 1316년 요한 22세는 그리스도교 세계의 방대한 지역에서 3년 안에 공석이 될 모든 성직록에 대한 첫해 수입을 확보하였다. 그리하여 1334년 요한은 교황이 수여한 모든 성직록들은 첫해 수입을 세금으로 내야 한다고 선포하였고, 이후 교황 베네딕트 12세를 제외한 교황 요한 22세의 승계자들은 이 관행에 따라 그것을 세입의 임시적인 재원 대신에 지속적인 세원으로 만들 수 있었다.[15]

요한 22세는 1312년 이래로 십자군과 연관되어 교회에서 거두었던 성직록 십일조세를 11년 동안 그리고 성직록 취득 첫해 봉헌금을 4년 동안 프랑스 군주가 거둘 수 있도록 인정해 주었다. 그리하여 프랑스 군주들은 매해 25만 리브르livres tournois를 평균 세입으로 거두어들였고, 성직록 십일조세 만으로 275만 파운드pounds를 거두어들였다.[16] 일반적으로 유보권이 적용되었던 한 지역에서 10파운드 혹은 그 이상의 수입을 얻는 모든 성직록은 성직록 취득 첫해 봉헌금을 지불하였다. 병원기사단들과 다른 특정 종교 수도회들에게 십일조세가 면제되었고 따라서 이들에게는 헌금과 공석인 성직록에 대해서도 마찬가지로 면제되었다. 그리고 동일한 해에 두 번이나 공석이 된 성직록은 한번만 성직록 취득 봉헌금을 지불하도록 요구되었다. 이는 앞의 표에서도 잘 나타나는 것으로, 이 시기 유럽 군주들의 한해 연간 수입은 교황보다 두 세배에 이르는 것을 볼 수 있다. 군주권은 점차 재정을 키워갔던 반면, 교황청의 세입은 줄어들고 있었음을 보여준다.

---

15) Samaran et Mollat, "La Fiscalité pontificale en France au XIV Siècle", *Bibliothèque des Écoles françaises d'Athènes et de Rome*, Fasc. 96, Paris, 1905, pp.25-26.

16) N. Housley, *The Avignon Papacy*, p.21.

성직록 취득 첫해 봉헌금은 일반적으로 징수관들이 거두었다. 그들은 성직록 보유자나 다른 이들에게 서약을 통해 봉헌금을 확정하였고 납부자들에게 가장 좋은 방식을 채택하도록 하였다. 성직록 보유자는 명시된 시기 안에 첫해 수입을 내겠다는 서약을 자진해서 하였고, 만일 그가 이를 이행하지 않는다면, 교회의 견책을 받게 되었으며 그의 재산은 몰수당하였다.

3) 임시취득 봉헌물 fructus medii temporis

임시취득 봉헌물은 성직록 취득 첫해 봉헌물과 병행하여 발전하였다. 성직록 취득 첫해 봉헌물과 마찬가지로 공석동안의 수입은 대부분의 지역에서 관습적인 권리에 따라 고위성직자들이 전용할 수 있었으나, 교황 요한 22세는 처음으로 그러한 전용들을 교황의 세금으로 만들었다. 이 세금은 교황의 성직록 서임이 확보되어 있으나 공석이 되어 그곳의 성직록 수입을 교황청이 전용하는 것이었다.[17] 그러나 그는 그것을 새로운 제도로 다루고 있지는 않았다. 이 임시취득 봉헌물은 새로운 재직자의 임명 때까지 확보되었다.[18] 그러한 재량권들은 성직록 취득 첫해 봉헌물의 보유를 반포하였던 동일한 교서들에서 흔히 만들어졌다. 이러한 관행은 두 가지 세금의 혼동을 가져왔다. 교황 클레멘스 6세를 제외한 요한 22세의 승계자들에게서 임시취득 봉헌물은 일반적으로 사용되었다.[19] 이는 1377년에 주요한 성직록들을 포괄하는 것으로 확장되었다.

---

17) P. N. R. Zutshi, "The Avignon Papacy", p.663.
18) W. E. Lunt, "The Financial System", p.290.
19) Samaran et Mollat, "La Fiscalité pontificale", pp.63-65.

공석인 성직록에 대한 행정관리는 교황 요한 22세가 특별 위임자들에게 위임하였으나, 후대에 지방징수관들의 임무가 되었다. 행정가는 새로운 재직자가 임명될 때까지 성직록의 수입을 수합하여, 모든 필요 경비들을 지출하고 나머지 잔액을 재무성으로 송금하였다. 몇몇 경우에 새로운 성직록세는 절차상의 경비로 주어지기도 했다.

4) 성직록 십일조세[20]

또한 성직록을 보유한 성직자들에게 일종의 십자군세를 부과하게 되는데, 이를 처음 시작한 사람은 탁월한 법률가 교황 인노켄티우스 3세였다. 인노켄티우스 교황이 1199년 성직자들에게 40분의 1세를 징수할 때 그는 성직자들에게 그러한 징수에 대해 동의를 구하지 않았다. 또한 인노켄티우스는 그러한 징수를 거부하는 성직자에 대해서도 처벌하지 않았으나, 세금을 징수한 성직자들에게는 정신적인 대가를 제공하였다. 그러나 그는 16년이 지난 뒤 성직록을 받는 성직자들에게 20분의 1세를 거두었는데, 이때에는 징수를 거부하던 성직자들에게 파문으로 위협하였고, 이러한 경우에 전체 공의회에서 성직자 징수에 대한 동의를 얻도록 하였다. 인노켄티우스 3세 이후의 교황들에게 십자군세는 자주 등장하였다. 교황 호노리우스 3세와 그레고리우스 9세는 세속인에게도 십자군세를 강제 징수하려 하였으나 실패했다.

---

20) 일반적으로 교회에서 거두었던 십일조세는 모든 신자들이 지녀야 했던 의무에 해당하였다. 그런데 성직록에 대한 십일조세는 성직자 가운데 성직록을 받는 성직자에게 성직록의 10분의 1세를 부과하는 것이었다. 그리하여 일반적인 십일조는 평신도 모두가 대상이었다면, 성직록 십일조세는 성직자가 대상이었다. 이를 처음 사용한 교황은 인노켄티우스 3세이며, 그는 이슬람과의 십자군을 위해 일명 '살라딘 세'를 거두었던 것에서 유래하게 되었다.

이후 그 세금은 성직자들에게 한정되었다.[21]

교황 그레고리우스 9세는 1228년에 성직자에게 성직록 십일조세를 부과하였는데 이는 신성로마제국 황제 프리드리히 2세와 전투하기 위한 것으로 은연중에 비난의 대상이 되었다. 이러한 비난은 적어도 영국의 성직자들에게는 예상되는 것이었다.[22] 왜냐하면 그레고리우스 9세는 성지를 방어하기 위해서보다 교황령의 국가들과 이탈리아 도시들의 독립을 보존하기 위해 십자군을 출정시켰기 때문이었다.[23]

이후 성직자 성직록의 십자군 십일조세에 대한 동의는 가능한 한 추구되었다. 전체 그리스도교 왕국에 대한 십자군 십일조세는 리용에서 열린 교회 공의회에서 인준되었으며, 순수하게 지방적으로 적용되는 십자군세는 왕왕 지역적 혹은 관구 시노드에서 논의되었다. 그러나 성직록 십일조세를 걷기 위해 이러한 공의회 내지 시노드의 동의를 구하는 것이 반드시 필요한 절차는 분명히 아니었다.[24] 주교 윌리엄 두란이 비엔느 공의회에서 성직록 십일조세에 대한 인준 조건으로서 공의회의 동의를 구하는 것을 확립하고자 하였으나 실패로 돌아갔다.[25] 그 방안 대신 교황 클레멘스 5세는 고위 성직자들의 민족적인 집단들과 비공식적인 논의에 참여하였다. 교황청은 그러한 커다란 몫의 세금들을 거두어들이는 일에 최소한의 법적재제만을 하였다. 교황이 십자군세를 걷기 위해 공의회의 동의가 필수적인 것이 아니었다

---

21) W. E. Lunt, "The Financial System of the Medieval Papacy in the Light of Recent Literature", *The Quarterly Journal of Economics*, Vol.23. No.2(1909. 2), p.280.

22) *Ibid.* p.247.

23) J. R. Strayer, "The Political Crusades of the Thirteenth Century", p.351.

24) N. Housley, *The Avignon Papacy*, p.167.

25) W. E. Lunt, *Financial Relations of the Papacy with England to 1327*(Cambridge, Mass., 1939), vol.1, p.395.

는 사실은 반면에 교황이 인준해 주기만 하면 걷을 수 있는 세금으로, 이슬람과 싸우고 있던 스페인과 동유럽의 군주들은 자신들의 민족을 위한 세금 혹은 보조금을 얻기 위해 지속적으로 교황들에게 호소했음을 의미하였다.

앞에서 언급하였듯이 리용 공의회에서 명령이 내려진 경우는 매우 드문 일이었으며, 일반적으로는 교황의 법령만으로도 부과금을 제정하는 것이 충분하였다. 그리하여 교황들은 교황의 전능권 사상을 이것에 적용하여 세금의 대상자들에게 용이하게 받아들이게 하였다. 성직록 십일조세는 때로는 보편적으로, 때로는 단일 나라 혹은 한 지방의 성직자 집단에 부과될 수 있었고, 세금을 거두는 시기도 1년에서 6년까지 다양하였기 때문이었다. 성직자들의 성직록 십자군 세금으로 요구되는 비율은 일반적으로 세속적이고 영적인 재원 전체에서 들어오는 전 소득의 십일조였다.[26]

5) 교황의 몰수권 jus spolii

몰수권spolia은 엄밀한 의미에서 성직록의 세금에 들어가지 않지만, 몰수권은 교황의 재량권과 긴밀히 연관되어 있었다. 관행적으로 그것은 임시취득 봉헌물과 연관되어 부과되었다. 사마란Samaran 교수는 교황의 '몰수권'jus spolii을 교황이 교회의 필요에 따라 유언장에 재산의 처분에 관해 언급되지 않고, 경건한 목적보다는 다른 목적을 위해 그것이 처분되기를 바랐던, 그리고 교황청의 소임지에서 혹은 그의 거주지 밖에서 사망하였던 대주교, 주교, 수도원장, 혹은 다른 성직자의 재산을 소유할 수 있다는 의미에서 권리로서 규정하였다. 그는 이

---

26) W. E. Lunt, "The Financial System", p.281.

정의가 거의 모든 경우에 동산으로 제한되어져만 한다고 첨언하였다.[27] 몰수권은 주교들, 수도원장들, 그리고 권력을 지닌 속인 후원자들에 의해 몇몇 지역들에서 시행되었다.

교황청이 이 몰수권을 수용한 것은 성직록 취득 봉헌물과 임시취득 봉헌물의 그것과 아마도 유사하였다. 교황 요한 22세는 이 문제에 관해 새로운 전반적인 법령을 선포하지는 않았던 것처럼 보이나, 수차례에 걸쳐 교황청에서 사망하지 않았던 고위성직자들의 재산 몰수를 주장하였다. 요한 22세 이후의 교황들은 몰수권을 보다 빈번하게 행사하였는데 따라서 그것이 세입의 정규적인 원천으로 생각될 수 있었고, 14세기 후반이 되어서야 그 권한이 전반적으로 새롭게 적용되었다.[28]

교황청에서 사망한 성직자의 재산은 재무성 감사관의 직인보유자 sigillator에 의해 관리되었다. 그는 망자의 재산에 대한 목록을 만들어서 그의 채권자들에게 먼저 청산하도록 하고 잔여분을 재무성으로 보냈다. 교황 요한 22세 통치시기에(아마도 그 이전에) 이것은 정규적인 수입으로 확정되었다. 요한 22세 시기까지 성직자가 면제를 인정받았으면 교황에게 이러한 수입들을 위임하는 것은 관례가 되었던 것처럼 보인다. 성직자는 자신의 교회의 복지를 위해 수익의 일부를 봉헌하도록 요구되었으며, 그 몫은 재무성 혹은 성지 보조금을 위해 쓰이게 되었다.

교황 요한 22세 시기에 유언장testamentary licenses이 일반적인 것이 되었으며 압류가 확보되기 시작되어 교황청의 재무성으로 가져왔다. 교황은 교회의 성직록을 받는 성직자들에게 자신의 승인license 없이 유언장을 만드는 것을 어디에서든지 금하였다. 그는 유언장이 없는

---

27) Samaran, "La Jurisprudence pontificale en Matière de Droit de Dépouille(Jus Spolii) dans la seconde Moitié du XIV Siècle", *Mélanges d'Archéologie dt d'Histoire*, vol.xxii(1902), p.141.

28) Samaran et Mollat, "La Fiscalité pontificale", p.48.

물건들은 그 자신의 주교좌에 직접 넘겨주고, 그곳에서 가져가도록 해야 한다는 것이었다.[29]

교황 전능권 사상은 교황의 몰수권이 나올 수 있었던 최고의 법률적 원리였다.[30] 교황의 몰수는 법령화되지 않았으며, 그것이 보편적으로 징수되지도 않았다. 그러나 마르실리우스 파두아는 교황의 몰수권에 대해 혹평하였다. 몰수권에 대한 30개의 사건들이 1324년 6월 24일 그의 『평화의 수호자』가 출간되기 전에 있었다. 이들 가운데 16개는 랑그독에서, 5개는 이베리아 반도에서 있었으며, 이 모두는 마르실리우스의 활동 영역 밖에 있는 것으로 소문들을 통해 그가 알게 되었을 것이다.[31]

특히 1319년에 사망한 프란체스코회의 수사이며 코젠자Cosenza 대주교였던 피에트로 보카플라노라Pietro Boccaplanola에 관한 사건이 있다. 보카플라노라의 압류 사건에 대한 첫 번째의 문서였던 1320년 6월 4일의 교황 서한은 몰수에 대한 마르실리우스의 혹평의 확실한 근거로서 거의 인용될 수 있었다.[32] 그것은 베네벤토의 총장에게 최근의 대주교가 유언장을 만들어서 면제를 받을 수 있었는지를 조사하는 것이었는데, 만일 유언장이 없다면, 집행자들로부터 그의 동산을 가져오도록 명령하였다. 대주교의 서적들은 몰수품으로서 가져왔고 이

---

29) *Defensor pacis*, 2. 24. 14, ed. C. W. Previté-Orton(1928), p.376.

30) 아비뇽 교황들은 1316년 교황 요한 22세의 선출을 시작으로 1415년 콘스탄스 공의회에 의한 베네딕트 13세의 폐위를 끝으로 약 1200명의 성직자들의 동산 재산(movable property)에 대한 집행권 즉 몰수권(*jus spolii*)을 주장하였다. 몰수권은 사망한 성직자에게 그가 살아있을 때 소유하고 사용하던 물품들을 수합하는 교황의 권리를 표현한 것이다. 그러한 물품들 자체가 14세기의 기록물에 몰수(*spolia*)로 흔히 명기되었다.

31) D. Williman, *The Right of Spoil of the Popes of Avignon 1316-1415*(American Philosophical Society, Philadelphia, 1988), p.12.

32) *Defensor Pacis*, ed. C. W. Previté-Orton(1928), Introduction, x-xi.

서적들을 빼앗겼던 프란체스코회의 불만이 마르실리우스의 귀에 들어가게 되었을 것이다. 유언장이 몰수품을 수합하고 저당잡히는 것을 막을 수 없었다. 오히려 그 반대였다. 교황은 그 자신의 특권들의 유일한 판단자였으며, 몰수품을 수합하는 자들은 교황의 사법-집행자들로서 유언장들을 검인하도록 위임받았다. 그리하여 그들은 유언장의 유증의 실효성을 결정하였고 교황청의 재무성으로 잔여재산을 보냈다.[33)

교황 켈레스티누스 5세(1294년 7월-1294년 12월)가 교황직을 사임한 이래로 교황들은 덜 영성적mystic이었다. 베네딕트 12세를 제외한 아비뇽 교황들은 신학자들이 아니라 법률가들로서, 그들 가운데 거의 모두는 법학을 가르쳤고 교회 행정부를 관리하였다. 또한 그들을 보좌하는 추기경들의 대다수가 교회법학자들이었다. 그리하여 이들은 교회를 거대한 행정기구로 조직하여 신과 인간과의 실제적이고 살아있는 관계로서뿐만 아니라 사법적인 관계의 문제로서 그리스도교 생활을 생각하려는 강한 의지를 보였다. 그들은 교의가 법률들과 법령들에 의해 부과되고 심의위원회에 의해 통제되는 측면에서 사고하였다. 법률을 위반하면 형벌로 다스려졌던 것이다. 즉 이단에 대해서는 심의위원회에서 형벌이 내려졌고, 소죄에 대해서는 교황의 순례 법정에서 형벌이 내려졌다. 대사Indulgency 제도는 그러한 형벌을 완화할 수 있는 것이었다.[34) 그리하여 B. 맥귄McGinn 교수는 "13세기의 교황 인노켄티우스 3세의 승계자들은 개혁가들이거나 거룩한 인물들과는 점점 거리가 멀어졌으나, 유능한 법률가들, 행정가들 및 정치가들과는 점점 더 가까워지는 것처럼 보였다."[35)고 지적한 바 있다.

---

33) D. Williman, *The Right of Spoil of the Popes of Avignon*, p.12.
34) Y. Renouard, *The Avignon Papacy*, p.121.

3. 교황청 재무성Camera의 정비

1) 재무장관camerarius과 하부 조직들

교황 요한 22세 시기에 교황청의 재무성이 제도적으로 정비되었다. 교황청의 재정을 관리하던 재무성에서 가장 중요한 구성원들은 재무장관camerarius과 회계관treasurer이었으며, 그들을 조력하는 3-4명의 서기관들이 있었다. 이들 모두는 거대한 권한을 행사하였다.

먼저 재무장관을 살펴보면, 그는 재정 정책을 총괄하였으며, 행정적인 일의 가장 작은 세부사항에도 개입하였다. 교황청의 하위부서의 구성원들뿐만 아니라 교황청 외부에서 활동하는 대리인들까지도 모두 재무장관의 명령에 순복하였다. 그는 징수관들을 임명하고 그들의 업무를 감독하였으며, 세금 납부자들tax payers과 그들의 관계를 조율하였다. 재무성 장관은 재무장관으로서 감독해야 하는 직무로 인해 교황청의 현세적 임무들에 대해 매우 탁월한 지식을 지니게 되었고 그리하여 불가피하게 교황청의 가장 영향력 있는 관리들 가운데 하나가 되었다.[36] 그리하여 재무장관은 보다 상위 권위였던 교황에게만 유일하게 복속하였다.

둘째, 재무장관 바로 아래 직위는 회계관treasurer이었다. 그는 화폐를 수합하여 그것을 안전하게 보관하였고 필요한 지불금을 조달하였다. 교황의 요구가 있을 때마다 그는 재무성에 있는 예치금을 내주었으며 일 년에 한번 재무장관이 주관하는 재무성 회의에 보고서를 제출하였

---

35) B. McGinn, "Angel Pope and Papal Antichrist", *Church History*, Vol.7. No.2(Jun., 1978), p.159.

36) W. E. Lunt, "The Financial System of the Medieval Papacy", p.264.

다. 재무장관처럼 회계관도 징수관들을 임명하고 그들의 보고서를 받고 검열하며 승인하였고, 영수증을 주고 그것에 대한 설명서를 발급하였다. 일반적으로 그러한 서류들이 회계관의 명의로 발행되었을 때 재무장관의 승인이 기재되어 있었다.[37] 그의 지위는 명백히 재무장관에게 복속되는 것이었다.

셋째, 또한 재무장관은 조력자인 서기단a college of clerks의 조언을 들었다. 일반적으로 3-4인으로 구성되었던 이들 서기단은 재무장관에게 복속되었고, 교황청 안팎에서 그들에게 맡겨진 임무는 무엇이나 수행했다. 다른 일들 가운데에서 이들은 영수증과 지불금을 만드는 일에 조력하였고, 여러 계정을 셈하고 기재하였으며, 재무성 서한들과 문서들을 작성하는 일을 도왔다. 때로 그들은 특수 사절의 임무를 수행하기 위해 파견되었으며, 왕왕 징수관으로 임명되기도 하였다. 행정적인 문제에서 재무장관에게 복속되었던 재무성의 서기들은 재무장관에게 조언해 주는 모임을 조직하여 재무장관과 회계관이 모두 재무성에서 자신들의 역할과 목소리를 낼 수 있도록 조력하였다.

넷째, 교황청이 그것의 재정적 거래를 위해 고용하였던 상사들firms은 재무성과 긴밀한 관계를 지녔으며, 이들을 재무성 상인들mercatores camerae이라 명명했다. 이들은 교황청에서 대표직을 유지했으며 교황청의 구성원들이었고 유럽의 주요한 화폐 중심지들에 지부들 혹은 대리국을 두었다. 화폐를 수합할 때 징수관들은 안전한 장소로 일반적으로 수도원들 내부에 그것을 보관했는데, 교황청으로부터 그것을 재무성 상인들에게로 전달하라는 명령을 받을 때까지 그곳에 두었다.[38] 재무성 상인들은 자신들이 맡고 있는 금액에 대해 영수증을 주었는데,

37) Samaran et Mollat, "La Fiscalité pontificale", p.6.
38) Kirsch, Die päpstlichen Kollektorien, Introd., p.lvi.

그들은 징수관 혹은 교황의 공식 대리인의 요구에 따라 어떤 지정된 장소에 그 금액을 가져다 놓겠다는 서약을 하였다. 또한 그들은 강도와 배의 파선과 같은 모든 위험을 감수하였고 재지불을 위한 담보물로서 전체 상사의 재산을 저당 잡혔다. 화폐는 즉시 로마로 보내지도록 명령되어지거나, 혹은 은행가들이 잠시 동안 그것을 예금으로 넣어두는 것이 허용되어졌을 것이다. 화폐를 은행에 예치한 경우에 그들은 다른 사업가들에게 그것을 자금으로 이용하도록 하여 이자수익을 거두었다.[39]

다섯째, 정금正金 그 자체가 왕왕 로마로 보내졌다. 다른 경우에 이동은 환전소에 의해 이루어졌다. 재무성 상인들은 또한 환전 일을 하였다. 징수관들은 그들이 징수하였던 나라의 현행화폐로 세금을 받는 것이 의무였는데, 그렇게 걷힌 화폐는 교황청에서 사용하는 화폐로 환전해야만 했다. 이러한 업무를 위해 상인들은 다양한 비율로 지불하였다. 재무성 상인들의 세 번째 일은 교황 세입의 안정성을 위해 대부를 진전시키는 것이었다. 대부를 갚는 방법은 특정 세금들이 징수될 때 그들에게 지불되도록 할당되어 징수 그 자체가 그들의 수중에 놓이게 하였다. 그러나 행정과 재정적인 기능이 분리되는 전반적인 경향으로 인해 그 일은 드물게 일어났다.

재무성은 상인들의 예금을 잘 관리하였고 지출과 수입의 균형을 맞추기 위해 그들의 예금과 기록들에 대해 언제든지 요청할 수 있는 권한을 가지고 있어서 효율적인 통제를 지속적으로 할 수 있었다.[40] 만일 상사들이 그들의 의무를 수행하지 못하거나 혹은 재정적으로 불안정하다고 보여진다면, 교황청은 그들 재산을 몰수할 수 있었다.

---

39) 남종국, 『이탈리아 상인의 위대한 도전』(엘피, 2015), pp.359-365 참조.
40) Samaran et Mollat, "La Fiscalité pontificale", p.155.

그리하여 아비뇽 교황청에서 재무성은 정교하게 발전하였다. 교황 베네딕트 12세 시기를 제외하고서 재무성의 수입은 증가하였다. 최고점은 교황 그레고리우스 11세 시기로 연 평균 수입이 5십만 플로린화를 넘게 되었다.[41]

더욱이 교황 요한 22세에게 임용되어 활동하였던 가스베르 라발 Gasbert de Laval은 회계관이었으나 후에 재무장관이 되어 회계 절차 accounting procedures를 개혁하였다.[42] 라발은 1319년부터 1347년까지 이모든 일에 있어서 교황의 주요한 조력자였으며 정치적 군사적 뿐만 아니라 주요 재정적 행정적 조언자로 활동하였다. 이후 교황 베네딕트 12세와 클레멘스 6세도 모두 라발을 계속 연임시킴으로써 그는 교황의 재정 체계화를 가져올 수 있었다.[43] 그러나 후대의 교황 인노켄티우스 6세의 일련의 회계관들에게서 큰 변화를 가져왔다.

2) 재무장관의 사법권

더욱이 중세의 행정체제에서 사법권과 재정 간에는 긴밀한 관계가 있었다.[44] 재무장관은 회계관과 함께 재무성의 관리들과 대리인들, 교황의 채무자들 및 교황청 대부분의 구성원들에 대해 재판권을 지녔다. 재무성에는 감사관 auditor camerae과 부-감사관 vice-auditor이 있었다. 이들 각각은 재무장관에 의해 그렇게 행하도록 명령을 받았을 때,

---

41) P. N. R. Zutshi, "The Avignon Papacy", p.663.
42) *Ibid.*
43) 졸고, 「중세말 아비뇽 교황청은 유폐인가」, p.140.
44) 노르만 시기 동안 영국에서는 재무성과 법정에 동일한 관리들이 앉아있었다. 후대의 군주들 치하에서 사법부가 세 개의 큰 지부로 분리되었는데, 이들 각자는 그것의 분리된 사법권과 그들 각자로 형성된 재무성을 지녔다. 이러한 유사한 형태는 프랑스에서도 보이며, 교황청의 재무성 역시 예외는 아니었다.

수입과 그것의 징수와 연관된 소송사건에서 제1심 재판관으로서 활동하였다. 감사관들이 그들의 위임받은 사법적인 권위로 자신들의 상급 관리의 지위를 대신할 수는 없었다. 상급 관리는 개별적으로든 위임자들을 통해서건 소송사건들을 경청하고 결정할 수 있었다. 감사관은 직인관리자와 연관되었는데, 이들의 임무는 서류에 감사관의 도장을 찍는 일이었다. 수수료는 이러한 관직의 수행에서 얻어질 수 있었고, 이는 재무성으로 보내졌다.

법률과 관련하여 남아있는 구성원들은 소송대리인들*procurator fisci*과 재무성 변호인들*advocati camerae*이었다. 소송대리인은 세입과 관련된 모든 소송사건들에서 대리인으로 활동했는데, 엄격히 말해 이들은 재무성의 구성원은 아니었지만, 그의 임무들을 실행함에 있어서 재무성과 매우 긴밀한 연관을 맺었으며, 그것의 이해관계가 얽혀 있을 때마다 그 부서의 수장에게 조언을 구해야할 의무가 있었다. 재무성 변호인들은 소송대리인들에 의해 소개받은 사건들에서 재무성의 일들을 감독하였으며, 재무장관이 법률적 조언을 구할 때마다 조언해 주었다.[45] 그리하여 14세기 전반기에 아비뇽 교황청은 자연스럽게도 이를 운용하는 행정부의 정비를 가져와 재무성의 의무와 권한을 확대해 주었다. 재정 부문에서의 공고화가 매우 중요한 요소였기 때문이었다.

3) 수수료 체계의 정비

교황청의 재무성에서 거두어들인 정규 수입으로는 상서성*chancery*의 세금들에서 찾을 수 있었다. 이들은 모든 교서들과 증서들의 편집과 조사를 위해 상서성이 요구한 수수료였다. 그러한 것들은 교황청의

---

45) Samaran et Mollat, "La Fiscalité pontificale", p.136.

정치적 혹은 행정적인 임무들 혹은 자선의 경우들과 연관된 것과 혹은 특정한 특권을 지닌 교황청의 집단들에게 반포되어진 것은 예외로 하였다.[46] 요한 22세는 상서성 세금의 부과에 관한 새로운 행정적인 규정들을 도입하였으며, 1331년에 415개 세목의 새로운 조세목록tax-list 을 공포하였다.

수수료의 규모는 교서를 만들어내는 데 투여된 노동의 양을 고려해서 주로 규정되었다. 조세목록에 들어있는 가격이 수령자에게 교서의 비용을 밝히기 위한 것은 아니었다. 그는 초안, 정서, 검인하는 일, 교황의 문서집에 기입하는 일을 담당하는 4개의 다른 부서에 각각 수수료를 지불해야만 했다. 수수료들은 원래 상서성의 힘을 지원하기 위한 것으로 재무성은 검인을 담당하는 부서에서 수수료를 받도록 해 주었으나, 14세기 후반에는 수수료의 전부 혹은 일부가 등기청 registration bureau 으로 이전되었다.

따라서 교황청의 재정 발달에 있어서 교황 요한 22세 시기는 매우 중요하였다. 그러나 이 시기의 재정적이고 행정적인 개혁이 14세기 동안의 전적으로 새로운 세금들을 도입한 것은 아니었으며, 간헐적이고 일시적인 성직자 세금들을 정기적으로 걷을 수 있도록 하여 재정의 안정을 추구하였고, 행정체계의 정비에서 두드러진 변화들이 나타났다. 많은 측면에서 성격상의 변화는 15세기에 일어나지만, 교황 재무성의 권위가 강화되는 것은 찾아보기 어렵다. 따라서 이는 14세기 중반의 중세 교황청의 재정제도가 최상으로 활발하게 작동하였음을 말해 주는 것이라 할 수 있다.[47]

---

46) W. E. Lunt, "The Financial System", p.292.
47) Samaran et Mollat, "La Fiscalité pontificale", pp.159-160.

4. 맺음말

14세기 전반기의 유럽은 재정적으로 상당히 어려운 상황이었다. 더욱이 아비뇽으로 이전한 교황청은 이탈리아에서의 지속적인 불안정과 전쟁으로 인해 교황령 도시들로부터 세입을 거의 거두어들이지 못하였다. 또한 13세기부터 누적된 십자군 원정비용의 부담과 함께 세속군주들의 십일조세의 징수권에 대한 요구로 인해 교황청은 커다란 재정적 난관에 처하게 되었다.

이러한 재정적 위기의 시기에 교황직에 오른 법학자출신 요한 22세는 성직자들의 성직록에 관련된 세금들과 유언장이 없이 사망한 성직자들에 대한 교황의 몰수권 등을 교황의 정규적인 세입으로 만들어 교황청의 재원을 안정적으로 확보해 나갔다. 이러한 교황의 세금 부과는 교황 전능권 사상에 근거한 것이었다.

또한 교황 요한은 교황청의 재무성 조직을 정비하여 재정의 효율성을 높이고 재정 제도를 정비하게 되었다. 이는 재무장관의 지위, 감독 권한을 강화하였고 징수관들collectors의 업무에 대한 긴밀한 감시를 가져왔다. 또한 재무성을 구성하는 관리들의 의무를 보다 명확히 규정하였고 통일된 부기체계를 사용하도록 하였다.[48] 그리하여 14세기 중반 아비뇽 교황청은 가장 잘 작동되는 재정조직과 행정체계를 마련할 수 있었다. 이러한 교황청 재정 체계화의 중심에는 교황 요한 22세의 탁월한 행정능력과 그가 임명한 재무장관 가스베르 라발의 뛰어난 업무능력이 뒷받침해 주었기 때문이었다. 이는 다음 세기 세속의 절대군주들이 추구할 중앙집권화된 행정 및 재정 제도의 모델을 제시하는 것이 되었다.

---

48) W. E. Lunt, "The Financial System", p.263.

제4장

교황 클레멘스 6세의 새로운 조망

1. 머리말

1) 문제의 제기

교황 클레멘스 6세(1342-1352)는 역사상 가장 지탄받는 교황들 가운데 한 사람이었다. 아비뇽 교황들 가운데에서도 가장 타락한 교황이라는 부정적 인식이 주를 이루어왔다. 그러나 그에 대한 새로운 평가가 서구에서는 이미 오래 전에 시도되었다. 특히 그를 새로운 시대를 여는 르네상스의 선구자로 파악하는 시각과 클레멘스는 여전히 교황수장제론에 근거한 교황 전능권 이념들을 추구하였다는 점에서 전통주의자 혹은 보수주의자로 바라보는 관점이 있었다.

그렇다면 우리는 그를 어떠한 인물로 인식해야 할 것인가? 지금까지는 그에 대한 구체적인 업적이나 인생 여정을 알려주는 연구가 거의 없었기에 무지하여 평가만이 있었을 것이다. 또한 같은 맥락에서 그가

교황 클레멘스 6세 프레스코화(아비뇽 교황청의
생 마르티엘 채플)

활동했던 14세기는 위기 상황들 즉 교황과 황제 및 군주와의 대립, 교황청의 아비뇽 이전, 크고 작은 여러 전쟁들, 흑사병 등 일련의 사건들이 발발하였던 침체되고 암울한 대격변기였다. 이 글에서는 이러한 시기에 교황직에 오른 클레멘스 6세에 관한 연구를 통해 이 시기가 새로운 인식의 지평으로 넘어가는 역동적이고 변화하는 시대로 다음 세기를 예견하며 조망하고 있었음을 밝힐 것이다.

우리는 클레멘스 6세의 고전학문 학자들과 예술가들에 대한 아낌없는 후원을 통해, 그리고 유대인 및 흑사병에 대한 새로운 접근방식을 통해 변화하는 세계관을 살펴보게 될 것이다. 이러한 인식은 이후 다음 세기에 일어날 절대왕정, 르네상스와 같은 일련의 서구 근대 역사가 중세와의 단절이라기보다는 장기지속적인 측면에서 성장하고 있음을 드러내게 될 것이다.

2) 클레멘스 6세에 대한 시각

클레멘스 6세를 보는 첫 번째 부류는 부정적인 입장으로 그를 악명 높은 교황 중의 한사람으로 인식하는 것이다. 그를 비판하는 사람들은 그의 정치적 반대자들인 경향이 있었고, 그리하여 대부분이 독일인, 이탈리아인, 혹은 영국인이었다. 가장 열정적으로 제기된 문제들이 로마인들의 군주로서 카를 모라비아에 대한 그의 적극적인 지원, 백년 전쟁기 동안 프랑스에 대한 그의 과도한 편애, 교황청이 아비뇽에서 로마로 되돌아가는 일에 대한 그의 주저함 등에 관한 것이었다.

또한 전반적으로 제기된 것으로는 그의 관대함, 직권남용에 의한 강탈, 교회의 부를 오용하는 것들, 자격이 안 되는 그의 친우들을 승진시키고 고위 관직에 연루시키는 친족주의, 그리고 간통에 대한 것이었다. 마테오 누렘베르그Matthew of Nuremberg는 그를 여인들, 명예 및 권력을 탐하는 자로 묘사하였고, 성직매매로 인해 그가 얼마나 자신과 교황청의 명예를 실추했는지를 설명하였다.[1] 또한 헨리 디에센호벤Henry of Diessenhoven은 클레멘스의 친우들과 친척들에 대한 '관대함'에 대해 서술하면서, 그가 어떻게 그들의 충분치 못한 나이와 지식에도 불구하고 그들의 몇몇을 추기경직으로 승진시켰는지를 설명하였다.[2] 그의 프랑스인 전기작가들 가운데 한 사람조차 이러한 비판주의를 드러냈다.[3]

헨리 셀바흐Henry Taube of Selbach는 클레멘스가 만든 "새롭고 일찍이 들어본 적이 없는" 성직록들의 보유에 관해 전하며, 그것은 신성한 위계를 수여하는데 서투르고 비교회법적인 방식이었다고 언급하였다.[4] 이탈리아 출신이었던 페트라르카와 마테오 빌라니, 이 두 인물은 로마 문제에 대해 열성적인 감정을 지녔던 사람들로 교황의 사생활에 대해 지속적으로 지탄하였고,[5] 콜라 디 리엔조Cola di Rienzo는 그를

---

1) Matthew of Nuremberg, *Chronica*, ed. A. Hofmeister, *Monummenta Germaniae Historica, Scriptores Rerum Germanicarum*, n.s., iv(1955), ch.69, p.188.

2) Henry of Diessenhoven, *Chronica*, ed. J. F. Böhmer, *Fontes Rerum Germanicarum*, iv(Stuttgart, 1868), p.86.

3) S. Baluze, *Vitae Paparum Avenionensium, Prima Vita*, ed. G. Mollat, 4vols.(Paris, 1914-1927), p.261, lines 5ff.

4) Henry Taube of Selbach, *Chronica*, ed. H. Bresslau, *Monummenta Germaniae Historica, Scriptores Rerum Germanicarum*, n.s., i(1924), p.70.

7명의 부인을 둔 마호메트와 비교하기도 하였다.[6]

더욱이 윌리엄 오캄은 그가 결과적으로 교회의 위엄을 실추시키는 사생아를 낳았다고 비난하였다. 오캄이 지나치게 비판적으로 보았으나 이것이 사도들의 교의를 따른 것은 아니었다.[7] 그의 불명예 움직임은 14세기 말에 절정에 달하였다. 모 Meaux 의 연대기작가인 토마스 버톤 Thomas Burton 이 클레멘스의 고해신부에게 연민을 가졌을 때, 성적인 절제에 대한 그의 변명들에서 클레멘스가 자신의 의사들의 권고에 따라 행한 일이었다고 응수하였다는 것이다. 버톤은 이상한 개념을 발전시켜나갔는데, 클레멘스는 성적으로 문란한 모든 교황들이 금욕적인 교황들보다 교회의 더 나은 통치자들이었음을 보여주기 위해서 그 교황들의 이름을 기록한 검은 소책자를 지니고 다녔다는 것이다.[8] 그러나 그의 동시대인들의 비판적인 시각에도 불구하고 사실상 20세기의 학자들은 클레멘스의 도덕적 명성을 옹호하고 있었다.[9]

---

5) Matteo Villani, Istorie Fiorentine, bk iii, ch.42, cols.186-7, 그곳에서 교황의 이름은 쿠레네의 백작부인 세실의 이름과 연루되었다. 페트라르카는 클레멘스의 삶의 방식에 대해 공격하였는데, Eclogues VI and VII, ed. Piur, 1925, pp.56-57 ; E. H. Wilkins, *Studies in the Life and Works of Petrarch*(Cambridge, Mass.,1955), p.48 참조.

6) Cola di Rienzo, *Commentary on Dante's Monarchia*, ed. P.G. Ricci, "Il commento di Cola di Rienzo alla Monarchiadi Dante", SM series3, VI, 2(1965), p.698.

7) William of Ockham, *De Electione Karoli IV in Conrad of Megenberg, Tractatus Contra Wilhelmum Occam*, ed. R. Scholz, *Un bekannte kirchenpolitische Streitschriften*, ii, ch.4, p.352. 주석가들은 이 저술이 오캄의 출처에 대해 의구심을 표명하였다. 이에 대한 논쟁으로는, J. Miethke, *Ockhams Weg zur Soziaiphilosophie*(Berlin, 1969), pp.133-136 참조. 그러나 Baudry는 오캄의 출처를 지지하였으며, 이 견해는 여기에서 나온 것이다. L. Baudry, *Guillaume d'Occam. Savie, sesoeuvres, ses idées sociales et politiques*(Paris, 1949), p.237.

8) Thomas Burton, *Chronicon Monasterii de Melsa*, ed. E. A. Bond, *Rerum Brittanicarum Medii Aevi Scriptores*, iii(London, 1866-1868), pp.89-90.

9) G. Mollat, *Les Papes d'Avignon 1305-78*(Paris, 1964), pp.96-97. 그리고 J. E. Wrigley, "A rehabilitation of Clement VI; sine nomine 13 and the kingdom

두 번째 부류는 교황 클레멘스 6세를 포함해서 14세기의 교황들이 혁신가들이라기보다는 전통주의자들로 보는 견해이다. 이는 13세기의 교황청의 전통을 유지하기 위해 법률적인 훈련 혹은 교회법에 대한 관심이 아비뇽 시기의 교황들을 만드는데 주된 역할을 하였다는 것이다. 인노켄티우스 6세(1352-1362)는 그가 교황으로 선출되기 전에 주목받는 법학 교수였다는 점에서 그러하다. 그리고 클레멘스 5세와 요한 22세는 교황법령집들을 추가로 발표하였는데 이는 교회법 모음집이 되었다. 바티칸 문서집Vatican Registers으로서 알려진 일련의 교황의 기록들은 13세기의 모든 교황들에 대한 것이 47권이었다면, 요한 22세 교황좌만 50권이 넘었으며, 클레멘스 6세의 교황좌에서는 77권으로 86,000 항목들이 넘게 나온다는 것이다. 이는 아비뇽 교황들이 13세기 교황들로부터 전수받은 제도적인 구성을 지속적으로 수용하고 발전시킴으로써 자동적으로 그들의 전임자들이 추구하였던 것과 동일한 역할을 그 자신들이 수행하였다는 것이다.10) 그리하여 아비뇽 교황들은 그들의 전임 교황들이 수행하였던 유럽 사회에서 일종의 주도적인 역할을 수행하려는 열망을 지니고 노력하였다는 점에서 전통주의자로 볼 수 있다는 입장이다. 이러한 견해는 대표적으로 J. 뮬돈Muldoon 11), D. 우드Wood 12) 등에서 확인되었다.

세 번째 부류는 교황 클레멘스 6세를 포함한 아비뇽 교황들을 르네상스 교황의 선구자로 보는 시각이다. 클레멘스는 아비뇽을 그리스도교

　　of Naples", *Archivum Historiae Pontificate*, III(Rome, 1965), pp.127-138.

10) J. Muldoon, "The Avignon Papacy And the Frontiers of Christendom: The Evidence of Vatican Register 62", *Archivum Historiae Pontificiae*, xvii(1979), p.129.

11) J. Muldoon, "The Avignon Papacy And the Frontiers of Christendom", pp.125-195.

12) D. Wood, *Pope Clement VI; The Pontificate & Ideas of An Avignon Pope*(Cambridge Univ. Press, 2002).

왕국의 지적이고 예술적인 핵심부로서 건설하려고 노력하였다. 그리하여 그는 아비뇽으로 사람들을 특히 그들 가운데 많은 이탈리아인들을 후원을 통해 끌어들이려 하였다. 그의 관대함은 인문주의자 학자들과 저술가들, 건축가들, 자연과학자들 및 음악가들로 확대되었고, 이러한 측면이 무엇보다도 역사가들로 하여금 클레멘스를 '르네상스' 교황으로서 간주하게 하였다는 점이다.[13] 이러한 시각은 15세기 일찍이 인문주의자이며 교황의 전기작가인 바르톨로메오 플라티나[14](1481년 사망)에게서 드러나는데, 그는 클레멘스 6세를 "모든 일에 있어서 자유롭고 친절하며 매우 인간적perhumanus"이라고 묘사하였다. 이후 20세기에는 P. 프르니에르[15], J. 렌젠베거[16], J. 라글레이[17], P. 번햄[18] 등에게서 주장되었다.

　　이러한 세 부류 가운데 필자는 클레멘스 6세가 정치노선에서는 전임 교황들처럼 교황수장제론을 주창하여 동방에 대한 십자군 원정을 계획하였고, 여전히 라틴 그리스도교 왕국을 수호하려는 입장을 고수하였다는 점에서 전통주의자 입장을 볼 수 있었다. 그러나 그는 또한 많은 부분에서 르네상스적인 새로운 인식을 하고 있었음을 드러내었다. 이러한 갈등적인 요소가 그에게서 다 나타나는 것은 그가 인식의 격동

---

13) D. Wood, *Pope Clement VI*, p.47.

14) B. Platina, *Liber de Vita Christi ac Omnium Pontificum*, ed. G. Gaida, *Rerum Italicarum Scriptores*, iii, pt.1, Città di Castello(1913-1932), pp.272-273.

15) P. Fournier, "Pierre Roger(Clément VI)", *Histoire Littéraire de la France*, 1733ff, XXXVII(Paris, 1938), pp.209-238.

16) J. Lenzenweger, "Clemens VI", *Lexikon des Mittelalters*, ii(Munich and Zurich, 1983), cols.2143-4.

17) J. E. Wrigley, *Studies in the Life of Pierre Roger(Pope Clement VI) and of Related Writings of Petrarch*, unpublished doctoral dissertation(Pennsylvania, 1965), p.liii.

18) P. E. Burnham, "The patronage of Clement VI", *History Today*, XXVII(1978), pp.372-381.

기에 살았기 때문이라고 생각한다. 그러나 이 글은 그의 세 번째 부류에 속하는 부분만을 다루었다.

2. 피에르 로저는 어떤 인물인가?

1) 고고학적 발굴을 통한 이해

세즈 디유Chaise Dieu 수도원은 교황 클레멘스 6세의 삶과 죽음에 친밀하게 연관되어 있었다. 클레멘스의 속명인 피에르 로저Pierre Roger (1291(2)-1352)는 10세 때 오베르뉴에 있는 세즈 디유Chaise Dieu 의 베네딕트 수도원에 보내졌고, 그곳에서 베네딕트 수도승으로서 그의 이력을 시

세즈 디유 수도원의 교회

작하였다. 또한 피에르는 1352년 12월 6일 아비뇽에서 사망하였다. 그러나 그의 시신은 1353년 4월 8일에 세즈 디유로 옮겨와 거대한 기념비적인 석관에 안치되었다.

클레멘스의 시신은 1709년 3월 19일에 외과의사 바르테미 피싸빈 Barthemi Pissavin에 의해 처음으로 설명되었다. 수도원 성가대석의 바닥 보수공사 중에 발견되었던 그의 유골은 그것이 둘러싸여져 있었던 사슴가죽의 몇몇 조각들과 함께 나온 것이었다. 피싸빈은 유능한 외과 의사이며 탁월한 해부가였는데, 그가 유골을 보았을 때 머리의 두개골 이 둥그렇게 절단되어 벗겨져있는 상태였다고 말하였다. 그러나 뼈들 은 그들의 '정상적인 자리'에서 발견되었다고 언급하였다.[19] 그리하여 피싸빈은 위그노들이 그의 무덤을 파헤쳐 그의 두개골을 절단했다는 주장을 거부하였다. 이는 위그노들이 종교 전쟁 중에 바롱 데 아드레트 의 상관(대위) 블랑콘의 지휘하에 1562년 8월 1일에 세즈 디유 수도원을 공격하여 그의 시신을 훼손하였다는 것을 부정하는 것이었다.[20]

20세기에 들어 1958년 11월 또다시 수도원 성가대석의 바닥에 보수 공사가 필요하게 되었다. 다시 한번 석관의 자리가 무너지고 교황의 유골들이 드러났다. 그리하여 르 페이의 주교였던 몬시뇰 샤페Monsigneur Chappe는 교황의 유골들에 대한 새로운 조사를 명령하였다. 같은 해 11월 30일 그는 페이의 주요 신학교의 총장이 참사 페이야드 Canon Fayard에게 위임하여 무덤의 완전한 개방을 명령하였다. 그리하여 유골 들은 의사들이었던 루이스 캐펠린과 장 배레즈에 의해 조사되었다. 이러한 발굴을 통해 알 수 있는 바는 당시 페트라르카가 보았던 교황 클레멘스 6세의 상처의 흔적은 피싸빈에 의해 서술되었던 것으로,

---

19) J. Lespinasse and L. Grand, *La Chaise Dieu*(Le Puy: Jeanne d'Arc, 1959), p.10.
20) *Ibid.*

두개골이 둥글게 절개되어
벗겨져 있다는 것은 위그노
들의 파괴행위 때문이 아니
고, 외과의사의 수술의 결과
였다는 점이다. 의료 역사
에 알려진 가장 오래된 외과
수술 가운데 두개골을 둥글
게 절단하는 것은 클레멘스
6세의 주치의였던 귀이 드 숄
리악Guy de Chauliac 21)의 논문
집 『대 수술La grande Chirurgie』
에서 서술되었다. 귀이는 그
논문에서 삼일열은 단독丹毒

외과의 귀이 드 숄리악의 초상화

과 유사한 것으로 언급하였다. 그러한 질병의 치료에 대해 의사들
간에 활발하게 논의되었지만, 귀이는 최고의 견해를 판단하기는 어렵
다고 보고, 다수의 의견을 따르기로 결심했다. "머리의 질병들에서
뼈를 노출시켜 자르는 일은 필요한 일이다. 그래서 머리 아래에 집중된
악성을 편리하게 치유하거나 건조시킬 수 있게 될 것이다."22)

---

21) 귀이 숄리악(1300-1368). 프랑스인 의사이며 외과의. 로제레에서 출생하여
    툴루즈에서 의학을 공부하기 시작하였고 이후 몽펠리에 대학에서 의학을
    연구하였다. 1325년에 의학 및 외과의 교수가 되었고, 이후 볼로냐로 가서
    니콜라 베르투치오 수하에서 해부학을 배웠다. 그는 당대의 뛰어난 외과의로
    서 명성을 얻었고 클레멘스 6세를 비롯한 이후 아비뇽 교황들의 주치의로서
    활동하였다. 1363년에 완성된 그의 의학 저술 『대 수술(La grande Chirurgie)』은
    총 7권의 분량으로 수술, 해부학 등에 관해 당대 유럽에 커다란 영향력을
    미쳤다.

22) J. E. Wrigley, "A Papal Secret Known to Petrarch", *Speculum*, Vol.39. No.4(Oct.
    1964), p.630.

교황 클레멘스 6세의 석관묘

클레멘스 6세는 14세기 최고의 외과의들에게 수술을 받았다. 교황은 1343년에 두 가지 다른 병으로 아팠고, 두 차례 모두 페트라르카에게 알려지게 되었다. 이들 질병의 첫 번째는 삼일열tertian fever이었고, 그것은 그의 두개골을 둥글게 절단하고trepanning 벗겨지는exfoliation 수술을 하게 만들었다.23) 이에 페트라르카는 교황이 제대로 통치할 수 없음에 대해 몹시 우려하였으며 사망까지도 걱정하였다. 그러나 교황은 수술 후 건강이 점차 회복되어 명민하게 교황 직위를 수행할 수 있었다. 또다시 1351년부터 1352년 12월 사망 때까지 근 1년 간 위독한 상태이기도 했다.

일반적으로 인체 해부도, 시체 해부, 수술 등은 15세기 르네상스 시기 특히 레오나르도 다빈치에게서 찾아볼 수 있는 일들로 알려져 있으나, 이미 14세기 중반의 클레멘스 교황을 통해 두개골 절개라는 어려운 수술이 성공적으로 행하여졌다는 것은 놀라운 사실이었다. 이는 이 시기에 의학지식이 실습에 의해서도 상당한 정도로 진보하고

---

23) *Ibid.*, p.631.

있었고, 또한 그러한 지식을 받아들이고 신뢰하여 자신의 머리를 수술까지 하였던 클레멘스를 통해 그는 새로운 지식의 선각자라는 생각이 들었다. 이러한 태도는 필자로 하여금 클레멘스가 르네상스인의 선구라는 인식을 더욱 확고히 가질 수 있게 해주었다.

2) 파리 대학 시절 : 논쟁기

또한 피에르의 인식을 알기 위해서는 파리 대학에서의 논쟁을 살펴보는 것이 의미있다. 그는 15세에 베네딕트 수도승으로 서원하였고 이후 파리 대학으로 보내져 그곳에서 인문학, 철학 및 신학을 공부하여 학자로서 설교가로서 탁월함을 인정받았다. 그는 16년간 파리에서 신학과 교회법을 공부하여 신학 박사학위와 교회법 박사학위를 받았다. 일반적으로 박사학위를 수여받을 수 있는 나이는 35세였으나, 피에르는 겨우 30세 혹은 31세였기에 다른 교수들보다 매우 이른 편이었다. 이후 1323년 5월 12일 교황 요한 22세는 피에르를 파리 대학의 총장에 임명하여 그로 하여금 신학부의 박사학위와 대학 교수직, 교수 자격증을 수여하게 하였다. 이러한 임명은 부분적으로 프랑스의 샤를 4세로부터의 간청에 의한 것이기도 했다.

20대 후반에 피에르는 사람들의 주목을 받기 시작하였다. 안넬레즈 마이어Anneliese Maierw는 교황권력에 관한 그의 초기 저작 중에 미완성된 2편의 저술을 분석하여 탁발수도회의 특권들을 반대하였던 파리 대학의 신학자 장 드 포일리Jean de Pouilli의 견해를 둘러싼 논쟁에 그가 결부되었다고 밝혀냈다.[24] 특히 재속 성직자와 경쟁하여 고해성사를

---

24) A. Maier, "Der literarische Nachlass des Petrus Rogerii(Clement VI) in der Borghesiana", *Ausgehendes Mittelaliter, gesammelte Aufsätze zur Geistesgescgichte des*

들는 탁발수도사들의 권리에 대한 것이었다. 논쟁들은 곧 교황의 권위의 전체 문제를 둘러싼 것으로 확대되었고, 포일리의 주된 주제들 가운데 하나는 사도들과 제자들의 승계자들로서의 주교들과 사제들이 교황의 중재를 통해서라기보다는 그리스도로부터 직접 그들의 권위를 받았다는 것이었다. 교황 요한 22세는 놀랍지 않게도 이에 대한 이의를 제기하였다. 재판은 4년 동안 끌었으나 1321년 7월 24일 요한 22세는 〈선출에 대하여 Vas electionis〉에 관한 포일리의 견해들을 정죄하였다. 이 재판에서 포일리에 대항하는 신학적 공격수단을 요한에게 제공하였던 이들 가운데 하나는 도미닉회의 피에르 드 라 팔루Pierre de la Palu였다.

피에르 로저는 도미닉회의 〈교황의 권한De Potestate Papae〉에서 많은 부분을 차용하였다. 그가 파리에서 간직하였던 비망록 속에서 이러한 연결을 적어 놓았다. 그가 개입하였다는 사실이 당시에는 거의 주목받지 못하였다. 마이어가 분석한 미완성된 첫 번째 필사본에서는 교황이 포일리의 첫 번째 항변(1318년 7월)에 대한 그의 견해를 물어본 것이 들어있다. 추기경회의에서 공공연히 읽혀지게 되었던 두 번째 필사본은 사제적인 권한의 기원들에 대한 포일리의 견해들을 반박하는 것이었다.25)

1320-1321년에 포일리 문제에 병행하여, 피에르는 피터 롬바르드의 문장론에 대한 일련의 눈에 띄는 대학 논쟁들에 참여하고 있었다. 그의 주된 적대자는 프란체스코회의 프랑소아 드 메이론네François de Meyronnes였는데, 이 논쟁은 책으로 편찬되었다.26) 논쟁들은 삼위일체의

---

14. *Jahrhunderts*, ii(Rome, 1967), pp.510-516. 이 논쟁에 관해서는 J. G. Sikes, "John de Pouilli and Peter de la Palu", *EHR* XLIX(1949), pp.219-240 참조.

25) D. Wood, *Pope Clement VI; The Pontificate & Ideas of An Avignon Pope*(Cambridge Univ. Press, 2002), p.8.

26) Ed. J. Barber, *François de Meyronnes - Pierre Roger: 'Disputatatio'*(Paris, 1961). 논쟁

226 제2부 14세기의 아비뇽 교황청

신학에 관한 것이었고, 베네딕트회가 보다 전위적인 스코투스주의자들의 견해에 반대하는 '토마스주의'를 수용하였다. 스코투스주의자들은 삼위일체의 세 위격들에 대한 공식적인 차별성의 이론을 적용하려는 것이었다. 피에르는 삼위일체의 개체성을 주장하였다. 두 가지 견지에서 피에르의 견해는 보다 정통적이었고, 이러한 정통성은 이후에 영향을 미치게 되었으며, 그의 교황기 동안 그는 유명론자

둔스 스코투스와 토마스 아퀴나스

의 견해들을 부분적으로 오캄의 그것에 근거하여, 파리 신학자들 니콜라스 오트르코르Nicholas of Autrecourt(1346년)와 존 마이레코르트John of Mirecourt(1347년)를 정죄하였다. 또한 피에르는 토마스 아퀴나스를 칭송했는데, 이는 1324년, 1326년, 1340년에 아퀴나스의 영예로움을 설교하였던 3번의 강론에서와 그가 완성하였던 그의 저술목록에서 증명되었다.[27] 피에르는 일찍이 교황 요한 22세가 1323년 7월 18일에 토마스 아퀴나스를 시성하였을 때 그 일에도 관여하였던 것으로 알려졌다.

에 관해서는 이 책의 서문(pp. 22-35) 참조.

27) M. H. Laurent, "Pierre Roger et Thomas d'Aquin", *Revue Thomiste* XXXVI(1931), pp. 157-173.

피에르는 당대에 토마스에 대해 누구보다 깊이 이해하고 있었을 것이다.

이후 교황 직위에 오른 클레멘스 6세는 재위 동안 백년전쟁도 있었지만 이외에도 수많은 사람들이 사망하였던 두 가지 사건이 일어났는데, 하나는 흑사병이었고, 다른 하나는 유대인 대량학살이었다. 그러나 이 두 가지 사건 모두에서 클레멘스 6세는 당대인들이 취한 태도와는 매우 다른 모습을 보여주어 흥미로웠다. 그렇다면 그는 왜 이러한 태도를 취하게 되었을까 궁금해진다.

3. 클레멘스 교황의 새로운 인식들

1) 유대인 및 가난한 이들에 대한 이해

(1) 당대인들의 유대인 박해

14세기 유럽은 유대인들에 대해 매우 가혹한 박해의 시기였다. 먼저 일어난 박해는 1306년 프랑스 군주 필립 단려왕(1285-1314)이 화폐를 추구하는 극악한 방법으로 유대인들의 재정적인 부와 재산을 침탈하고 모든 유대인들을 프랑스에서 무자비하게 추방하였던 조치에서 기인하였다. 그러나 필립이 사망한 후 유대인들은 왕실 특허장에 의해 이후 9년 동안 그들의 거주를 재 인정받게 되었으나, 1322년 다시 그들이 우물에 독을 넣어 퍼트렸다는 거짓 누명에 근거하여 추방되었다. 이 시기에 그들의 추방은 거의 40년 동안 지속되고 있었다.

또 하나는 이 시기 유럽에 자신의 몸에 채찍질하는 사람들flagellants의 운동이 있었다. 이들은 순회하는 속죄자들의 무리를 이루었고, 그들 가운데 많은 이들이 불평을 품은 다른 영혼들을 모으러 길을 따라 아비뇽으로 건너왔다. 이곳에서 그들은 맨발에 회색의 펠트 모자를 쓰고 그들의 눈을 아래로 깔고 그 도시를 천천히 돌아다니기 시작하였다. 이들은 각자 회초리를 하나씩 들고 다니며 자신들의 몸을 때려 그들의 의복이 피로 물들어 있곤 하였다. 이들 편태자들 가운데 두 번째 부류는 유대인들을 박해하는 자들이었다.

또한 신성로마제국 안에서만 적어도 300개의 유대인 공동체들이 흑사병 시기에 전멸되었다는 기록이 있다.[28] 따라서 유대인들이 그리스도교 사회에서 자리할 수 없다는 생각이 그리스도교 왕국의 대부분 지역에서 널리 퍼지게 되었다. 많은 유대인들이 도주하였으나 그들이 도주한 지역 어디에서도 안정을 찾기는 어려운 일이었다.

(2) 유대인 포용 정책

흑사병의 최절정기인 1348년 여름에 유대인들은 샘과 수원에 독을 넣어 흑사병을 유발하였다는 죄명으로 처음 일어난 일은 아니지만 고발당하였다. 클레멘스 교황은 1348년 7월 4일에 유대인과 그들의 재산을 보호하는 하나의 교령을 반포하였고,[29] 이것은 9월 26일에 보다 강화된 교령으로 잇달았다.[30]

수개월 후 유대인 대량학살이 일어났는데 이는 이단적인 채찍질하는 사람들의 무리에 의해 고무되어 새로운 분노로 표출된 것이었다. 이 채찍질하는 사람들은 유대인들이 신에게 노여움을 사게 되어 흑사병

---

28) E. Mullins, *The Popes of Avignon: A Century in Exile*(Blue Bridge: New York, 2008), p.131.

29) O. Raynaldus, *Annales Ecclesiastici*(Lucca, 1751) vi, ch.33, p.477.

30) Clément VI. *Lettres closes, patentes et curiales se rapportani à la France*, Ed. E. Déprez, J. Glénisson, and G. Mollat(Paris, 1910-1961), no.3966.

흑사병 시기의 유대인 화형

이라는 벌이 인류에게 내려졌다고 생각하였다. 이들은 신이 유대인들의 근절을 원한다는 믿음으로 그들의 근절을 훌륭한 조치로서 요구하였다.[31] 그러나 클레멘스 교황은 1349년 10월 20일에 교령을 반포하여 오히려 채찍질하는 사람들을 정죄하였다. 그렇다면 클레멘스는 왜 유대인들을 관용하게 되었는가?

클레멘스의 정치적 모음집과 서간들을 통해 보면 클레멘스 교황은 이스라엘 사람들과 그리스도교 사람들 간의 긴밀한 동일성을 찾아내었다. 이스라엘 사람들은 그리스도교 사람들의 전형이 되었다. 그에게 교회 그 자체는 시나고그의 지속이었으며, 그리스도의 도래는 단절이라기보다는 일종의 변형을 가져왔다. 그리스도 이전에 시나고그는 하나의 민족이며 하나의 영토인 유대에 제한되었다. 그러나 이제 교회는 보편적으로 모든 영역에 전반적으로 퍼져나갔다.[32] 신약성서에서 하느님은 예언자들을 통해 이스라엘 사람들에게만 설교하는 것이 아니라, 그는 아들 성자를 통해 온 세상을 향해 말하였다. 궁극적으로 클레멘스는 그리스도 그 자신을 유대인과 이방인들을 연결하는 본질적인 고리로 인식하였다. 교황 인노켄티우스 3세의 설교를 반향하듯이 그가 설명한 것은 그리스도가 이들 사이에서 모든 행위들을 행하기를 좋아하

---

31) D. Wood, *Pope Clement VI*, p.197.
32) Clement VI, sermon 45, MS Paris, *Bibilotheque Sainte-Geneviève*, 240, fol. 337v.

였다는 것이다. 그리스도는 마구간에서 두 동물 황소와 당나귀 사이에서 태어났으며 이들 각각은 이방인들과 유대인들을 가리켰다. 그리스도는 언제나 이들 사이에 있기를 원했으며 따라서 그는 성경의 모퉁이돌처럼 이방인들과 유다인들을 동등하게 묶으려 하였던 것이다.[33] 그리하여 클레멘스 6세가 유대인들을 박해한다는 것은 그가 그리스도의 대리자로서 자신의 역할을 거의 수행하지 않는다는 것이 되었다.[34] 이러한 인식에 근거하여 유대인들을 지원하려는 클레멘스의 태도는 그 시대에 팽배했던 반 유대주의에 대해 정면으로 대항하는 것이었다. 이는 또한 자신의 주치의라고 할 수 있는 귀이 드 숄리악의 조언도 받아들였을 것이다. 귀이는 외과의로서 흑사병의 원인을 유대인들에게 돌리는 것에 적극적으로 반대하며 과학적인 방법을 사용하여 이를 규명하려고 노력하였던 인물이기도 하였다.

클레멘스의 유대인 지원에 힘입어 이 시기에 최소한 200개의 유대인 가정 공동체가 아비뇽에 영속적으로 정착하여 교황의 보호를 받게 되었다. 더욱 많은 이들이 교황령의 도시 경계 내에서 그들의 가정을 이루었는데, 특히 콩타 브네생[35]의 수도였던 카르팡트라에서 그러하였다.

이 도시는 번영하는 작은 도시였으나 유대인 이주민의 영향으로 팽창하기 시작하였다. 이후 20년 안에 카르팡트라는 프랑스에서 현재까지도 남아있는 가장 최고最古의 훌륭한 유대인 회당을 지니게 되었다.

---

33) Clement VI, sermon 46, fol. 413i. "Voluit sicut lapis angularis [Ps. cxvii(cxviii), 22] in medio poni ut coniungeret utrumque pariter : iudeorum scilicet et gentilium" Cf. Innocent III, *Patrologia Latina*, ed. J. P. Migne(Paris, 1841-1864), 217, 811.

34) D. Wood, *Pope Clement VI*, p.201.

35) 교황령 도시들은 이탈리아에 7개와 알프스 이남에 유일하게 있었던 콩타 브네생이 있었다. 이곳 콩타의 주요 도시로는 카르팡트라, 카바용, 뻬른느 및 베종이었다.

이런 유대인 가정에서 성장한 인물 가운데 한 사람이 1370년대 아비뇽과 파리 대학에서 활동했던 유대인 외과의사 제이콥 솔로몬Jacob b. Solomon이었다. 제이콥의 부모는 프랑스에서 살고 있다가 필립 단려왕에 의해 추방되어, 이후 아비뇽에 정착하게 되면서 그를 낳게 되었다. 그리하여 그는 프랑스인 정체성을 지닌 그리스도교도 성직자가 되었으며, 이후 프랑스 왕실과 교황청에서 활동했으며 여러 환자들을 만나고 진찰을 통해 실습에 뛰어난 의사였다.[36] 따라서 클레멘스의 아비뇽과 콩타에서의 유대인 포용정책은 유대인들에게 안전한 안식처를 제공하는 것이 되었고, 이렇게 정착한 유대인들은 아비뇽 시와 콩타 지역을 급속히 발전시키는 데 중요한 역할을 하게 되었다.

(3) 이교도, 분열주의자에 대한 태도

그렇다면 클레멘스 교황은 이교도에 대해서는 어떤 입장을 지녔을까? 이를 위해서는 두 가지 측면에 나타난 그의 태도를 살펴보겠는데, 하나는 그리스도교도들에 대한 이교도인들의 통치이며, 다른 하나는 이교도들에 대한 이교도들의 통치에 관한 논의였다. 먼저 그는 교황 인노켄티우스 4세와 토마스 아퀴나스를 지지하는 입장이었는데, 아퀴나스를 인용하여 그는 그리스도교도에 대한 이방인의 통치는 철회되어져야 한다고 보았다. 또한 이교도에 대한 이교도 통치에 대해서도 보다 모호한 태도를 취하는 것처럼 보이나 그의 결론은 충분히 명확하

---

36) 당시 파리 대학교의 의학 프로그램은 이론보다는 실습을 중요시 여겼다고 한다. 이는 여타의 다른 지역과는 다른 학문적 태도였는데, 제이콥은 이론과 실습을 겸비하여 환자에게 처방하였던 당시 탁월한 의사였다고 한다. 그에 관한 연구로는 S. Einbinder, "Theory and Practice: A Jewish Physician in Paris and Avignon", *Association for Jewish Studies Review* Vol.33. No.1(April, 2009), pp.135-153 참조.

였다. 교회는 이것이 적절하다면 전능권을 사용하여 이교도를 추방하도록 명령할 수 있다.

그것이 항상 필연적으로 적합하지는 않았다. 타타르족의 경우에 클레멘스의 초기 대응은 친근하기조차 한 관용적인 것이었다. 크리미아의 칸이었던 드자니 벡Djani-beg에게 보낸 그의 서한에서 나타나는데, 이는 칸의 선조들이 자신들의 영토에서 그리스도교 설교가들을 허용하였고 그들을 보호해 주었기 때문이었다.[37] 확실히 교황은 칸이 그의 선조들을 본받아 교황의 그리스도교 왕국의 평화로운 확장을 증진시키길 희망하였다. 이교도 지배는 그리스도교도 지배가 되어져야 했던 것이다. 그러나 타타르족이 폴란드와 헝가리의 그리스도교 왕국들을 공격하였을 때 교황은 그들에 대항하는 하나의 십자군을 선포하였던 것이 그의 교황기 후반의 일이었다.

또한 이교도들에 대한 강제 개종의 문제와 연관되어 클레멘스는 인노켄티우스 4세 교황보다 더욱 극단적인 입장이었다. 인노켄티우스는 이교도들이 그리스도교를 강제적으로 포용하도록 해서는 안 되고 다만 그리스도교 설교가들을 인정하도록 해야 한다고 생각하였다. 이는 그들이 교황이 그들을 처벌하도록 조치할 수 있었던 자연법을 어기고 있었을 경우에 한한 것이었다. 설령 인노켄티우스가 처벌이 취해져야 할 어떤 상황에서도 그는 벌을 내리지 않았을지라도 말이다. 그러나 클레멘스 6세는 달랐다. 자연법을 어긴 죄인들이었던 이교도들은 교황에 의해 강제되어야만 했으며, 교황의 의무는 그의 신민들에게 그가 천명하였던 올바른 이성에 따라 살아가도록 강제하는 것이었다. 올바른 이성에 따라 살아가도록 이교도들을 강제하는 것이 그들의 그리스도교로의 강제적인 개종을 위한 완곡어법이었다. 그렇게 하여

---

37) O. Raynaldus, *Annales Ecclesiastici*, vi, chs.21-22, p.316.

그들은 신법에 따라 살아갈 수 있게 되었을 것이다.[38] 교황의 목적은 신앙의 바깥에 있는 사람 모두를 로마 교황좌에게 복종하도록 데려오는 것이었다.

(4) 가난한 자들에 대한 지원

클레멘스가 아비뇽과 자신을 묶어 생각하는 것은 그가 그 도시와 그곳의 시민들의 복지에 대해 지녔던 관심을 반영하는 것이었다. 1342년 12월에 그는 다리를 보수하기 위해 사람들에게 대사들indulgences을 허용해주었는데, 이는 아마도 그 해의 홍수로 인해 파괴되었던 것을 복구하기 위함이었다.[39] 흑사병 기간에 클레멘스는 그 자신의 비용으로 감염된 사람들에게 음식을 주며 돌보고 장례의 일을 감독하였다. 그는 아비뇽 도시 바로 외곽의 한 경작지를 구입하여 공동묘지로 사용도록 하였으며, 또한 그는 동일한 목적으로 이용하기 위해 론 강 계곡을 축성하였다.[40]

더욱이 클레멘스는 가난한 사람들에게 가장 깊은 연민을 느꼈다. 동시대 인물로서 교황청의 궁정사제였던 루도비쿠스 상투스 베링겐[41]에 따르면, 추기경 지오반니 콜로나로 하여금 많은 양의 빵을 매일 가난한 자들에게 지급하도록 하였는데, 이를 위한 교황의 자선배급소 Pignotte가 대략 3만 개 있었다고 한다. 교황 요한 22세 치세 하에서 그것이 1만 개 있었다[42]고 하니 3배나 증가된 셈이다. 또한 클레멘스가

---

38) D. Wood, *Pope Clement VI*, p.195.

39) S. Baluze, *Prima Vita*, p.242.

40) Louis Sanctus of Beringen, *Tractatus de Pestilentia*, ed. A. Welkenhuysen, "La Peste en Avignon(1348) décrit per un décrit per un témoin oculaire, Louis Sanctus de Beringen", *Pascua Medievalia: Studies voor Dr. J. M. de Smet*(Louvain, 1983), p.467.

41) 다음 장인 제5장 3)절에서 자세히 설명됨. 283-289쪽 참조.

사망했을 때, 아비뇽에서의 그의 단순한 장례식은 장례비용에 들어갈 화폐를 그 도시의 가난한 이들에게 분배하도록 그가 원했던 결과였다.[43]

2) 천문학 및 의학에 관한 관심

(1) 천문학에 대하여

젊은 시절의 클레멘스는 새로움에 대해 쉽게 받아들이지 않는 태도를 드러내기도 했다. 두 번의 파리 설교에서 그는 자신의 동시대인들을 진보적이고 세속적인 연구들에 그들의 관심을 두었다고 비판하였다. 그들은 유해한 지식을 선호함으로 아담과 이브의 호기심을 모방하였다. 즉 옛 것보다는 새 것에, 신성보다는 인간에, 주님의 율법보다는 유스티니아누스의 법률을 선호하였다는 것이다.[44]

그럼에도 불구하고 바티칸 보르게즈 모음집Vatican Borghese collection의 필사본들에 관한 안넬리제 마이어Anneliese Maier의 연구 덕분에 신학과는 별개의 그의 초기 관심의 일부분을 클레멘스가 자필로 쓴 필사본을 통해 알 수 있다.[45] 바티칸 보르게즈 247 자필 필사본[46]의 내용은

---

42) Louis Sanctus of Beringen, *Tractatusde Pestilentia*, p.469 ; Mollat, *Les Papes d'Avignon*, p.515.

43) E. Déprez, "Les Funéraiiles de Clément VI et d'Innocent VI, d'après les comptres de la cour pontificale", *Mélanges* XX(1900), pp.236-237.

44) Pierre Roger, sermon 38, 240, fol. 120v. sermon 15, p.474 ; "Novitas enim parit discordiam, et ideo in rebus novis constituendis evidens debet esse utilitas, vel urgens necessitas". 전반적인 논문으로는 B. Smalley, "Ecclesiastical attitudes to novelty, c.1100-c.1250", *SCH* XII(1975), pp.113-131 참조.

45) A. Maier, *Codices Burghesiani Bibliothecae Vaticanae* = *Studi e Testi* CLXX(Vatican City, 1952).

46) *Ibid.*, pp.295-300.

클레멘스가 자신의 상상력을 담은 어떤 것을 복사한 것으로 매우 풍부하고 다양한 것이어서 그것은 르네상스 명문집의 선구자로 일컬어질 몇몇 주장을 하고 있다. 전반적으로 필사본들은 천문학, 점성술, 의학에 관심을 드러냈다.[47] 그는 또한 히브리어 알파벳의 일부를 그의 명문집에 베껴 적었는데, 이는 그가 히브리어를 배웠을 것이라는 점을 제시하며 왕왕 르네상스 학자들과 연관시키는 것이다. 이러한 흥미를 반영하여 1342년에 클레멘스 6세는 랍비 레비 벤 제르송이 저술하였던 천문학적-철학 논문집의 일부를 히브리어에서 라틴어로 옮기라는 의뢰를 하였고, 이후에 두 번째 판도 의뢰하였을 것이다.

더욱이 그는 1344년에 음악 이론가이며 천문학자인 장 드 뮈르Jean de Murs를 아비뇽에 초청하였다. 뮈르는 파이어맨 드 보발Firman de Beauval과 함께 신학자들, 수학자들 및 점성가들을 이끄는 수장이 되어 율리우스력의 개정을 시도하였다.[48] 또한 뮈르는 클레멘스에게 점성술에 근거한 정치적 조언을 명백히 해주었으며, 뮈르와 레비 벤 제르송 두 학자 모두는 1348년의 흑사병[49]에 대해 천문학적 측면에서 설명하려고 시도했다.[50] 이는 클레멘스에게도 영향을 주었을 것이다.

(2) 흑사병에 대하여

수많은 유럽인들을 죽음으로 몰고 간 흑사병이 1348년 초봉헌축일(2월 2일)에 아비뇽에서 발병하였을 때, 인구 절반 이상이 사망하였던

---

47) D. Wood, *Pope Clement VI*, p.65.

48) E. Déprez, "Une Tentative de reforme du calendrier sous Clément VI. Jean de Murs et la Chronique de Jean de Venette", *Mélanges* XIX(1899), pp.131-143.

49) 흑사병에 관한 국내 논문으로 박흥식, 「흑사병 논고」, 『역사교육』 106호 (2008.6), pp.183-210 참조.

50) A. Tomasello, *Music and Ritual at Papal Avignon*(Umi Research Press: Yale, 1983), pp.15-16.

그 도시의 상황은 매우 충격적인 것이었다. 이에 대한 클레멘스의 공식적인 행동은 사망한 자들에게 대사indulgences을 베풀어 주었고, 이러한 일이 일어나게 된 징벌의 원인을 죄 많은 세상에 대한 신의 심판이었다고 강론하였고, 신에게 애절한 간구를 올리는 것이었다. 루도비쿠스 상투스는 죄에 대한 강조로 많은 사람들이 이러한 대재앙이 헝가리 왕자 안드류의 살인자에 대한 신의 보복으로 생각하였다고 설명하기도 하였다.[51] 조안나[52]와 그녀의 두 번째 남편이 아비뇽에 오게 된 것이 봄이었는데, 이것이 불을 지피게 되었을 것이라는 점이다.

그러나 교황 클레멘스 6세는 이러한 흑사병에 대해 자신의 공식적 태도를 표명한 것과는 대조적으로, 그의 비공식적 태도에서는 심중에 인문주의자적 경향을 드러내었다. 그는 대재앙에 대해 신학이나 점성술로 정당화하려 하지 않고 과학적인 관심을 지녔다는 것이다. 루도비쿠스 상투스가 전해주는바, 클레멘스가 그 사건이 일어난 원인을 알아내고자 아비뇽에서의 흑사병 희생자들에 대한 시체 해부를 시행하도록 명령하였다는 것이다.[53] 그러한 실험들이 이 시기에 알려지지 않았던 일은 아니었다. 일례로 1340년 몽펠리에 대학의 정관은 총장에게 적어도 2년에 한 번씩 학생들이 해부할 수 있도록 학생들에게 시신 한

---

51) Louis Sanctus of Beringen, *Tractatus de Pestilentia*, p.468.

52) 당시 조안나 1세(1343-1382)는 나폴리 여왕이었다. 그녀는 칼라브리아 공작 샤를의 딸로서 군주였던 조부 로버트를 1343년에 승계하여 왕위에 등극하였다. 이후 자신의 사촌 헝가리의 안드류와 결혼했으나, 1345년 그가 갑자기 사망하게 되자 그의 형제였던 헝가리 군주 루이 1세는 그녀를 남편의 살인자로 제소한 상태였다.

53) Louis Sanctus of Beringen, *Tractatus de Pestilentia*, p.466 ; "... est enim facta anatomia per medicos in multis civitatibus Ytalie, et etiam in Avinione, ex jussu et preccepto pape, ut sciretur origo morbi huius, et sunt aperta et inscisa multa corpora mortuorum." 이에 대한 논의는 A. M. Campbell, *The Black Death and Men of Learning*(New York, 1931), p.111.

구를 제공하도록 규정하고 있었다.[54] 그러나 이러한 조치들이 대학교들 밖에서 취해지는 것은 매우 특별한 일이었다. 그리고 한 명의 교황이 그러한 시기에 공식적으로 그러한 일을 시도하였다는 것은 이례적인 일이었을 것이다. 교회는 인간의 육체를 훼손하는 것에 대해 강력하게 반대하였는데, 이는 신앙에 근거한 것으로서 육신의 궁극적인 부활이 사도신경에 들어있는 내용이기 때문이었다. 이러한 반대는 1299년 보니파키우스 8세의 법령에 의해 강화되었는데, 즉 시신을 분할하고 사지를 다른 장소에 매장하는 것에 관한 것이었다.[55] 설령 클레멘스가 이러한 관행을 따랐던 프랑스 왕실가문의 사람들에게 특전을 베풀었을지라도 말이다. 그리하여 클레멘스가 공식적으로 시체 해부가 일어나도록 교황 법령을 명하거나 허용하였다는 흔적조차 없다는 점은 이해할 만한 일이다. 따라서 그들의 시체 해부는 의학 학문에 대한 클레멘스의 개인적 관심에서 시작되었던 것처럼 보이며, 그러한 점에서 그것이 신의 의지대로 육체적으로 고통받는다는, 전반적으로 받아들여진 신학적인 수용과는 대비되는 관점을 드러낸 것이라 할 수 있다.[56]

3) 고전 학문 및 예술 후원

(1) 페트라르카에 대한 지원

클레멘스는 게라스Gerace의 '그리스(정교회)' 주교 발람 칼라브리아Barlaam of Calabria를 후원하여, 그가 교황청에서 그리스어를 가르칠 수

---

54) L. Demaitre, "Theory and practice in medical education at the University of Montpellier in the thirteenth and fourteenth centuries", *JHM* XXX(1975), pp.103-132.

55) Boniface VIII, *Detestandae feritatis abusum* [*Extrav. Comm.* III, vi, I].

56) D. Wood, *Clement VI*, p.67.

있게 하였다. 발람의 제자들 가운데 페트라르카가 있었다. 그가 '바빌론'이라고 혐오하여 공언하였던 그 도시에서 그 시인에게 주었던 것은 바로 이러한 후원금이었다.

페트라르카는 자신이 비방하였던 교황들 즉 클레멘스 6세뿐만 아니라 이전 교황인 요한 22세에게서도 성직록을 받았다. 그는 명성을 추구하기 위해서 뿐만 아니라 이들 공격적인 서한들을 쓰기 위해서도 그를 자유롭게 해주었던, 자신이 좋아하는 자유시간을 그들 덕택에 향유하였다. 페트라르카는 롬베즈, 피사, 파르마, 파두아, 마데나, 그리고 몽셀릭에서 성당 참사위원직을 수행하였다. 그리고 추기경 지오반니 콜로나, 나폴리 군주 로버트, 이후 나폴리 여왕 조안나의 궁정사제로 일했다. 또한 파르마에서는 대부제직을 수행하였다. 그가 재산을 소유하였고 파르마와 파두아에서 법률가로 개업한 이후, 그리고 그가 다른 성직록들에서 얻는 자신의 수입들을 수합하기 위해 대리인들에 의존하였던 것은 그가 교회에 의해 금지되었으며 아비뇽 교황청의 악명의 주요 원인이 되었던 성직겸직 주의에 명백히 동의한 것이었다.[57]

무엇보다도 페트라르카는 클레멘스의 후원하에 몇 개의 성직록들의 수입을 향유하였고, 적어도 두 번씩이나 한 주교직을 받을 수 있었다. 아마도 그는 교황청의 문학적 양식을 증진시킬 수 있을 것을 희망하여 또한 사도좌의 비서로서 한번 이상 봉직하였다.[58] 또한 교황은 페트라르카의 이탈리아 친우들에게도 호의를 베풀었는데, 페트라르카의 사생아인 15세의 지오반니에게는 베로나의 참사원직을 허락하였다. 그러나 페트라르카는 서한 7에서 클레멘스를 니므롯과 비교하면서 교황의

---

57) R. Coogan, *Babylon on the Rhone: A Translation of Letters by Dante, Petrarch, and Catherine of Siena on the Avignon Papacy*(Maryland, 1983), pp.6-7.

58) E. H. Wilkins, *Studies in the Life and Works of Petrarch*(Cambridge, Mass., 1955), pp.15-17, 22-24, 66-80.

명예를 실추하였으나 또 다른 자신의 저술 *Rerum memorandarum libri*에서 페트라르카는 그를 탁월한 목자로서 묘사하기도 하였다.[59] 페트라르카는 아비뇽에 넘쳐났던 기식자의 중세적 유형이었던 궁정에 속하는 성직자들clericus aulicus같이 처신하는 것처럼 보였다.

(2) 새로운 음악에 대한 후원

필립 드 비트리

클레멘스가 교황직위에 오른 후 두 사람의 음악가들이 처음으로 후원을 받았는데, 그중 하나가 필립 드 비트리Philippe de Vitry였다. 교황은 그에게 아낌없는 지원을 하였는데, 비트리는 파리에서 그와 동시대를 살았던 인물로 이후 프랑스의 군주 샤를 4세와 필립 6세 통치하에 왕실 관직을 지내기도 했다. 비트리는 현대 음악에서 '새로운 예술'로 알려진 새롭고 세속적인 양식의 선구자로서 유명하였다. 사실상 새로운 예술의 전체 운동은 그가 저술하였던 논문집 제목에서 그 이름을 택하게 된 것이었다. 신성을 모독하는 이러한 새로운 음악은 요한 22세가 종교적인 음악에 새로운 양식의 적용을 지원하면서부터 시작되었다. 교황 요한은 감동적인 교령 〈거룩한 교의Docta sanctorum〉(1324-1325)를 반포하였다. 그러나 그는 가수들이 귀를 부드럽게 하기보다는 도취시키고 있으며, 헌신을 실추시키는 저속한 몸짓으로 노래를 불렀다고 불평하였다.[60]

---

59) Petrarch, *Rerum memorandarium libri*, ed. G. Billanovich(Florence, 1943), p.49.

이에 클레멘스는 새로운 양식에 대한 공식적인 반대를 눈감아주고 있었던 것처럼 보인다. 비트리는 교황직에 선출된 그를 축하하기 위해 열광적인 모테트(성경의 문구 따위에 곡을 붙인 반주없는 성악곡)를 작곡하였다.[61] 악곡은 성음악이라기보다는 세속적인 전통에 속하는 한 형식의 일례로서, 그것은 몇 가지 새로운 예술의 특징들을 드러내었다. 클레멘스는 이를 거부하기는커녕, 비트리를 자신과 함께 식사하는 궁정사제들 가운데 한 사람으로 임명하였고, 이후 1351년에는 모Meaux의 주교로 임명하였다. 군주 필립 6세와 이후 그의 아들 선한 왕 장에게도 계속 봉사하였을지라도, 비트리는 특히 1342년에서 43년까지 아비뇽에 머물렀다.

또한 비트리는 자신의 친우 추기경 귀이 드 볼로뉴Guy de Boulogne를 궁정사제가 되게 하였을 것이다. 이것은 귀이가 교황 채플에 임명되었을 때 그를 교황에게 추천하였던 사람이 비트리였던 것처럼 보이기 때문이다. 교황은 북부와 중부 프랑스에서 온 성가대원들을 모집하는 한 전통을 시작하였는데, 이들은 거의 확실히 새로운 양식의 열광적 추종자들이 되었을 것이다.[62]

투르바두스들이 군주에게 악기를 연주해 주는 모습. 14세기 익명의 독일인 투르바두스

---

60) D. Wood, *Clement VI*, p.69.
61) 보다 상세한 연구로는 A. Wathey, "The Motets of Philippe de Vitry and the Fourteenth-Century Renaissance", *Early Music History* Vol.12(1993), pp.119-150 참조.
62) N. Hugho, "Les Livres liturgiques de la Chaise-Dieu", *Revue bénédictine*, LXXXVII Maredsous(1977), pp.334-335.

르네상스 교황들에 관한 클레멘스의 진정한 예견은 그가 후원을 통해 광범위하게 다양한 학자들과 예술가들을 고무하였다는 점에 있다. 간접적으로 이것은 교황 자신이 예측할 수 없었던 결과였다. 20세기의 학자들은 새로운 인문주의의 발전과 프랑스-이탈리아 문화를 성숙시키는 영양원으로서, 그리고 유럽의 다른 지역으로 그것을 전파시키기 위한 일종의 어음 교환소로서 아비뇽 교황청의 중요성을 인식하게 되었다.[63]

(3) 교황청 궁정의 개축

클레멘스의 주요 건축가는 일드 프랑스 출신의 장 드 루브르Jean de Louvres였다.[64] 그의 가장 감동적인 작업은 1345년에 시작하였던 대 알현실Grand Audience과 성 베드로에게 헌정된 대 예배당Great Chapel으로 1351년에 완공되었다.

궁정의 장식에서 특히 천사들의 탑Angels' Tower에 있는 교황의 침실 벽면은 많은 관심을 불러일으켰다. 그 방은 푸른색 바탕에 잎무늬 장식을 한 소용돌이무늬들의 기하학적 양식으로 표현되었고, 포도나무들과 참나무의 가지들 위에는 새들이 앉아있으며 숲속에는 동물들이 있는 등 생생하며 풍요롭게 그려졌다. 가장 눈에 띄는 모습은 창문들의

---

63) B. L. Ullman, "Some aspects of the origin of Italian Humanism", *Philological Quarterly* XX(1941), pp.212-223 ; F. Simone, *The French Renaissance. Medieval Tradition and Italian Influence in Shaping the Renaissance in France*, tr. H. G. Hall(London, 1969), pp.37-78. 또한 회화에서 카스텔누오보, 라클로테와 티에보 및 다른 학자들도 아비뇽을 이탈리아와 북부의 예술적 양식을 위한 만남의 장소로서 간주하였다. D. Wood, *Clement VI*, p.70 참조.

64) P. Gasnault, "Comment s'appelait l'architecte du palais des papes d'Avignon, Jean de Loubiéres ou Jean de Louvres?", *Bulletinde la Société Nationale des Antiquaires de France*(1964), pp.118-127.

수사슴의 방 벽화

벽감을 장식하는 3차원 공간의 새장들인데, 이는 아마도 클레멘스 교황의 공식적인 예술가였던 마테오 지오반네티의 지도하에 그려진 그림으로 볼 수 있을 것이다.[65]

피에르 로저의 개인적이고 세속적인 취미들을 반영하였던 이 방은 '수사슴의 방'Chambre du Cerf으로 불렸던 그의 연구실이었다. 벽면에 그려진 울창하게 우거지고 새들로 가득찬 산림은 세속 영주의 즐거움을

---

65) 이 그림을 누가 그렸는지에 대해서는 클레멘스의 공식적인 예술가였던 마테오 지오반네티 비테르보의 지도하에 수행되었는지 혹은 로빈 로만스 하에서 본토의 작업가들에 의해 수행되었는지가 쟁점이다. 그러나 최근의 학자들은 교황 재정에서의 몇몇 부기 기록들에 근거하여 베네딕트 교황시기의 작업 책임자였던 장 달본(Jean Dalbon)으로 생각하기도 하였다. E. Castelnuovo, *Un pittore italiano alla corte di Avignone. Matteo Giovannetti e la pittura in Provenza del secolo* XIV(Turin, 1962), p.30 ; M. Laclotte and D. Thiébaut, *L'École d'Avignon*(Flammarion, 1983), p.25.

주는 무대가 배경인데, 즉 매사냥, 낚시, 수사슴 사냥(그리하여 방의 이름이 됨), 새 사냥을 하는 곳이다. 남쪽 벽에는 여성들 혹은 아이들이(아마도 교황의 조카들로 보이는) 강에서 멱을 감고 있으며, 북쪽 벽의 낚시하는 장면은 특히 정사각형의 수족관에서 원근법의 이용을 시도하였던 점에서 매우 흥미롭다. 이 역시 마테오 지오반네티에게서 영향받았을 것으로 추정할 수 있다. 전반적으로 이 방은 여러 사람들의 손에 의한 작업으로 프랑스와 이탈리아의 혼합된 영향을 받게 된 것을 보여주는 것으로 생각된다.[66]

교황의 사적인 방들의 장식에서 드러난 점은 '르네상스'의 특징들 즉 자연적인 주제들에 대한 사실적 표현, 자연의 아름다움을 포착하려는 열망, 원근법의 사용 등에서 왕왕 간주되었던 것들이다. 그리하여 건축가들, 화가들, 조각가들에게 아낌없는 후원을 통해 클레멘스는 15세기 교황들의 전조가 되었다. 예술가들에게 사실적인 표현을 창조하기 위해 그리고 자연의 아름다움을 포착하기 위해 후원을 아끼지 않았던 그는 르네상스의 가치를 발전시키는 데 한몫하고 있었다고 볼 수 있다.

4) 교황 무덤의 인물상 및 조각상의 변화

또한 '사실적으로' 표현된 인물상들portraits은 세즈 디유Chaise Dieu 수도원에서 특히 잘 나타났다. 1344년 클레멘스는 그 수도원 건물에 관심을 지니게 되었다. 그곳의 창시자 성 로베르(1067년 사망)가 세운

---

66) D. Wood, *Pope Clement VI*, p.60. 당시 지오반네티의 작업장에는 Riccone and Giovanni of Arezzo, Giovanni of Lucca, Niccolò and Francesco of Florence, and Pietro of Viterbo 등의 이탈리아인들이 있었다.

로마네스크 교회가 세월이 지나면서 거의 폐허가 되다시피 해 그곳을 재건축하기로 결심하였다. 그리하여 그곳은 처음보다 더욱 거룩한 장소가 될 수 있었다. 남부 프랑스 출신 후구스 모렐Hugues Morel이 맡아 최종적으로 설계된 교회는 사실상 거대한 규모였다. 교황 왕궁에서처럼 내부 장식은 외양만큼이나 중요한 것이었다. 마테오 지오반네티의 그림들이 장식의 중심부에 놓여졌다. 그러나 그곳의 진정한 중심부는 클레멘스의 무덤이었다.

전통적인 교황 성상화에서 교황 클레멘스 6세의 무덤은 왕왕 두드러졌다. 줄리안 가드너Julian Gardner는 모든 현존하는 중세 말기의 교황 기념비들 맥락에서 그 무덤을 논의하였는데, 그는 그것이 이탈리아 혹은 프랑스에서의 이전 교황의 무덤들에 가깝기보다는 프랑스 귀족의 무덤에 더욱 근접해 있다고 보았다.[67] 줄리안이 지적하였듯이, 장례 행렬들은 망자의 친척들과 종속된 사람들을 포함하여 성왕 루이(9세)의 통치 이래로 왕실 가문을 위한 무덤 함Tomb chests 위에 표현되었다. 이러한 확장된 장례 행렬은 클레멘스 6세의 조카이며 나르본의 대주교였던 피에르 데 라 주지Pierre de La Jugie의 무덤에서 볼 수 있다. 이는 클레멘스 교황의 기념비에서 깊이 영향받았을 것으로 여겨지는 기념물이다.[68] 작은 조각상들로 '곡을 하는 자들'과 함께 묘지를 장식하는 이념은 1349년에 상대적으로 새로운 것으로 불렸다. 그 기원은 로마적이고 교회적인 것과는 대조적으로 프랑스적이고 세속적인 것이었다.

더욱이 14세기 후반의 조각상에서 커다란 변화를 읽을 수 있는데, 프랑스 군주 샤를 5세 시기에 조각상에서의 장식적인 모습은 몸의

---

67) A. M. Morganstern, "Art and Ceremony in Papal Avignon: A Prescription for the Tomb of Clement VI", *Gesta* Vol.40. No.1(2002), pp.68-69.

68) *Ibid.*, p.69.

디종 상몰 샤트뢰즈 수도원 정문 트리모의 성모 마리아와 아기 예수상

곡선을 강조하고 예술가 자신이 만들어낸 공상적인 선 형태를 제거하는 새로운 양식에 도전하게 되었다. 그러나 옛 양식이 쉽게 없어지지는 않았다. 그것은 새로운 것과 함께 지속적으로 나타났고, 1370년대에는 동일한 작업장들에서 나타났다. 그러나 파리의 기둥 조각상들에서 아미엥에서의 그것보다 훨씬 더 진전된 자연주의를 드러냈다.[69]

1385년에서 플랑드르의 조각가 클라우스 쉴터Claus Sluter[70]는 부르고뉴 지역의 수도였던 디종에서 궁정 조각가로 활동하였다. 부르고뉴 공 필립 2세는 디종 상몰Champmol 샤트뢰즈에 한 시토 수도원을 세웠다. 젊고 재능있는 그는 부르고뉴 공에게 그 수도원 교회 정문 트리모에

---

69) A. M. Morganstern, "Pierre Morel, Master of Works in Avignon", *The Art Bulletin* Vol.58. No.3(Sep. 1976), p.344.

70) Claus Sluter. 1340-1405년(혹은 1406년) 디종에서 사망. 플랑드르 출신의 석공으로 자신의 시대에 가장 중요한 북유럽 조각가 중의 한 인물이었고, 또한 초기 네덜란드 회화에서의 북부 사실주의의 선구자로서 간주되었다. 1385년부터 그는 장 드 마빌레(Jean de Marville)를 도와 부르고뉴 공 필립 2세(대담공)의 궁정 조각가로 활동하였다. 이후 상몰 수도원 내부의 우물에 〈모세의 샘〉이라는 유명한 조각으로 큰 명성을 얻게 되었다.

세울 조각상을 의뢰받아 성모 마리아가 아기 예수를 안고 있는 상을 만들었다. 이 상은 정교한 해부학적 세부 모습이 담긴 살아 움직이는 듯이 표현된 새로운 자연주의를 표방하였다. 성모 마리아의 몸과 얼굴이 자신이 안고 있는 아기 예수를 향하여 있는 모습에서 이전의 주로 굳은 표정으로 정면을 바라보는 것과는 대비되는 것이었으며, 이전의 장식적인 옷주름도 섬세하게 둘둘말린 의상으로 변화되었다는 점에서 획기적이다. 그리하여 1390년대는 디종에서의 쉴터의 작업의 영향으로 양식이 변화되어 가고 있었는데, 쉴터는 국제적인 양식을 15세기의 새로운 예술ars nova로 변화시키는 중요한 역할을 수행하고 있었다고 볼 수 있을 것이다.[71] 이는 14세기 고딕 예술에서 진화하여 점차 자연주의, 사실주의, 세속성을 가미하여 르네상스 예술로 발전되어 가고 있음을 드러내는 것이라 할 수 있다.

4. 맺음말

클레멘스 6세의 교황 시기는 백년전쟁, 흑사병의 발병과 함께 유대인 대량학살이라는 대재앙이 일어났다. 그러나 그는 몇 가지 점에서 동시대인들과는 매우 구별되는 인식을 하고 있었다. 이 점이 그의 인간적인 면모와 성격을 잘 드러낸다고 볼 수 있을 것이다.

첫째, 흑사병이 창궐하는 동안 그는 동시대인들의 유대인에 대한 질시 및 대량학살과 같은 반 유대적인 태도에서 벗어나, 유대인과 그들의 재산을 보호하는 교령을 반포하여 특별히 돕는 역할을 하였다. 유럽 각지에서 쫓겨나고 배척받는 유대인들에게 안정적인 거주기반을

---

71) A. M. Morganstern, "Pierre Morel, Master of Works in Avignon", p.349.

마련해 주었고 이는 아비뇽 도시를 발전시키는 데 기여하게 되었다. 또한 가난한 자들에게도 배급소에서 매일 빵을 배분함으로써 신의 보편적 인간애를 충실히 이행하는 모습을 볼 수 있었다.

둘째, 학자들에 대한 고전 연구 및 학문 활동을 적극적으로 지원하는 후원자의 역할을 충실히 하였다. 이는 성직록 수여를 통해 아비뇽 교황청 성당의 개축에 참여한 건축가들, 미술가들, 음악가들 및 고전 연구가들에 대한 후원을 하였던 점이다.

셋째, 과학적인 인식과 태도를 지녔던 인물로 볼 수 있다. 흑사병의 발병 이후 인구의 절반가량이 사망했던 상황에서 클레멘스는 병의 원인을 알기 위해 사망한 시신을 해부하라는 명령을 내리는 등 당시로는 매우 획기적인 태도를 보였다. 또한 일찍이 본인 자신의 건강이 매우 좋지 않은 상태여서 이미 두 번이나 수술을 받게 되었다. 고고학적 발굴을 통해 그의 시신에는 두개골을 수술한 흔적이 있음을 확인할 수 있는데, 이를 통해 유추할 수 있는 바는 놀랍게도 클레멘스가 이미 14세기에 외과 수술과 해부 등의 의료행위를 깊이 신뢰하였고 고취하였음을 알 수 있다.

요컨대 우리는 그동안의 클레멘스 6세에 대한 자료 부족과 관심의 부재로 그에 대해 혹독한 비판적인 평가만을 해왔다. 그러나 이 글을 통해 그의 소외된 사람들에 대한 깊은 이해와 배려, 사물에 대한 실증적이고 과학적인 탐구정신, 고전 학문에 대한 후원, 아름다운 건축물에 표현된 자연주의, 사실주의 및 세속주의 추구 등에서 이는 다음 세기에 나타날 이탈리아 르네상스 이념의 발전에 기여하고 있음을 알 수 있다. 따라서 유럽 역사에서 14세기와 15세기 및 16세기는 단절이라기보다는 장기 지속적인 측면에서 살펴보아야 하는 한 단면을 드러내고 있는 것이다.

제 5 장

아비뇽에서 활동한 고전학 연구자들

1. 프란체스코 페트라르카 Francesco Petrarch

1) 생애

페트라르카(1304-1374)는 지적 문화적 운동이 고전의 사랑에 뿌리내리고 그것이 재탄생하기를 열망하는 르네상스 인문주의를 발전시킨 중요한 인물이었다.[1] 그는 이탈리아 아레조의 도시에서 1304년 7월 21일 태어났으나 젊은 시절 대부분은 아비뇽에서 지냈다. 그의 부친 세르 페트라콜로 Ser Petracolo 는 피렌체에서 살면서

프란체스코 페트라르카

---

1) Ed. Kenneth Gouwens, *The Italian Renaissance; The Essential Sources*(Blackwell Publishing Ltd., 2004), p.24.

페트라르카의 출생지, 아레조

공화정에서 활발하게 활동하였다. 그는 매우 심각한 상황에서 그 도시의 사절로서 보내졌고, 왕왕 다른 중요한 일들을 맡기도 하였다. 그는 피렌체 공화정에서 활동하였던 리포르마지오니 Riformagioni의 서기로서 한때 일하기도 하였다.[2] 그는 유능하고 활동적이며 꽤나 신중한 사람이었다. 교황파였던 갤프가 백색파와 흑색파로 분열되어 시민들이 고통을 겪던 시절에, 그는 백색파를 지지하였고, 그 결과 다른 이들을 따라 피렌체에서 추방되었다. 1302년 단테와 함께 많은 이들이 추방되어 그는 약 60마일 떨어진 아레조로 피신하였다. 그러나 아레조의 사람들 역시 음모를 꾸민 피렌체의 망명자들에게 냉랭한 분위기였기 때문에 세르는 그의 거처를 사람들과 멀리 떨어진 곳에 찾으려 하였다. 그의 아내 엘레타Eletta와 아기는 피렌체 영지 내에 있는 인치사Incisa의 집으로 돌아가 머물 수 있도록 배려해 주었다. 프란체스코 페트라르카는 생후 7개월 된 아기였을 때 인치사로 옮겨가게 되었고, 이때 범람하는 아르노 강으로 인해 말에서 미끄러지면서 넘어져서 하인이 목숨을 내놓고 구하여서 그의 생명을 지킬 수 있었다. 이 사건은 자신의 운명을 신에게 맡기게 되는 계기가 되었다고 한다.

2) *Ibid.*, p.44.

이후 1307년 인치사에서 프란체스코의 남동생 게라르도Gherardo가 출생했다. 1310(11)년 그 가족은 피사에서 일 년 동안 다시 함께 모여 살았으며, 그때 혹은 제노바에서 세르의 오랜 친우이자 동료였던 단테가 방문하였다. 이 시기에 세르는 교황청 궁정에서 일자리를 구해서 로마에서 아비뇽으로 옮겨갔다. 그리하여 1312년 아비뇽에서 그의 아내와 아들들이 함께 만날 수 있었다. 그들은 아비뇽에서 15마일 떨어져 있던 카르팡트라에 정착하였다. 페트라르카는 이후에 삼촌이며 동창생이고 인생 친우였던 귀도 세트Guido Sette에게 편지를 썼을 때 "카르팡트라에서의 생활은 기쁘고 안정적이며 집에서의 생활이 평화롭고, 공적으로도 자유로워 한적한 지방에서의 고요함 속에 묻혀 살고 있다"고 상기하였다.3)

하루는 그의 부친이 귀도 세트와 함께 카르팡트라에 왔을 때, 부친의 염려에도 불구하고, 그들은 14마일 떨어진 곳에 있었던 유명한 퐁텐느 드 보클뤼즈Fontaine de Vaucluse을 방문하였다. 프란체스코는 그곳의 아름다운 바위 협곡과 샘 자체를 좋아했으며, 그 샘은 석회암 절벽 아래에서 열정적으로 샘솟는 깊은 지하수에서 신비롭게 흘러나오는 물이었다.

퐁텐느 드 보클뤼즈

3) J. H. Plumb, *The Italian Renaissance*(Mariner Books, 2001), p.162.

그는 어떤 위대한 도시보다도 그곳에서 살기를 가장 원한다고 말했다.

프란체스코, 게라르도, 귀도 세트는 처음에 몽펠리에 대학에서 법학을 연구하였고 이후에는 볼로냐로 가서 법학을 공부하였다. 그는 볼로냐에서 생활한 7년을 허비했다고 말했다. 그는 법학이 정의를 팔아먹는 학문으로 혐오하면서 고전을 광범위하게 읽고 그의 라틴어 문체를 완성하였으며 토스카니어와는 약간 달랐던 자신의 방언(이탈리아어)를 교정하는데 시간을 보냈다. 그러나 그는 풍요로운 볼로냐를 좋아했으며 그곳의 노래들과 춤들을 사랑했다. 그럼에도 불구하고 그는 축제일들을 피해 달아나 그 지방을 오래도록 걸어 다녔고 등반을 좋아하여 어두워져야 집으로 돌아오곤 했다.[4]

그들의 부모가 사망한 후 프란체스코와 게라르도는 1326년에 아비뇽으로 돌아왔다. 그의 후견인들은 그에게 유산으로 남겨진 작은 재산을 강탈해갔고, 그러한 일은 그가 법률을 혐오하는 마음을 더욱 고착시켰다. 프란체스코는 키가 크고 활동적이며 빛과 어둠을 잘 조화시켰다. 예리하고 살아있는 눈빛을 지녔으며, 붉은 밤색의 머리는 점차 회색으로 변해갔다. 그는 자신의 훌륭한 외모를 몹시 자랑으로 여기고 있었다. 1327년 4월 6일 그는 아직 23살이 되지 않았을 때, 성 클라라 교회의 조과 기도에 참석하였다. 이후 그곳에서 처음으로 그는 라우라[Laura 5]를 만났으며 이후 사랑의 화살이 그의 심장을 뚫어 결코 치유될 수 없는 상처를 남겼다. 그는 라우라의 잔영에서 벗어나기 위해 먼 곳으로 여행을 떠났다고 이야기했다. 그는 새로운 광경에 끌리고 그것을 동경하는 진정한 이유가 바로 그것이라고 거듭 이야기했으며, 파리, 플랑드

---

4) Ibid.
5) 라우라(Laura)는 황금(l'auro), 그리고 월계수(lauro)와 연관된 단어로 페트라르카가 추구하였던 시인의 명성, 부, 영예를 상징화하였다고 볼 수 있다. K. Gouwens, *The Italian Renaissance*, p.25.

르, 독일, 로마에 갔다. 그는 가장 멀리 있는 곳이었던 인도와 타프로바네[6]에까지 가기를 원했다. 연로한 나이가 되었어도 그는 지도와 책들의 도움과 상상력에 따라 여행하기를 좋아했다. 그는 즐거움만을 위해 여행하였던 첫 번째의 여행가로 불렸다. 그러나 그를 여행가의 선조라고 생각하기는 어려울 것이다. 왜냐하면 헤로도투스가 이미 책 한 권을 들고 (경치를) 보기 위해 유람하였기 때문이었다.[7]

또한 그는 뱅투산 Mont Ventoux 등반을 즐겼다. 그 산의 높이는 6천 피트이상 되었으며 그 너머로는 보클뤼즈가 있었다. 그는 근대 시기의 첫 번째

뱅투산

알프스 등반가로 기록되었다. 그는 그곳의 정상에서 바라보는 기쁨을 위해 단순히 산에 올라간 첫 번째 인물이었다. 그는 호주머니에 성 아우구스틴의 『고백록』을 넣고 다녔으며, 자신의 등반이 더 나은 삶을 열망하는 단지 한 비유였다고 회상하였다.[8] 페트라르카는 자신의 『비밀 Secretum』에서 성 아우구스틴과의 대화 형식으로 서술하였다. 자아질문 방식으로 그는 회개하는 일련의 아름다운 시를 적어 자신의 특별한 비밀을 저술하였다. 이 자신의 비밀 책은 그의 인생 동안에는 결코 드러나지 않았던 내용을 아우구스틴 성인과의 대화를 통해 풀어내고 있었다. 그는 페트라르카의 관능성, 명성에 대한 과도한 애착, 얻을수

---

6) Taprobane, 옛 그리스인들이 붙인 이름으로 오늘날의 스리랑카를 뜻한다.

7) J. H. Plumb, *The Italian Renaissance*, p.163.

8) *Ibid.*

없는 라우라에 대한 그의 진정으로 어리석은 한탄, 그리고 그의 비이성적인 슬픔의 발작 등에 대해 호되게 꾸짖었다. 그의 이 작은 책자는 아우구스틴 자신의 『고백록』에 근거한 것으로, 근대 시기의 내적인 자아-분석의 첫 본보기라 할 수 있다.[9]

페트라르카의 관능성이 결실을 가져왔는데, 그는 1337년에 출생한 지오반니라는 아들과 1343년에 태어난 프란체스카라는 딸이 있었다.[10] 그러나 그 소년은 1361년 흑사병으로 24세에 사망하였다. 그리하여 그는 딸과 사위와 함께 노년을 보내게 되었다. 외손자 프란체스코는 외할아버지의 모습을 많이 닮았다. 그러나 두 살 무렵 외손자의 사망은 노년이 된 프란체스코의 마음을 상심하게 하였다. 그는 "내가 그 아이를 사랑했던 것만큼 어떤 것도 결코 사랑할 수 없을 것이다"라고 낙담하였으나 그의 사랑은 손녀 엘레타로 이어졌다. 한편 페트라르카의 동생 게라르도는 카투르지안 수도승이 되었고 생애 말년까지 그 수도원에서 수도 생활에 정진하였다.[11]

1343년부터 페트라르카는 이탈리아에서 그의 시간을 점점 더 많이 보내게 되었다. 부분적으로는 그가 그곳에서 참사원의 성직록을 받아 안락한 생활을 할 수 있었기 때문이다. 1348년의 흑사병이 일어났을 때 파르마에서 그는 21살의 라우라가 4월 6일에 사망했다는 소식을 전해듣게 되었다. 이는 그가 성 클라라 교회에서 그녀를 처음 보았던 바로 그날이었다. 그는 일시적으로 파도바에서 살면서 피렌체를 방문

---

9) *Ibid.*, p.165.
10) 어머니가 한 사람인지 혹은 두 사람인지 알 수 없지만, 페트라르카는 아이들을 위해 최선을 다하였다. 그는 아이들을 적자로 만들어 주었으며 아들에게는 최고의 교육을 받을 수 있게 해 주었고 그를 성직 생활로 인도하였다. 교황 클레멘스 6세는 그의 아들에게 성직록을 주었다.
11) K. Gouwens, *The Italian Renaissance*, p.46.

하였고 결국 그 도시에서 받아들여
졌다. 피렌체는 그의 가족들의 재
산을 그에게 돌려주었다. 그러나
그는 그곳에 즉시 자신의 거주지를
만들지 않고 2년 동안 보클뤼즈로
돌아가 있었기 때문에 그의 재산은
다시 피렌체로 반납되었다. 그의
집은 책을 제외한 모든 것이 강탈
되었으며, 그것을 결코 되돌려 받
을 수 없었다. 이후에 그는 모든
피렌체인들이 혐오하였던 비스콘

라우라

티 가문의 전제정 도시였던 밀라노에 정착하였다. 이 일로 인해 그는
자신의 가장 친한 벗들에게조차 많은 비난을 받았다. 그는 비스콘티
가문의 사절로서 베네치아에, 황제 카를 4세에게 파견되었으며, 또한
파리로 공무적인 여행을 떠났으며 영국의 감옥에 있는 프랑스의 군주
장 2세의 석방을 돕는 일을 수행하였다.

　1359년 밀라노에 있을 때 그는 자신보다 9살 어린 보카치오의 방문을
받았다. 이 두 사람은 금방 친구가 되었다.[12] 1361년 밀라노를 떠나
파비아, 파두아 및 베네치아 등지의 여러 곳에서 머물렀다. 베네치아
도시정부는 그에게 리바 데질리 스키아보니 Riva degli Schiavoni에 집 한
채를 제공해 주었다. 그곳에서 그는 흑해와 이집트 및 예루살렘으로
떠나려고 정박해 있는 선박들을 볼 수 있었다. 그 보답으로 그는 베네치

---

12) 보카치오와 페트라르카에 관한 우리글로 된 논문으로 임병철, 「단테의 문화적
　유산에 관한 보카치오와 페트라르카의 숨겨진 논쟁」, 『서양중세사연구』 34호,
　pp.183-215 참조.

아 도시에 고대시기 이래로 첫 번째의 공공 도서관의 중심부가 되기를 기대하면서 자신의 책들을 헌납하였다. 그러나 그의 사후 그 책들은 그곳에 소장되지 않았다. 단지 그의 책들 가운데 26권이 수 세기의 우여곡절 끝에 파리에 소장되게 되었다. 1374년 7월 19일 아침에 그는 서재에서 자신의 『율리우스 시저의 생애』 위에 그의 손에서 펜을 떨어트린 채 운명한 것이 발견되었다. 70세의 나이로 생을 마감한 것이다.[13]

2) 그의 인식들

(1) 고대 로마에 대한 열망

페트라르카는 교회에서 하급 성직에 올랐다. 그는 고대 문헌들의 사본들과 수 세기동안 읽혀지지 않았던 문헌들을 발굴하기 위해 교회와 개인 도서관들을 찾아다녔다. 그리하여 그는 리비우스의 『로마사History of Rome』의 일부가 분절되어 있던 필사본들을 발견하여 묶을 수 있었다. 그리고 가장 중요한 발견 가운데 하나는 1345년에 나온 것으로, 키케로가 자신의 벗 아티쿠스Atticus에게 보낸 서신의 한 사본이었다. 그 편지에서 로마인 정치가(키케로)는 그의 정치적 야망들과 그것들을 수행하기 위해 이용하였던 기만적인 전술들을 진솔하게 묘사하였다. 위대한 도덕 철학자로서 알려진 한 사람의 정치적 기술들에 대해 묘사되어진 그러나 이들 사적인 편지들에서 표현되었던 친밀감에 의해 깊이 감동을 받았던 페트라르카는 답장으로 키케로에게 두 통의 서신을 썼다.[14] 그의 정치적 판단을 질문하면서 그의 탁월한 수사법에 감사했

---

13) J. H. Plumb, *The Italian Renaissance*, p.167.
14) 김효신, 「페트라르카의 서간집과 키케로」, 『이탈리아어문학』 58집(2019.12), 1-24쪽. 특히 2통의 서신에 대한 완역 pp.14-20 참조.

다. 페트라르카는 그 자신과의 소통을 위한 한 모델로서 키케로조차 필요로 한 것이었다.[15]

그는 고전 문헌들을 찾고 교정함으로써 고전 장르를 부활시켰는데, 특히 사적인 편지와 대화에 관한 것들이 중심이었다. 더욱 중요한 것으로는 그가 고전 연구들에서의 윤리적 가치를 주장한 것으로, 부분적으로는 전통에 호소하는 것이었다. 이는 시인들과 웅변가들이 인류를 문명화하고 사회적인 결속들을 유지하게 하였다는 점에서였다. 그는 고대 저자들에게서 터득하게 된 명쾌함과 설득력을 의미하는 것에 몰두하게 된 '수사법'과 인간 생활을 충만하게 이끄는 역량으로 규정된 '덕성' 간의 결합을 논쟁함으로써, 그는 그것을 하나의 운동으로 변형시키도록 이끄는 이론적 근거를 휴머니즘에 제공하였다.[16] 그는 필사본들, 편집된 문헌들, 그리고 모사된 고전 문학 형식과 장르들을 발굴해냄으로써, 개별적이고 동시에 역사적이었던 과거에 대한 새로운 한 접근을 발전시켰다. 다른 한편으로 그는 자신의 세계 즉 그의 문화, 그의 종교, 그의 라틴어가 고대인들의 그것들과 얼마나 다른가를 인식하였다. 그리하여 그는 마치 고대인들이 그의 당대 사람들과 직접적으로 연관되어 그들이 살아있듯이 그들의 어휘들과 저술들을 인용하여 고대인들에게 저술하였다. 요컨대 그는 현세적인 거리가 일반적으로 막고 있는 친밀감의 방법을 갈망하였다. 과거 고대와 그의 복잡한 관계는 페트라르카의 인문주의를 그의 선임자들의 그것과 더욱 차별되게 만들었다.[17]

1341년 페트라르카는 로마의 계관시인이 되어, 그의 수사학은 곧

---

15) Carol E. Quillen, "Humanism and the lure of antiquity", Ed. John M. Najamy, *Italy in the Age of the Renaissance 1300-1550*(Oxford Univ. Press, 2005), p.40.
16) *Ibid.*, p.41.
17) *Ibid.*

준비된 무기가 되었다. 1343년 그는 교황 클레멘스 6세를 위해 나폴리로 여행을 하였으며, 그의 생애 내내 그는 교황들과 군주들과 도시의 통치자들을 대신해서 많은 외교업무를 수행하였다. 강력한 후원자들에게 매력을 느끼게 했던 고전에 대한 지식은 페트라르카 자신의 정치적 꿈들을 고취시켰다. 페트라르카는 아비뇽 교황청의 로마로의 복귀 및 이탈리아에서의 평화와 통일을 강렬하게 열망하였다. 이 평화와 통일의 염원들은 그의 저술들에서 자주 표현되는 것을 발견할 수 있다. 마키아벨리의 『군주론』 말미에서 인용되었던 그의 가장 유명한 시들 가운데 하나는 '나의 이탈리아'를 괴롭히던 전쟁의 상처들로 상심하며 평화를 위한 근심에 찬 변명으로 끝을 맺었다.[18] 평화로운 이탈리아에 대한 열망은 페트라르카로 하여금 공중인, 로마의 고전들에 대한 연구자이며, 카리스마를 지닌 민중 지도자 콜라 디 리엔조Cola di Rienzo (1313-1354)의 운동을 지지하도록 이끌었다. 콜라는 1347년에 로마에서 혁명 정부를 수립했고 그 자신에게 고대 로마의 호민관이라는 칭호를 부여하였다. 콜라는 고대 로마에 대한 열정적인 연구를 통해 스스로 로마 인민들의 권리 속에 제국의 권한의 기원이 들어있었던 고전의 비문들을 읽도록 이끌었다. 그리하여 그는 로마제국의 과거 통치 권한들을 로마를 위해 재주장하는 것을 고취하였다. 페트라르카는 콜라에게 주장하기를, 로마 인민들에게 자유와 평화의 수호자들로서 그들의 운명을 되찾도록 기운을 북돋아주며, 콜라와 고대의 위대한 영웅들과 비교하였다. 페트라르카는 콜라에게 쓰기를, "로물루스는 그 도시를 건설하였으며, 브루투스는 ⋯ 그것에게 자유를 주었고, 카밀루스Camillus는[19]

---

18) *Ibid.*

19) 마르쿠스 푸리우스 카밀루스(Marcus Furius Camillus, B.C. 446-365). 로마의 군인이며 씨족장의 후예인 정치가. 리비우스와 플루타르크에 따르면, 카밀루스는 4번 승리하였고 5번의 독재자가 되었으며, '로마의 두 번째 창건자'라는

그 두 가지 모두를 복원하였다. 그렇다면 가장 뛰어난 사람인 당신과 이들 사이에는 어떤 차별성이 있는가?"[20] 페트라르카는 이러한 실현되기 어려운 꿈을 결코 포기하지 않았으며, 그리하여 더욱 제한된 임무들로 돌아가기조차 하였다. 그의 마지막 저술들 가운데 하나인 프란체스코 다 카라라F. Carrara(1325-1393)에게 보낸 서한에서 그는 파두바의 주군들과 같은 카라라에게 선한 통치자이며 특별한 자질을 지니도록 요구하였음을 묘사하였다.[21]

학자들 가운데는 페트라르카가 서구에 대한 부정할 수 없는 사랑 특히 이탈리아와 로마의 유산을 사랑하였던 것에 강조점을 두어, 이들은 그가 폭넓은 지평을 지닌 세계관을 가지지 못하였다고 주장하였다.[22] E. 세드는 페트라르카가 동방보다는 서구의 문화가 우위에 있다고 인식하였으며, 또한 오스만 투르크족과 유럽인을 유색인종과 백인의 싸움으로, 그리하여 이는 이후 서구의 식민주의, 제국주의의 한 인식이 되었다고 페트라르카를 부정적으로 평가하기도 하였다.[23]

영예로운 칭호를 받았다.

20) Eds. M. Cosenza and R. Musto, *Petrarch: The Revolution of Cola di Rienzo*(New York, 1986), p.26.
21) Carol E. Quillen, "Humanism and the lure of antiquity", p.42.
22) Robert Black, Benedetto Accolti and the Florentine Renaissance(Cambridge, Eng., 1985), p.227 ; Paul Piur, Petrarcas "Buch ohne Namen" und die pdpstliche Kurie : Ein Beitrag zur Geistesgeschichte der Friihrenaissance, Deutsche Vierteljahrsschrift fur Literaturwissenschaft und Geistesgeschichte, Buchreihe, 6(Halle, 1925), pp.95-99 ; Franco Cardini, "La crociata mito politico", in Studi sulla storia e sull'idea di crociata(Rome, 1983), p.210(originally published in Il pensiero politico 8 [1975], 3-32) ; and Francesco Gabrieli, "Petrarca e gli Arabi", Al-Andalus 42(1977), pp.241-248.
23) Edward Said, *Orientalism*(New York, 1978), p.7. E. Said, *Orientalism and Culture and Imperialism*(New York, 1993). 또한 식민주의에 관한 논의로 Stephen Greenblatt, *The Wonder of the New World*(Chicago, 1991) 참조.

(2) 이슬람, 비잔틴, 십자군에 대한 견해

페트라르카는 1351년 3월 베네치아의 총독 안드레아 단돌로Andrea Dandolo에게 쓴 서한(Fam. 11.8)에서 베네치아와 제노바와의 갈등이 고조된 것에 대해 한탄하였다. 그들은 최근 전쟁(1350-1355)을 개시하는 상황에 이르렀는데, 이는 제노바와 베네치아 간의 세 번째의 전쟁이었다. 주된 이유는 흑해, 에게해 및 그들간의 해협에 대한 경쟁에서 나온 것이었다. 베네치아인들은 페라, 카파, 그리고 치토스에서 제노바인들의 상업적인 세력이 커져가는 것에 대한 우려에서 나왔다. 제노바인들은 의심할 여지없이 1324년 이래로 증진되고 있었던 베네치아와 비잔티움 간의 긴밀한 관계들에 관심을 지녔다. 이것은 베네치아가 1204년부터 1261년 사이의 통치에 조력해 왔던 것으로서, 베네치아가 콘스탄티노플을 재정복하려는 야망을 포기했다는 입장을 드러내는 것이었다.[24]

페트라르카가 이 전쟁에 관해 특별히 유감을 지니게 되었던 것은 그것이 "형제들" 간의 전쟁이기 때문이었다. 형제들이란 이탈리아인 동료들로서 하나의 유대를 공유하는 자들이었다. 두 권력들 간에 평화와 통일성을 증진시키려는 정신에서 페트라르카는 그들을 고무하여 그들의 공격을 다른 적들에게로 돌리려 하였다. "당신은 용감하게 한 전쟁을 치루고 있지만 … 그러한 당신의 적들은 제노바보다는 오히려 다마스커스 혹은 수자, 멤피스 혹은 심르나와 같은 도시들이어야 하지 않을까요! 당신은 페르시아인들 혹은 아랍인들 혹은 트라키아인들 혹은 일리아스인들과 싸워야 되지 않겠습니까! 지금 당신이 진정으로 하고 있는 일은 무엇입니까? 만일 당신이 라틴의 이름이 존중되기를 바란다면, 당신이 파괴하려고 노력하였던 사람들이 당신의 형제들임을 생각하십시오!"[25] 이 전언에서 적들로 규정한 목록들은 대게 시리아,

---

24) F. C. Lane, *Venice, a Maritime Republic*(Baltimore, 1973), pp.174-175.

50 2부 14세기의 아비뇽 교황청

페르시아 및 이집트에 있는 근대 도시들과 연관된 무슬림, 다마스쿠스, 수자, 그리고 멤피스였으며, 페르시아인들과 아랍인들에 대한 그의 입장은 자명한 것이었다. 이러한 경우에 그는 이들에 관해 전통적으로 "신앙의 적들"로서 간주하는 것으로 언급하였다.[26] 심르나는 1344년 교황의 베네치아인 십자군의 목표물로서, 투르크인들로부터 부분적으로 되찾았으나, 정복을 완수하기 위해 서구 세력들의 조력을 기다리고 있었다. 그러나 트라키아Thrace에 관한 언급은 다소 혼동을 일으키고 있다. 1351년 그곳은 반복적인 투르크족의 침략의 목표물이 되었으나, 여전히 비잔티움의 수중에 있었다. 더욱이 고대의 용어인 일리아Illyria 는 달마티아 혹은 현대의 크로아티아와 연관된 곳이었다. 이 지역은 그리스도교도인 지역이었을 뿐만 아니라 로마 가톨릭이었다. 그러나 베네치아는 당시에 이 지역에 대한 지배권을 놓고 헝가리와 단속적인 투쟁을 하고 있었다.[27]

페트라르카는 외국의 세력들과 동맹을 맺은 두 국가들 모두에 권고 하였다. 아라곤과 동맹을 맺은 베네치아와 "동방의 전제자들의 도움을 청하였던 제노바인들에게" 행하였던 것인데,[28] 여기에서 제노바인들 이 아마도 오스만 투르크족과의 동맹을 맺은 것과 연관된 것이라 볼 수 있다. 1352년 혹은 그 이전에 공식적으로 맺어졌다. 단돌로는 페트라

25) ed., Vittorio Rossi and Umberto Bosco, *Le familiari*, 4vols.(Florence, 1933-1942), 2vol., p.343 ; trans. Aldo S. Bernardo, *Letters on Familiar Matters*, 3vols.(Albany, N.Y., and Baltimore, 1975-1985). 2vol., p.104.

26) N. Bisaha, "Petrarch's Vision of the Muslim and Byzantine East", *Speculum*, Vol.76. No.2(Apr., 2001), p.300.

27) John V. A. Fine, Jr., *The Late Medieval Balkans: A Critical Survey from the Late Twelfth Century to the Ottoman Conquest*(Ann Arbor, Mich., 1987), pp.291-292, 337-341.

28) *Le familiari*, 2vol., p.347 ; *Familiar Matters* 2, p.107.

르카에게 답신을 보냈는데, 베네치아인들의 동기는 정당하며, 또한 그는 제노바와의 전쟁에서 퇴각 준비를 하고 있다는 어떤 암시도 보여 주지 않았다.[29]

페트라르카가 인식한 이슬람, 비잔틴, 십자군에 대한 견해는 단순하면서도 당대인들이 가졌던 일반적인 것이었다.[30] 그가 이슬람에 대해 '신앙의 적들'로 규정하는 것은 당시의 일반적인 입장들을 드러내는 것이었고, '성지'Holy Land에 대한 그의 소유적인 태도 역시 그 시대의 그리스도교도들에게 드러나는 것으로 페트라르카가 당대인들의 시각을 대변해 준다는 데 의미가 있다. 이는 십자군이 당대의 많은 사람들의 심중에 있었으며, 라틴인들은 결코 성지를 재탈환하려는 시도를 포기하기 않았다는 사실을 알려준다. 아비뇽 교황청도 십자군을 일으켜서 성지를 회복하려는 일에 지속적인 힘을 기울였음에서도 알 수 있다.

더욱이 비잔틴에 대한 민중적인 견해에서도 페트라르카는 하나의 통찰력을 제공해 준다. 투르크족의 팽창 일로에 맞닿은 비잔틴인들의 안전에 관심을 가지기도 했으나, 비잔틴인들의 '완고한' 방식에서 그리스인들을 향한 적대감이 생겨났음을 지적하였다. 동방에 대항하는 하나의 방어벽으로의 역할 대신에 그들의 완고함이 그리스인들을 쇠진시키고 서구와의 비타협적인 연대를 만들게 하였다는 것이다. 이러한 견해에서 페트라르카는 서구와 이슬람을 점유하였던 비잔틴이 서방과 동방 사이에서 끊임없이 동요하면서 삼각관계를 만들었다고 지적했다.[31]

---

29) E. H. Wilkins, *Studies in the Life and Works of Petrarch*(Cambridge, Mass., 1955), pp.140-141.
30) N. Bisaha, "Petrarch's Vision of the Muslim and Byzantine East", p.313.
31) *Ibid.*

(3) 고독한 생활에 관하여 *De vita solitaria*

페트라르카는 고전들 특히 성 아우구스틴의 『고백록』과 『신국론』에서 고독한 생활에 관하여 많은 영향을 받았다. 고독한 생활은 성 아우구스틴의 신학에서 영향을 받았다. 휴식*otium*의 이념과 공통적으로 페트라르카의 고독은 성 아우구스틴의 지성의 역할에 대한 초기 탐구로부터 나오는 도덕적 삶의 이해에 기초하고 있다. 그가 휴식을 다루었던 것과 마찬가지로, 페트라르카는 아우구스틴의 초기에 내면적인 저술들에 그것의 뿌리를 두었던 덕성의 삶의 이해를 심도있게 하였던 반면,

페트라르카의 조각상, 우피치 박물관 앞

고전적 이미지를 차용하여 고전문학과 아우구스틴의 신학 간의 유사성을 개발하였다. 스토아와 에피쿠로스 철학의 명상적인 삶에 대한 개념들에서 다소 거리가 있었던 페트라르카의 고독은 휴식과 마찬가지로 『비밀』에서 묘사된 도덕적 프로그램의 실천적인 적용을 위한 하나의 암호이며, 죽음의 명상*meditatio mortis*을 신뢰하였고 은총의 맥락에서 이성에 적용하였다.[32]

『고독한 생활에 관하여』에서 페트라르카의 고독의 개념은 정신의 고독을 성취하는 것의 이념에 근거하고 있었다. 그의 본성에 대한 진정한 이해와 진정한 기쁨에 도달하기 위해 이성을 사용한 고독은 현세적인 사물들로부터 멀리 떨어져 있을 것이며, 오로지 덕을 추구하기 위해 육체 안에서 방랑자가 될 것이었다. 설령 시골이 그의 내적인 조건을 갖출 수 있을지라도, 고독은 시골의 은둔을 요구하지 않았던 반면, 사람들이 붐비는 도시의 거리들은 페트라르카의 기호에는 맞지 않았지만 고독이 다른 사람들과의 집단으로부터의 분리를 수반하지는 않는 것이었다.[33] 페트라르카의 특별한 지위는 세 가지의 두드러진 모습에서 밝혀진다. 첫째, 페트라르카는 다른 많은 후대의 인문주의자들과는 달리, 행동적인 삶과 명상적인 삶 간의 고전적 구분을 타파하였고, 대신에 장소, 행동, 혹은 집단보다도 오히려 지성에 근거하였던 고독의 견해를 제공하였다. 둘째, 페트라르카의 고독의 개념에서 인식에 의해 수행된 두드러진 역할은 고전 사상에서 그리고 후기 르네상스에서 모두 의지will에 강조를 둔 것과 거리를 두었다. 셋째, 인문주의자들의 일련의 세대들은 영감을 얻기 위해 고전 문학을 찾았고, 아우구스틴의 반-마니교도 혹은 이교도적 논문들에게서 나온 그들의 저술들에서 그리스도교도적 특성을 알아내기 위한 것이었다면, 페트라르카는 성 아우구스틴의 『참된 종교에 관하여De vera religione』와 『독백론Soliloquies』을 포함하는 초기의 내면적 저술들의 렌즈를 통해 최초의 고대 철학을 읽은 것으로 나타났으며, 고전 사상을 꽤나 다른 목적에 적용하였다.[34]

페트라르카의 고독에 관한 견해가 이후 인문주의 문학과 유사성이

---

32) Alexander Lee, *Petrarch and St. Augustine: Classical Scholarship, Christian Theology and the Origins of the Renaissance in Italy*(Brill, Leiden & Boston, 2012), p.212.

33) *Ibid.*

34) *Ibid.*, pp.212-213.

전적으로 없다거나 혹은 동일한 방식으로 모든 일련의 인문주의자들과 다르다고 말할 수는 없다. 한편으로 롬바르도 델라 세타Lombardo della Seta(?-1390)의 『좋은 고독De bono solitudinis』은 『고독한 생활에 관하여』와 많은 유사성들을 담고 있었으며, 페트라르카 자신에 의해서도 따뜻하게 칭송되었다.

페트라르카의 고독에 대한 견해가 콜로치오 살루타티Coluccio Salutati 와35) 같은 다른 인문학자의 사상과 비교될 때 의미있게 될 것이다. 페트라르카와 비교해서 살루타티는 펠레그리노 잠베카리에게 보낸 그의 편지(1398년 5월 23일)와 『법률학과 의학의 우위성에 관하여De nobilitate legum et medicinae』(1399년 8월 완성)에서 활동적인 생활과 명상적인 생활 간의 극명한 차이점을 끌어냈다. 그는 그리스도교적 시민에게 가장 적절한 삶의 양식으로서 활동적인 삶을 권면하였으나 명상적인 생활에 우월성을 받아들였다. 『법률학과 의학의 우위성에 관하여』에서 살루타티는 행동적인 삶은 명상적인 그것에 대해 열등하다고 주장하였다. 명상적인 삶은 "모든 행위들의 목적이며, 기쁨에 대한 영원한 완전성은 결코 지상에서 획득할 수 없는 것으로, 우리는 어두운 거울 속에서처럼 볼 수 없을 것이나 하느님이 모든 것 안에 모든 것을 이루고 있는 곳인 본향에서는 획득될 것"이었다. 또한 살루타티는 활동적인 삶의 탁월성에 대한 그의 신념이 지성보다 의지의 우월성에 관련하여 정당화되었다. 반면에 페트라르카는 지성의 우월성에 근거한 고독을 이해한 것이었다.36) 페트라르카의 경우 인식은 현세 세계의 한순간의 유혹들

---

35) 콜로치오 살루타티(1331년 2월 16일-1406년 5월 4일)는 투스카니의 인문주의자이며 문인. 르네상스 피렌체의 정치 문화적 지도자 중 가장 중요한 사람들 가운데 한 사람으로, 피렌체 공화정의 의장(Chancellor)으로 활동하면서 커다란 영향력을 행사하였다. 메디치가의 성장 이전의 세대에서 공화정의 종신직 사무관(secretary)을 지냈다.

에 스스로를 단련시키고 (고독을 추구하는 것과 덕을 추구하는 것을 동의어로 보았던) 한 영혼의 고독을 성취하려는 사람에게 충분히 있었다. 사실상 페트라르카에게 행동적인 삶과 명상적인 삶 간의 고전적 구분을 뛰어넘을 수 있도록 해주고, 전적으로 내면적인 고독의 이해에 도달하도록 이끌어 준 것이 바로 지성을 우위에 두는 것이었다.[37] 그러나 살루타티는 의지만으로 충분하며, 의지에 대한 이러한 강조가 살루타티를 존재하는 두 방식의 궁극적인 분리에 매이게 한 것이다. 흥미로운 사실은 페트라르카와 살루타티 모두 지성과 의지의 관계에 대한 그들의 견해들을 성 아우구스틴의 저작에서 영향을 받았다는 점이다. 전자는 위에서 설명한 대로 초기의 내면적인 저술들인『참된 종교에 관하여』와『독백론』과 같은 지성에 강조점을 두는 것이었다면, 후자는 히포의 주교로 활동하면서 반마니교도의 대화들과 원숙한 논문집들에서 의지에 우위성을 두는 것이었다. 해석의 이러한 차별성은 고독과 명상에 대한 그들 각자의 접근방식에 따라 변용되는 것으로 나타난 것이었다.[38]

(4) 우정에 관하여

페트라르카의 삶에 있어서 우정의 중요성은 매우 잘 드러날지라도, 페트라르카의 우정에 대한 개념은 학자들에게 거의 관심을 받지 못하였다. 말기 중세와 르네상스 초기에 우정의 개념에 관한 주요 원문들조차 페트라르카에게 크게 무게를 두지 않았다. 1928년 가브리엘 머게인G. Maugain에 의해 출간된 간략한 논문[39] 이외에 근대 학자들 간에 페트라

---

36) A. Lee, *Petrarch and St. Augustine*, p.217.

37) *Ibid.*

38) *Ibid.*, p.218.

39) G. Maugain, "Pétrarque et l'art de l'amitié", *Mélanges de littérature et d'histoire*(1928), pp.49-69.

르카의 우정에 관한 개념에 관해 중요한 시도는 클라우드 라플레우르C. Lafleur(2001년)의 연구였다.40)

페트라르카의 우정은 매우 실제적이고 실용적인 차원을 지녔음을 드러내고 있음이 부정될 수 없을 것이다. 그가 친우를 위해 개입하거나 혹은 다른 이의 이해관계를 대변하기 위해서 혹은 특별한 문제들에 대해 조언을 해주는 많은 경우들이 있었다. 한 예를 들면 그는 좋은 결과를 위해 그 자신의 영향력을 이용하여 신성로마제국의 황제 카를 4세에게 기꺼이 그의 친우 렐로 디 피에트로 스테파노 델 토세티에게 호의를 보이도록 요청하였다. 렐로는 페트라르카가 '렐리우스'라고 불렀던 인물로서, 렐리우스와 페트라르카의 우정은 사실상 그의 친우들 중에서도 깊은 것이 드러났다. 페트라르카는 렐리우스와 루드비쿠스 반 켐펜 별칭으로 '소크라테스'를 처음 만난 것이 1330년 롬베즈의 주교였던 지아코모 콜로나를 방문할 때였다. 이들 세 명은 금방 친구가 되었으며, 설령 몇 년 동안 약간의 하찮은 일로 다투었을지라도, 그들의 별칭들은 페트라르카가 그들과의 친교를 지녔던 것을 증명하는 표식이었다.41) 렐리우스와 소크라테스 간의 유대는 『사랑의 승리 Triumphus cupidinis』에서 완전한 사랑을 애태우는 유형으로 기념되었다. 사실상 그들은 페트라르카를 매우 사랑하였으며 그리하여 페트라르카는 소크라테스에게 『가족들 Familiares』을 헌정하였을 뿐만 아니라 1347년 후반에 몽트리외에서의 준 수도원적 공동체를 건립하는 것조차 숙고하였던 것이다.42) 그는 자신의 친우들로부터 특정한 상호 이득을 즐길 수

---

40) C. Lafleur, *Pétrarque et l'amitié, Doctrine et pratique de l'amitié chez Pétrarque à partir de ses textes latins*(Paris and Quebec, 2001).

41) R. Hyatte, *The Arts of Friendship. The Idealization of Friendship in Medieval and Early Renaissance Literature*(Leiden, 1994), pp.10-16.

42) E. H. Wilkins, "Petrarch's Ecclesiastical Career", *Speculum* 28 no.4(Oct. 1953),

있도록 하는 문자 그대로의 공동체를 만들려는 경우였다. 페트라르카가 보클뤼즈에서 은둔하거나 그의 고향 이탈리아로 돌아가서 소크라테스와 오랫동안 교류가 없을 때, 그는 그곳에서 느꼈던 다양한 감정과 경험을 생생하게 서신에 담아 그에게 보냈다. 페트라르카가 그의 친우 '소크라테스'와 함께 기거하고 싶은 열망은 큰 것이었다. 시인은 호라티우스Horace의 시구를 인용하여 "당신과 함께 사랑하면서 살고 싶고, 당신과 함께 행복하게 죽고 싶네"라고 표현하였고, 더욱이 교황 클레멘스 6세에게 다음과 같이 용감하게 요청하였다. "그(페트라르카)와 그의 형제와 같은 그 친우(소크라테스)는 죽을 때까지 함께 살고 싶습니다. 우리는 모든 성직록들의 수입을 받아서 한 (수도)공동체를 설립하기를 고대합니다." 이러한 수도공동체의 이상은 필립 데 카바솔르, 폰지오 산소네, 귀도 세트, 그리고 소크라테스(상투스)와 같은 친우들과 함께 사는 것으로 그의 『고독한 생활에 관하여』(II, 14)에서 일찍이 진전시켰던 삶의 유형이었다.[43)]

페트라르카는 조반니 보카치오와도 우정의 관계를 명확히 드러냈다. 그는 1350년에 보카치오에게서 예기치 못한 운문의 서신을 받았다. 페트라르카가 답신에서 보여주듯이, 보카치오의 용기있는 언급을 존중하면서 풍부한 보답의 성격으로 개방적이며 자유로움을 드러내는 문자적인 우정에 대해 시작하였다. 서로에게 주고받은 많은 선물들 가운데 이러한 시기 후반기에 보카치오는 페트라르카에게 호메루스의 『일리어드』에 대한 레온티우스 필라투스의 라틴어 번역본을 보냈으며, 보답으로 페트라르카는 보카치오의 『데카메론』에서 나오는 그리셀다의 이야기를 라틴어로 번역하면서 젊은 보카치오의 재능을 칭송하고 있음

---

pp.762-763.

43) F. Petrarch, *Familiares* XIX, 16, ed. Rossi, III(Florence, 1934), p.346.

을 보여주었다.[44] 그러나 K. 고우겐스K. Gouwens는 페트라르카의 우정은 이상적인 것으로 해석해야 한다고 주장하였다.

페트라르카는 언어 그 자체가 효과적으로 치료제가 되었던 것과 동일한 방식으로 사용될 수 있음에 대해 '도덕적 치료제'의 역할을 수행했다. 그는 대화적인 맥락에서 그 자신과 세상에 대한 지식을 추구하였으며, 그러한 대화 속에서 그 자신이 성장하는 것이 용이하였으며, 내면적으로 사람 사이에서 각자 만족을 얻었을 수 있었다. 페트라르카는 보클뤼즈의 아름다운 자연환경 속에서 이어지는 15년 동안 대부분을 그곳에서 보냈으며 그는 우리에게 많은 좋은 모습을 주었다. 아비뇽의 외곽에서 문학적인 은둔의 이러한 생활은 그 특징에서 매우 본질적으로 근대적인 것으로서 그리하여 그것은 페트라르카로부터 우리를 떼어놓았던 500년의 세월에 다리를 놓아주는 것이었고, 오늘날의 학자와 문인들에게 연민을 느끼게 하는 것이었다.[45]

그러나 우리는 페트라르카에게서 또 다른 유형의 우정(?)도 살펴볼 수 있다. 페트라르카는 8년간을 밀라노에서 보냈는데, 비스콘티 가문하에서 그곳은 작지만 중요한 유럽 국가들의 번화한 수도로 급속히 변화되어갔다. 그곳에서의 생활이 페트라르카가 시골에서의 고독과 조용한 기쁨의 생활을 충실히 즐기지 못해 좋아하지 않았다고 생각할 이유는 없는 것이다. 그는 서한들에서 많은 근대 사람들처럼 그러한 도시 생활이 사악할지라도, 필수적인 모든 생활로서 인정하였다. 후대의 인문주의자들처럼 그는 자신을 도와주고 필요한 필경사들을 고용하기에 요구되었던 자금들을 귀족들의 후원에 의지하였다. 왜냐하면 그의

---

44) R. Hyatte, *The Arts of Friendship*, p.142.

45) J. H. Robinson, *Petrarch: The First Modern Scholar and Man of Letters*(New York, Haskell House Publishers, 1970), p.100.

성직록들은 그에게 불충분한 수입원을 제공하는 것으로 보였기 때문이었다. 그의 동기가 어떠하든지 선례는 만들어졌고, 이후 인문주의자들은 제후들에게 복종하였을 뿐만 아니라 위협함으로써 일종의 갈취에 의지하였다.[46] 그리하여 그는 자신의 시대의 많은 위대한 제후들과 친밀한 관계를 유지하였다.

2. 페트라르카의 주변 친우들

1) 지오반니 콜로나 Giovanni Colonna

(1) 생애 및 저술 환경

지오반니 콜로나(1295-1348)는 로마에서 출생하였고, 그의 집안은 로마에서 매우 유력한 가문이었다. 그의 형제 지아코모는 주교가 되었다. 또한 지오반니는 란돌포 콜로나의 조카로서 프랑스에서 공부하였으며 도미닉회 탁발수사가 되었다. 1327년 교황 요한 22세에 의해 추기경으로 임명되었고, 1330년대 초엽 지오반니는 아비뇽에 오기 전에 니코시아 대주교 밑에서 궁정사제로서 활동하였다. 또한 그는 교황 쿠리아에서 추기경으로 수년간 봉직하였고 콘클라베에서 교황 베네딕트 12세와 그의 후임 교황 클레멘스 6세를 선출하는 일에 참여하기도 하였다. 클레멘스 6세는 그를 설득하여 프란체스코회 수사들과 함께 아르메니아로 파견하여 복음을 전하는 선교사로 활동하기도 하였다. 그러나 지오반니는 당시 흑사병에 감염되어 사망하였다.

아비뇽에서의 고전 연구에 관한 것으로 리비우스의 로마사 연구는

---

46) J. H. Robinson, *Petrarch*, p.122.

가장 중요한 한 유형이 되었다. 아비뇽 교황들은 학자들을 후원하였다. 페트라르카 역시 교황의 후원을 받아 지속적으로 성직록을 받으며 연구할 수 있었던 학자였다. 또한 란돌포 콜로나Landolfo Colonna는 샤르트르 대성당에서 참사원으로 수년 간 봉직한 후 1328년 교황청에 도착하였다. 지오반니 콜로나의 삼촌이었던 란돌포는 샤르트르에서 리비우스의 희귀본 네 번째의 10권의 필사본을 찾아 아비뇽으로 그 복사본을 가져왔다. 란톨포는 그것을 페트라르카와 공유하였으며 알려진 바대로 각자 리비우스의 완성본들을 편찬하였다는 점은 명백하다. 왜냐하면 그들의 필사본들 모두가 현존하기 때문이었다.[47]

지오반니 콜로나는 아비뇽에서 체류하는 동안 페트라르카와 우정을 나누었으며 페트라르카에게서 받은 8통의 편지가 오늘날 남아있다. 서한들 가운데 잘 알려진 것으로 페트라르카는 자신과 콜로나가 고대 로마의 잔해 위를 걸으면서 역사에 대한 회상을 어떻게 하였는지를 되새기고 있었다.[48]

(2) 저술 활동 및 사상

교황 쿠리아에서 일하는 동안 지오반니는 『위인전De viris illustribu』을 저술하였다. 그것은 세 개의 필사본들로 남아있다. 이후 로마에서 그는 『바다의 역사Mare historiarum』라는 보편 세계사를 편찬하였다.[49] 『바다의 역사』와 같이 『위인전』은 거의 영향력을 주지 못하였으며 간략한 초록

---

47) W. Braxton Ross, Jr. "Giovanni Colonna, Historian at Avignon", *Speculum* Vol.45. No.4(Oct. 1970), p.538.

48) F. Petrarca, *Epistulae rerum familiarum*, VI, 2, ed., V. Rossi, II(Florence, 1934), pp.55-60. 페트라르카가 콜로나에게 보낸 다른 서한들은 *Epistulae rerum familiarum* II, 5-8 ; III, 13 ; VI, 3-4 참조.

49) 그것에 대해 우리는 원본의 5개 필사본들과 동일한 수의 스페인어 번역본을 지니고 있다.

이외에는 출판도 되지 않았다. 그러나 교황청에서 콜로나의 봉직 기간의 결실로서 유럽 문화의 역사에서 중요한 시기였던 아비뇽에서의 라틴 학문의 상황을 엿볼 수 있게 해준다는 데 의미가 있다. 더욱이 그것은 페트라르카와 초기에 접촉하였던 절친한 친우들 가운데 한 사람의 학문적 성과이다.

지오반니는 『위인전』 서문에서 그의 독자들을 보다 진보된 삶으로 나아가도록 독려하기 위해 즉 역사적인 서술의 전통적인 도덕적 목적을 위해 덕성의 귀감을 제시하고자 그 글을 저술하였다고 밝혔다.[50] 그럼에도 불구하고 그는 영웅들과 고귀한 행위들을 저술하지 않았으며 오히려 그의 주제들로서 저술가들과 사상가들을 택하였다. 제롬의 『위인전 De viris illustribu』을 모델로 하였던 이 작업은 대략 330명의 라틴인들과 그리스 저자들에 대한 주제들로 전기적인 연대기적 사전이었다. 이들 가운데 10분의 9는 600년 이전에 실존했으며 제롬의 주제들과는 달리 거의 반은 이교도였다. 제롬은 그리스도교 학자들을 선전하려고 하였던 것이다. 그러나 콜로나의 목적은 초기 시대의 저술가들을 그 자신의 시대에 잘 알려지게 하려는 것으로, 이른바 일종의 14세기 옥스퍼드 고전 문헌의 사전("Oxford Companion" to ancient literature)을 지원하는 것이었다.[51]

세네카에 대한 논문은 대부분의 것보다 더 장구하다. 콜로나는 세네카가 도덕적 행위에 중심을 두는 소크라테스의 철학 전통을 부활시켰다고 인식하였고, 세네카는 수사법보다 더 나은 가치를 지닌 주제는 없다고 생각할 정도였다. 그리하여 그는 세네카의 그리스도교화에 대한 질문으로 돌아갔다. 콜로나는 세네카가 그리스도교도였다고 최초

---

50) *Ibid.*, p.539.

51) *Ibid.*

로 주장하는 데까지 진전시켰다. 라틴 교부들 혹은 중세의 저술가들이 이러한 학설을 믿었다는 어떤 증거도 없는 것처럼 보이지만 이는 14세기에서만 등장하였다. 보카치오는 1373년 단테에 대한 주석에서 세네카를 그리스도교도로 불렀으나, 이러한 보카치오의 이론이 콜로나에게서 유래한다고 볼 수는 없다. 왜냐하면 보카치오의 저술은 부분적으로 타키투스의 『연대기 *the Annales*』에서 나오는 한 전언을 근거로 하고 있기 때문이다.[52] 이는 콜로나의 저서에서는 나오지 않는 인물이었다. 콜로나는 세네카로부터 나온 인용들에 근거하여 그의 주장을 폈다. 예를 들면 유일한 신에 대한 권위와 존귀함을 찬양하였으며 영원한 생명을 고백하고 혹은 인간의 양심은 하느님에 의해 심어지게 되었다고 주장하는 것이었다. 그는 세네카가 공식적인 로마의 종교를 비웃었다는 전언들도 또한 인용하였다. 모두 10개의 인용문들이 있는데, 몇몇의 언어와 이념들은 두드러지게 성서적 혹은 그리스도교적 개념들의 잔재가 묻어 있다. 콜로나는 특히 세네카와 사도 바오로 간의 외경서의 상호소통을 믿었다. 한 서한에서 위-바오로는 세네카를 질책하였는데, 네로에게 그의 서한들 가운데 하나를 보여주었다는 이유에서였다. 왜냐하면 그 서한은 황제의 종교에 대해 반박하는 이념들을 담고 있었기 때문이었다.

지오반니 콜로나가 1330년대 아비뇽에서 저술하였던 『위인전』은 본질적으로 고전 시대의 중요한 저자들과 사상가들을 담고 있는 참고서적이다. 그것은 제롬과 빈센트 보베의 백과전서적 전통에 확고히 뿌리내리고 있었으나 그것은 이교도뿐만 아니라 그리스도교 저자들의 광범위한 목록을 제공함으로써, 그리고 증가된 비판적 인식으로 특정 저자들을 연구함으로써, 그들의 학문적 중요성에 대한 어떤 감정을

---

52) L. D. Reynolds, *The Medieval Tradition of Seneca's Letters*(Oxford, 1965), p.82.

가지고 그들의 저술들의 서지학에 접근함으로써 그러한 전통을 확장하였다.[53] 세네카에 대한 논문은 유명한 스토아 철학의 저술들에 관한 매우 심오한 지식을 보여준다. 특히 그의 도덕 철학은 콜로나에게 공감을 불러일으켰다. 콜로나는 세네카에게서 보여지는 그리스도교적 개념들과 사도 바오로와의 서신교환에 대해 의문없이 그들을 수용하는 것 대신에 그 자신의 설명을 제공하였다. 서신교환에 대한 이러한 해석은 서신들의 의미에 대해 비판적으로 되짚어 보며 사례별 그들의 이유를 설명하려는 노력과 인문주의의 초창기이며 여전히 미완의 현시를 드러낸 것으로 추정해 볼 수 있을 것이다. 이러한 제안은 문학이 미덕을 담보하며 수사법이 그것을 증진한다는 그의 신념과 그의 사료들을 유용하게 활용함을 보여줌으로써 이교도 저자들에게 더 큰 관심을 지녔다는 점과 콜로나가 고전 저자에 의해 교육받게 되었으며 그의 정서 가운데 이미 언급한 다른 요소들에 의해 재강화되었다.

(3) 사상적 의미

콜로나의 역사적 저술에 의해 꽃피운 아비뇽은 일종의 새로운 부류의 지적인 중심부로서 보여질 수 있었을 것이다. 라틴 사상과 서한들에 대한 그것의 지속적인 기여는 회랑의 수도승이나 대학의 학생 혹은 교수로부터도 나온 것이 아니었고 오히려 교황의 관리, 공증인, 혹은 부유한 고위사제의 의뢰인에게서 나온 것이었다. 그것의 자료들은 외교관들, 학자들, 서적들의 왕래에서 나왔으며, 이념들과 원본들의 교환에서 나왔다.[54] 이들 상서로운 상황들이 페트라르카를 만들어내는데 일조하였고 그것들이 지오반니 콜로나에게 『위인전』을 저술할

---

53) W. Braxton Ross, Jr., "Giovanni Colonna", p.545.
54) *Ibid.*

기회와 영감을 제공하였다. 이 저술에서 그는 역사와 도덕 철학에 헌신하였으며, 고대 저술가들에 대한 지식과 관심을, 그리고 비판주의 인식과 서지학에 대한 열정을 드러냈으며, 의심할 여지없이 아비뇽에 오기 이전에 지녔던 콜로나의 인식을 향상시켰다. 그러므로 교황청 쿠리아는 그들에게 결실이 자라나 열매 맺는 상황을 제공한 것이었다.

2) 지오반니 카발리니 Giovanni Cavallini

(1) 생애 및 저술 환경

로마 교황청과 긴밀하게 연결되었던 로마의 인문주의자들은 교황의 이데올로기를 만들어내고 강화하였다. 교황의 이데올로기는 교황들을 로마 황제들과 하나의 그리스도교 왕국의 통치자들을 정치적 상속자들로서 드러내었으며, 이는 전체의 고전적 지식을 조화롭게 구현하는 것이었다.[55] 그러한 과정에서 이들 인문주의자들은 제국의 이전에 대한 중세적인 개념들을 받아들이고 조탁하는 것에서 로마 역사와 문명에 대한 그들의 필적할 수 없는 지식을 효과적으로 탐구하였다.

고전 로마에 관해 상세히 설명하는 저술과 그러한 목적을 위해 고전 저자들에게 각별한 관심을 지닌 인물은 지오반니 카발리니(?-1349)였다. 그는 로마의 토박이이며 당시에 그보다 더 유명인이었던 화가 피에트로 카발리니의 어린 친척이었다.

카발리니는 로마의 성 마리아 로톤다의 참사원으로 재직하면서 로마의 지역 재속 성직자모임이었던 로마의 형제단Romana fraternitas의 12명

---

55) 로마의 인문주의자 학자들과 르네상스 교황들의 정치적 이상들 간의 연계에 관해서는 C. L. Stinger, *The Renaissance in Rome*(Bloomington, IN, 1985) pp.156-291 참조.

의 사제rector 가운데 한 사람으로 한때 봉사하였다. 1325년에 카발리니가 교황의 문서에서 한 사제로서 언급되었을 때, 로마의 형제단은 그 권한이 절정기에 달하던 시기였다. 형제단은 로마에서의 종교 생활과 교회 문제들에 대해 상당한 정도의 제어력을 가지고 있었다. 카발리니의 사제로서의 위상은 그를 로마의 사교생활과 정치에 있어서 그리고 그 도시의 교회 지형학의 몇 가지 요소들과 긴밀히 친숙하게 만들었다. 왜냐하면 교회들에서 성사 생활에 대한 감독과 장례와 행렬의 조직화는 형제단의 책임하에 있었기 때문이었다. 확인할 수는 없지만 카발리니의 위상은 로마에서의 지적이고 문화적인 생활에서 인정받고 있었다. 그가 아비뇽에서 사용하였던 교수magister라는 칭호는 그가 학문적으로 학위를 취득하였던 것을 함축하는 것이라기보다는 아마도 로마시의 대학교Studium Urbis에서 고등교육을 받은 이들의 어떤 관행을 향유하는 것을 의미하는 것처럼 보인다. 어쨌든 카발리니는 로마에서 문필가의 생활을 하였으며, 정확한 날짜를 알 수 없으나 13세기 말엽과 14세기 초반 동안 로마의 문필가의 요소들이었던 저술들, 책들, 그리고 서적의 모음집들이 유용할 수 있는 필사본들에 근거하여 재발견되고 재구성되는 과정에 있었다.56)

카발리니는 1325년 6월과 11월 사이에 아비뇽 교황청의 필경사scriptor의 직무를 맡게 되었다. 교황청에서 그는 더 높은 고위 직위에 오른 것 같지 않으며, 눈에 띄지 않는 인물로 남아있었다. 그는 추기경 혹은 다른 고위성직자의 집단에 소속된 사실도 없다. 그러나 그는 아비뇽 교황청이 제공하였던 기회들에서 많은 이익을 얻었다. 즉 서적의 교류

---

56) M. Laureys, "Antiquarism and Politics in 14th-Century Avignon: The Humanism of Giovanni Cavallini", in Ed., K. A. Enenkel and J. Papy, *Petrarch and His Readers in the Renaissance*(Brill, Leiden, Boston, 2006), p.37.

가 빈번하고 장학금이 많았던 그곳에서 페트라르카와 다른 학자들이 그곳에서 수행하였던 자료들의 발견과 서지학적 작업에 열정적으로 동화되었다.

1345년부터 그가 사망하였던 1349년 사이에 지오반니 카발리니는 아비뇽 교황청의 교황 필경사로 일하면서 그의 저서 『덕의 정치와 로마의 지배*Polistoria de virtutibus et dotibus Romanorum*』를[57] 저술하고 탈고하였다. 이 책은 지리학, 제도들, 이교도 로마와 그리스도교 로마에서의 유명한 역사적 사건들에 대한 폭넓은 개설서로서, 황제의 권력과 교황의 권위 간의 관계에 대한 상세한 설명으로 말미를 장식하였다. 지형학적이며 고전적인 전문가의 입장에 선 카발리니는 중세적인 특별한 로마 도시와 초기 인문주의자들의 탁월한 학식 간에 분수령의 위상에 있었다. 그가 서술하였던 장소들과 기념물들로부터 그는 이전과 이후의 다른 이들과 마찬가지로 그 도시의 역사 과정을 처음으로 밝혀냈다.[58] 동시에 그는 로마 역사 및 고전들과 교황의 권위와의 얽혀있는 연계와, 교황청의 로마 귀환을 탄원하는 것과 연결하여 설명함으로써 당대의 정치학에서의 그의 입장을 이전보다 더욱 분명하고 확고하게 정립하였다.

(2) 고전 주석에 관하여

지오반니는 자신의 저서 『덕의 정치』에서 란돌포 콜로나의 도움으로 페트라르카에 의해 발견된 리비우스의 네 번째 10권(Fourth Decade of

---

57) 이 책은 G. Cavallini, *Polistoria de virtutibus et dotibus Romanorum*, Ed., M. Laureys (Stattgart, Leipzig, Teubner, 1995) 라티어본으로 출간되었고, 이후 동일 편집자에 의해 영역본으로 *The World of Justus Lipsius*(K. G. Saur Verlag, 1998)가 출간되었다. 이후 『덕의 정치(*Polistoria*)』로 표기한다.

58) M. Laureys, "Antiquarism and Politics in 14th-Century Avignon", pp.35-36.

Livy)을 인용하였으며, 그가 이전에 취득하였던 발레리우스 막시무스의 한 사본과 『교황의 전기』를 소유하였다.

카발리니는 1328년에서 1329년 사이에 콜로나가 아비뇽에 머무르는 동안 혹은 1329년 로마에서의 콜로나의 사망 이후에 란돌포 콜로나에게서 『교황의 전기 Liber Pontificalis』를 개인적으로 구입하였다. 이 서적의 구입은 카발리니를 페트라르카와 란돌포의 조카이면서 페트라르카의 친우였던 지오반니 콜로나와 나란히 위치시켰다고 볼 수 있다. 왜냐하면 카발리니는 로마와 아비뇽을 옮겨다니며 성직자의 학문적인 분위기에 확고히 속하게 되었고, 고전 로마의 문화적 유산에 대한 공통의 관심사를 공유할 수 있었기 때문이었다.[59] 카발리니는 자신의 고전 필사본들의 여백에 자신의 시대에 관한 그의 견해를 피력하였다. 그는 고전 저자들과 연관된 이념들과 가치들을 그 자신의 사회에 대한 비판주의와 직접적으로 연관시켰다. 발레리우스 막시무스와 리비우스에게서 끌어낸 문장에서는 동시대 로마인들을 비판하는 출발점을 삼았다. 그리하여 고대의 역사는 당대의 역사가 판단되어질 수 있었던 한 기준으로서 은연중에 제시되어졌다. 이런 동일한 태도는 14세기 초엽의 이교도 오르시니, 지오반니 콜로나와 같은 다른 로마인들의 저서들 속에서도 드러났다. 더욱이 고전 저자들에 대한 카발리니의 수용에 대한 이러한 정서적인 차원은 그를 그의 선조 사바 말라스피나 Saba Malaspina와 크게 구별시켰다. 사바 말라스피나는 13세기의 중요하고도 유일한 로마의 역사편찬자였으며 교황청에서 카발리니처럼 필경사로 일하였던 인물이었다.

발레리우스 막시무스에 대한 카발리니의 주석은 그의 『덕의 정치』의 범위와 목적으로 우리를 직접적으로 인도하였다. 많은 학문적인 주석

59) *Ibid.*, p.38.

들이 아래에 달려있었던 그 책에서 전체의 논문은 발레리우스 막시무스의 말미에 주석을 달아놓은 것에서 묘사되었던 접근과 과정의 기반위에 근거한 것이었다. 그는 리비우스와 키케로 그리고 몇 명의 다른 역사편찬자들의 언급에서 나온 몇몇 병렬적인 증거들을 그 자신의 손으로 추가하였다. 『덕의 정치』는 그러한 조화의 체계적인 개관으로서 고안되고 구성되었다. 병렬의 언급들과 고전 로마의 역사와 고대성의 모든 측면들에 대한 증거를 조심스럽게 선별하였다. 카발리니는 서문에서 그의 저술의 학문적 틀을 밝히고 설명하였다. 영광스러운 로마의 역사에 대한 문헌적인 자료의 풍부성과 잘 선택된 전문가들의 요약을 제시함으로써 생겨날 필요성에 관해 주장하였다.[60] 그의 언급에서 그는 발레리우스 막시무스의 서문으로부터 관련된 전언을 그의 기억해야 할 행동들과 말들 *Dicta et facta memorabilia*로 삽입하였다. 그리하여 마무리 과정에서 탁월한 고전 로마의 모델을 주장하였으며, 서문에서 나온 몇 문장들을 전수하였다. 란돌포 콜로나는 자신의 『간략한 역사』를 백과전서적 세계사로 시작하였는데, 이는 중세 말기의 도미닉 수도회의 역사편찬의 전통에서 착안한 것이었다. 발레리우스 막시무스와 란돌포 콜로나에게서 차용한 것은 명백히 카발리니가 그의 논문에서 드러낸 문헌적인 맥락을 드러냈다.

(3) 『덕의 정치』에 관하여

이 저술은 로마의 도시가 그것의 역사와 제도 및 기념물에 대해 유용한 자료들을 언급하였던 것의 기초를 설명하는 역사편찬적 저술로서 첫 번째이자 최고작이었다. 그러한 의미에서 카발리니는 로마에서 입증되었던 역사편찬적 저술의 두 가지 특별한 다양성을 지속적으로

---

60) M. Laureys, "Antiquarism and Politics in 14th-Century Avignon", p.40.

구성하였다. 기적*mirabilia*으로 표현되었던 고전적 유형과 13세기 마르티누스 폴로누스에 의해 로마에서 시작되었던 백과전서적 유형이었다. 카발리니의『덕의 정치』에서의 새로움은 그의 자료문헌들의 취사와 평가에 있었다. 란돌포 콜로나가 자신의 간략한 역사에서와 그의 조카 지오반니 콜로나의『바다의 역사』에서와 마찬가지로 이들은 모든 시대로부터 관련된 모든 자료들을 수합하려는 시도를 하였던 반면, 카발리니는 선별된 고전 저자들에 특별히 초점을 맞추어 그의 설명을 구성하였으며, 그들에게 모범적인 위상을 부과하였다.

『덕의 정치』의 문헌적인 배경은 고전 저자들과 로마 역사에서의 페트라르카의 관심과는 유사성과 동시에 차별성을 설명하였다. 당대인들의 역사와 정치에 관련해서 카발리니가 사용한 강력한 비판은 페트라르카적 태도를 지닌 사람에 대해서였다. 또한 그는 고전 저자들을 자기 당대인들이 숙고할 한 거울로서 명백히 제시하였다. 페트라르카와 카발리니 모두의 역사적 저술들이 단지 고전 고대의 관심에서 나오는 것일 뿐만 아니라 그들 자신의 시대에 대한 그들의 혐오감에 의해서 증진되었다. 그들이 가장 중요하게 전범典範으로 삼은 저자인 리비우스가 우리 시대가 너무 많은 세월 동안 보아왔던 사악함의 시각에서 자신의『로마사』를 저술하였던 것과 꼭 마찬가지였다. 고전 저자들에 대한 그의 인식에서 그리고 그 자신의 시대에 대한 비판정신으로부터 페트라르카는 물론 카발리니가 나갈 수 있었던 것보다 훨씬 더 멀리 나가있었다. 카발리니의 학문적 주석서들은 언제나 전거들로 간주되었던 사본들에서 뽑은 특별한 상세함을 다루고 있었던 반면, 페트라르카의 고전 저자들에 대한 인식은 모든 동시대인들이 유사하게 추구하는 것 이상으로 탁월하였다. 즉 그의 필적할 수 없는 서지학적 통찰력에 대한 설명과 동시에 자기 사회를 위한 페러다임으로서뿐만 아니라

무엇보다도 그들 자신의 맥락에서 본 역사적 인물들로서 고전 저자들에게 접근하였기 때문에 그러하였다.[61]

궁극적으로 페트라르카는 고전 수사학적 전통에 대한 비판을 한 공간을 만들어서 그 자신의 사회 안에서 새로운 인문주의자 운동의 역할을 규정하는 한 기구로 만들었다. 그가 자신의 『의학에 대한 맹렬한 비판*Invective contra medicum*』과 『자기 자신과 많은 사람들의 무지에 대하여 *De sui ipsius et multorum ignorantia*』에서 논증하였던 것처럼 말이다.[62]

『덕의 정치』에서의 문헌적 연습이 로마 역사와 정치에 대한 인식을 담는 것으로 만들어지는 것으로의 확장은 우리에게 페트라르카와 카발리니 사이의 더욱 커진 차별성을 드러내 주었다. 페트라르카는 다양한 민족적, 전문적, 지적인 배경들을 지녔던 적대자들과 논쟁을 하였다. 적대자들의 광범위한 다양성은 그의 추구와 저술들에서 엄청난 반향을 가져오는 데 부분적으로 기여하였고, 그로 하여금 다양한 인식들로부터 그의 인문주의적 프로그램을 공식화 할 수 있게 하였을 것이다. 반면 카발리니는 자신의 본고향이었던 로마와 그의 이웃이었던 로마 시민들에 관해 배타적으로 초점이 맞추어져 있었다. 그의 저작의 이름에서도 문법을 좋아하는 언급이 들어있다. 그의 『덕의 정치』는 로마인들의 덕성들과 재능들에 대한 확장된 기여를 담고 있었다. 서문에서 그는 "영원한 찬양과 영예가 주어진 도시 로마에 대하여" 그의 논문을 저술한다고 언급하였으며, 로마의 역사의 비할 데 없는 존귀함과 중요성을 강조하였다. "만일 모든 민족들의 역사들이 회고되어진다면, 어떤 나라의 업적도 로마인들의 장대한 업적보다 더욱 빛날 수는 없다"는

---

61) M. Laureys, "Antiquarism and Politics in 14th-Century Avignon", pp.41-42.

62) C. E. Quillen, *Rereading the Renaissance. Petrarch, Augustine, and the Language of Humanism*(Ann Arbor, 1998), pp.88-89.

그의 서문 마지막 절에서(Polistoria, PR., 11) 자랑스럽게 자신의 이름에 로마 시민 civis Romanus 을 추가하였다.

『덕의 정치』총 10권 가운데 6권에서 8권까지 로마 도시의 지형학에 대해 설명하였고, 그것의 고대와 중세의 건물들을 통해 로마를 기념하였다. 또 다른 중요한 그 책의 주제는 시민들의 성격과 업적에 대한 것으로 그것은 분리된 장으로 구성되지 않고, 책 전반에 편재되어 있다. 특히 리비우스의 역사에서 인용하였던 로마 역사의 영예스러운 선조들은 그 책의 여러 장들에서 설명되고 있다. 카발리니의 심중에는 이러한 것들이 근대 로마 시민들의 직접적인 선조들이다. 그들의 기억을 자극함으로써 카발리니는 그의 동족 로마인들에게 자신들의 탁월한 선조들의 전통으로 살아가도록, 그리하여 그들 도시의 이전의 영예를 회복하려는 동기를 부여하려는 것이었다. 만일 그들이 선조들처럼 평화와 조화 속에서 살 수 있다면, 그는 동족 시민들이 고전 문헌에서 기록되었던 로마인의 덕성과 재능을 여전히 소유하였으며, 고대의 광명을 부활시킬 수 있을 것임을 확신하였다.63)

따라서 카발리니가 고전 저작들을 읽고 자신의 책을 저술한 것은 전적으로 실제적인 목적과 의도를 지녔다. 즉 그의 시대의 침체와 몰락에 대항하는 한 치유제로서 동족 로마인들 가운데 고대의 덕 있는 로마를 복원하고 다시 활력을 찾을 수 있게 하려는 것이었다.

때문에 페트라르카와 카발리니 사이에는 근본적인 차별성이 있다. 페트라르카는 대체로 자신의 전언이 사회에 들려지기를 의도하였던 반면, 카발리니는 본질적으로 그의 본향 로마의 주민들에게 연설하였던 것이다. 페트라르카는 고대 로마의 덕성이 로마에서 부활될 수

---

63) Polistoria, 9, 3, 4 참조. M. Laureys, "Antiquarism and Politics in 14th-Century Avignon", p.44.

있음을 인정하였을 때, 로마인들은 그들의 선조들에게 부끄럽지 않은 생활을 하도록 노력하였을 것이며, 그러나 그는 로마의 날들이 로마 그 자체에서보다 더 잘 알려진 곳은 없다고 주장하였다. 로마인들의 덕의 부활은 하나의 임무였으며 모든 사람은 고전 저자들을 읽고 연구함으로써 가슴속에 담고 있어야 했다. 페트라르카는 오로지 한 가지 경우만 믿었다. 한 로마인이 실제적으로 고대 로마의 역사를 만들려 하고 있었다. 그는 콜라 디 리엔조로서 페트라르카는 콜라에게 보낸 한 통의 편지에서 로마 인민들의 자유의 복원자로 환영하였다. 콜라는 1347년 5월 단기간 권력을 얻었는데, 한 서한(Epistolae Variae, 48)에서 그는 로마 공화정의 시작과 종말에 동명이인의 두 유명한 해방자들을 비교하였다. 한 명은 (로마 왕정의 마지막 왕) 타르퀴니우스 수퍼버스를 쫓아낸 브루투스였고, 또 한 명은 로마의 다른 수호자들과 함께 시저를 살해한 브루투스였다. 콜라는 로마 역사가들의 저술들을 끊임없이 읽고 거기에서 지속적으로 영감을 얻었다. 새로운 호민관을 축하하면서 로마 시민들을 격려하여 그들의 전적인 지원을 그에게 헤주었던 페트리르가는 한 로마 시민으로서 그의 의무를 이행하였다.

그러나 카발리니는 자신의 책에서 콜라 디 리엔조에 대해 전혀 언급하지 않았으며, 리비우스에 관해서도 그의 각주에서 한번 언급했을 뿐이었다. 콜라의 정치적 지도력에 대한 카발리니의 침묵은 아마도 의식적인 선택으로 볼 수 있다. 왜냐하면 그는 그것을 정치적 실체와 이러한 맥락에서 로마의 역할과 위상에 대한 그 자신의 해석을 조화할 수 없다고 인식하였기 때문이다. 콜라 디 리엔조는 본질적으로 이탈리아의 지도력 아래 수도로서 로마와 함께 로마 제국을 복원하려 하였다. 무엇보다도 그는 독일 제국과의 어떤 연관성도 단절하기를 원하였다. 설령 콜라가 그 스스로 호민관이라는 칭호를 취하였을지라도, 아마도 리비우스의 책을 읽음으로써 영감을 얻었을 것이나, 정교하고 조심스러운 귀빈 예식들을 통해 그가 스스로 권력의 자리에 오르는 것은 그의 제국의 열망들을 분명하게 암시하는 것이었고, 곧 교회 당국으로부터 의심을 사게 되었다. 1347년 8월 1일에 라테란 성당의 대문에서 콘스탄티누스 대제가 세례받았던 세례대에서의 그의 정화 예식은 교황청을 공격하는 것이었고 교황을 분노하게 만들었다.

콜라 디 리엔조는 세계 제국의 중심부로서 로마와 로마의 시민들에서의 보편적 권위를 재확립하려는 목적으로 정치적 프로그램을 실행하려는 구상을 하였고 시도하였으며, 로마 인민들의 수중에서 나오는 최고 권위를 그가 받아 황제로서 통치하려 하였다. 그러나 카발리니에게 최고의 권위는 교황이 지니는 것으로서 황제는 그의 정치적 권력을 교황으로부터 받은 것이었다고 주장하였다. 그는 상당히 장구하게 이 주제를 다루었으며 사실상 14세기 전반기를 통해 뜨겁게 논쟁되었던 갈등에서 교황의 위상을 상세하게 반복하였다. 그 시기는 첫 번째는 교황 요한 22세와 이후 클레멘스 6세와 황제 루드비히 바이에른 (1314-1347)과 대립하였던 때로서, 이때에 카발리니는 자신의 책을 저술하고 있었다.

페트라르카는 로마에서 교황청과 제국을 재확립하는 것이 세상의 정의로운 중심부에 보편 권력을 복원하는 것을 의미할 수 있음을 주장하였다. 페트라르카는 고전 로마에서 깊이 간직된 도덕적 가치들과 정치적 특권들에 중심을 둠으로써 세계 역사의 새로운 이해력을 발전시켰던 반면, 카발리니는 교황의 권력에 대해 무제한적이고 무조건적인 우월권을 강화하기 위한 새로운 주장을 발견하기 위해 그의 고전적 지식을 탐구하였다. 카발리니에게 있어서 세상의 정신적인 중심부로서 로마의 영구적인 모범적인 성격은 근본적으로 교황청의 좌로서 그것의 위상에 있는 것이었다. 그의 고대 로마에 대한 고전적 재구성은 본질적으로 그러한 위상으로서의 고전의 토대와 기원을 드러내는 것을 의미하였다. 이러한 관점을 넘어서는 로마 안에서의 세계 역사와 로마의 위상은 그에게 관심 밖의 것이었다.

(4) 저술의 의미

무엇보다도 중세에 로마의 고전성에 대한 학문적 수용은 15세기와 16세기 로마에서의 고전 연구들을 준비하고 영향을 미치는 데 결정적인 것이었다. 이러한 이유로 인해 르네상스 인문주의의 맹아가 싹트는 전반적인 기후에서 지오반니 카발리니의 위상을 정하기는 쉬운 일이 아니었다. 인문주의자 운동의 한 본질적인 측면 즉 고전적 기준에 따른 양식과 라틴어의 부활이 그의 성품에서는 전적으로 부재했음을 강조해야만 한다. 그러나 이러한 언어적 관심을 넘어서는 카발리니의 『덕의 정치』는 14세기 로마와 아비뇽에서의 지적인 환경에서 많은 은혜를 입고 있었으며, 방향성에서 기적(미라빌리아)으로부터 멀리 벗어나 15세기 지형학적이며 고전적 학풍으로 이끌게 될 로마의 첫 번째 묘사였다.[64] 그럼에도 불구하고 동시에 그것은 역사편찬적 저술에 있어서 장기간에 걸친 로마의 다양성에 대한 하나의 전형적인 유형이 되었다.

3) 루도비쿠스 상투스 Ludovicus Sanctus

(1) 생애 및 페트라르카와의 우정

페트라르카의 많은 친구들 가운데 그의 특별한 애정과 관심을 지녔

---

64) M. Laureys, "Antiquarism and Politics in 14th-Century Avignon," p.51.

던 한 인물은 바로 그의 '소크라테스'[65]라고 불린 사람이었다. 페트라르카 자신은 림부르그의 벨기에 지방Belgian province of Limburg 켐펜Kempen 출신이었던 이 '소크라테스'를 그의 지적이고 감정적인 '제2의 자아'alter ego로서 간주하였음을 드러내고 있다.

> 나의 사랑하는 친우 소크라테스여, 나에게 온 다른 친우들이 이탈리아 땅에서 온 것과는 달리 당신은 농작물, 포도주 및 상업적인 면에서 척박한 황무지였던 그러나 위인들을 많이 배출한 켐펜에서 왔기에 당신만이 홀로 후손들에게 칭송받게 될 것입니다.[66]

그러나 페트라르카는 이 친우의 정체성에 대해 분명히 언급하고 있지 않았다. 그리하여 라우라의 존재와 마찬가지로 그에 관해서도 상상의 인물이라고 생각하는 이들도 있어 왔다. 시와 산문의 저술에서 그는 그에게 '소크라테스'라는 별칭으로 언급하였다. 그에게 이러한 이름을 주었던 것은 그의 심오함, 고매한 정신, 충성심 및 열린 마음에서 나온 것이었다. 그러나 지금으로부터 대략 100년 전이었던 1904년 12월에 벨기에의 역사가 돔 우르스메르 벨리에르Dom Ursmer Berlière 가 바티칸 문서고에 있는 자료들을 연구함으로써, 페트라르카의 영적인 짝으로서 림부르그의 음악가였던 루도비쿠스 상투스(1304-1361)라는 인물을 밝혀내게 되었다.[67]

---

65) 페트라르카는 상투스의 친우들이 그에게 '소크라테스'라는 별칭을 붙여주지 않았다면, 자신은 상투스를 '아리스토제누스'(Aristoxenus, B.C. 375-335)라고 부르고 싶었을 것이라고 언급하였다. 아리스토제누스는 제노필누스와 아리스토텔레스의 제자이며, 그리스의 소요학파 철학가이며 음악 이론가였다. 그의 명성은 대단하여 그가 리세움의 수장직을 승계하기로 기대될 정도였다. F. Petrarch, *Familiares* IX, 2, ed. Rossi, II(Florence, 1934), p.215.

66) F. Petrarch, *Familiares* IX, pp.214-215.

상투스는 플랑드르의 베네딕트회 수도승으로 그의 교회에서와 음악에서의 경력과 그의 문학 저술들이 매우 자세히 연구되어 왔다. 페트라르카가 볼로냐(1320-1325)에서 법학을 공부하고 있었을 때, 콜로나 가문과 친근한 관계를 맺고 있었고, 지아코모 콜로나와 동반하여 1330년 3월에 아비뇽에 도착했다. 지아코모를 통해 26세의 페트라르카는 롬베즈 혹은 아비뇽에서 로마인 귀족 레로 스테파노 데이 토세티 Lello Stefano dei Tossetti와 루도비쿠스 상투스 Ludovicus Sanctus를 알게 되었다. 이 두 인물은 지아코모의 형제 추기경이었던 지오반니 콜로나의 친구들이었다. 페트라르카는 이들을 '렐리우스'Lelius와 '소크라테스'Socrates로 불렀다.[68]

상투스는 리에지 생 람베르트의 유명한 음악학교 출신들의 다른 많은 재능있는 음악가들과 마찬가지로 1330년에 추기경 지오반니 콜로나에 의해 아비뇽에 초대되어 왔다. 음악 이론에서뿐만 아니라 음악적인 연출에서도 탁월한 재능을 지닌 상투스는 교황청의 채플에서 음악 교수 및 성가대장을 하게 되었다.[69] '소크라테스'는 페트라르카에게 우정에 대한 아이콘이 되었다. 페트라르카는 자신의 저서에서 소크라테스에 대해 다음과 같이 언급하였다.

요컨대 그 친구는 (나의) 제2의 자아와 같은 존재로서 그는 우리를 지탱해주는 지지대이며 우리 정신의 불빛이요 우리 판단의 안내자이고 우리

---

67) U. Berlière, *Un ami de Pétrarque, Louis Sanctus de Beeringen*(Rome-Paris, 1905).
68) J. Pay, "Creating An 'Italian' Friendship: From Petrarch's Ideal Literary Critic 'Socrates' to the Historical Reader Ludovicus Sanctus of Beringen", in Ed., K. A. Enenkel and J. Papy, *Petrarch and His Readers in the Renaissance*(Brill, Leiden, Boston, 2006), p.16.
69) *Ibid.*, pp.16-17.

연구에 빛을 밝히는 횃불이며, 논쟁의 자리에 평화를 가져오고, 우리의 근심과 고통을 나누며, 여행에 동반자이고 편한 위안을 주는 사람이다. … 우리가 살아있을 때뿐만 아니라 우리가 장례를 치른 후에도 그는 여전히 살아 영원한 위안을 주며, 그들의 친우들의 눈에는 자신들이 세상을 떠나 죽음에 이르더라도 특별히 살아있는 것처럼 느낄 것이다.[70]

페트라르카의 소크라테스와의 우정은 죽음의 한계도 넘어서는 것이었다. 그 시인은 1361년 5월에 소크라테스의 죽음을 알게 되었을 때 그 자신이 나이가 들었음을 인식하게 되었다. 그는 편지들을 새로이 수집하는 일을 시작하였을 때, 그 책에서 다음과 같은 말로 말문을 열었다. "나는 나에게 돌아올 수 없을 '소크라테스'에게로 돌아간다."[71] 소크라테스와 자신의 아들 지오반니가 사망했다는 소식을 듣고서 페트라르카는 자신의 일기장으로 사용하였던 베르길리우스 코덱스의 앞면 빈 공간에 다음과 같이 서술하였다. "예수님, 이들 두 사람에게 당신의 영원한 안식을 주시고, 나와 함께 더 이상 이곳에 머물 수 없는 이들이 은혜로운 변모를 통해 당신과 함께 있게 해 주소서." 그리고 '소크라테스'만을 언급하면서 이러한 글로 마무리하였다. "나는 친구를 잃어 내 생활의 위안도 잃었습니다."[72]

(2) 저술 활동 및 음악 분야의 발전

능변, 박식한 독서와 열린 마음의 소유자인 북부 출신의 그의 친우는 이 모든 면에서 이탈리아 인문주의자에게 감동을 주었으며, 페트라르

---

70) F. Petrarch, *Familiares* IX, 9, ed. Rossi, II, 239.

71) Petrarch, *Seniles* I, 3, 14, ed. Nota, 33.

72) Milan, *Biblioteca Ambrosiana*, S. P. 10/ 27(fomerly A, 29inf.).

카는 그를 이탈리아인으로서 간주하기를 원하기조차 했다는 것이다. 페트라르카가 소크라테스에게 보낸 모든 편지에서 성서, 다양한 고전 저자들 및 교회 교부들에게서 인용 및 참고하였음이 산재되어 나타났다. 불행히도 소크라테스가 페트라르카에게 보낸 편지는 남아있는 것이 없다. 키케로, 베르길리우스, 호라티우스, 오비드 및 세네카가 현저히 많이 나오며, 플라티우스, 테렌스, 살루스트, 대 필리니, 아풀레이우스, 루칸, 마크로비우스 및 성 제롬 또한 등장하였다. 설령 이러한 학식 있는 서신왕래가 상투스 자신의 박식함을 입증할 수는 없을지라도, 그것이 두 친우 간에 공유하였던 내용이었음은 분명하다 할 수 있다.[73]

아비뇽에 있는 상투스의 서가에서 나오는 목록표는 키케로의 수사학 저술들을 포함하는 필사본과 그가 아비뇽에 도착하여 1주일 후인 1330년 3월 6일에 구입한 필사본『헤레니우스를 위한 수사학Rhetorica ad Herennium』이 있었다. 또한 명백하게 상투스는 보클뤼즈에 있었던 페트라르카의 도서관에 매우 친숙하였는데, 그곳은 페트라르카가 그의 친우들과 공유하기를 열망하였던 곳으로 잘 알려진 곳이었다.

상투스는 그 자신의 필사본 모음집을 작성하였는데 꽤나 박식함을 드러냈다. 밀라노 문서보관소에 있는 필사본(암브로시아누스 F 138 sup)에서 상투스는 라틴 역사편찬가들의 모음집을 정리하였는데, 그들 가운데 발레리우스 막시무스의『기억할 만한 공적과 격언에 관한 책Factorum et dictorum memorabilium libri』과 티투스 프로버스C. Titus Probus의『문법에 관한 책De praenominibus』, 유스티누스, 플로루스, 살루스트, 루퍼스 페스투스의 『로마 세계의 간략한 역사Breviarium rerum gestarum populi Romani』가 수록되어 있었다. 또한 율리우스 시저로부터 프리드리히 바바로싸에 이르는

---

73) J. Pay, "Creating An 'Italian' Friendship", p.23.

통치자들을 다루었던 중세의 연대기는 전체 200장으로 된 모음집으로 상투스 자신이 쓴 서문*prooemium*으로 시작하였다.[74]

더욱이 자신의 고향 베링겐의 라틴어 학교와 유명한 음악학교였던 리에지의 성 람베르트 대성당학교에서 수학하였던 그는 아비뇽에서의 추기경 지오반니 콜로나의 채플에서 정확히 무슨 일을 하였는지는 규명될 수 없으나 성가대장, 선창자, 합창단 지휘자, 음악 교사, 혹은 동시에 이런 부류의 모든 일을 하였을 것이다. 그의 직함이 음악 교수 *magister in musica*였으며 그의 초기 저작명이 『음악 소노라의 악장 주제 *Sentencia subiecti in musica sonora*』였음을 볼 때 상투스를 창법에서 스승으로 간주하였음을 알 수 있다.

먼저 이 논문에서 상투스는 자신을 부유한 리에지 전통 안에 있음을 논증하였다.[75] 두 번째로, 상투스는 교부의 문헌과 스콜라 철학에 매우 박식하였으며, 또한 그 자신의 음악적 논거에 아리스토텔레스와 스콜라 사상을 적용하여 그 자체를 제롬 모라비아의 『음악적 주제*De subiecto musicae*』와 요하네스 드 무리스의 『음악의 주제들*Subiectum in musica*』과 연관시켰는데, 이는 음악의 주제가 수와 음 간의 관계임을 증명하기 위한 목적이었다.[76]

---

74) *Ibid.*, p.24.
75) *Ibid.*, p.25. 아리보, 요한네스 코토와 자코부스 레오디엔시스와 같은 리에지 출신의 저명한 이론가들 선상에 상투스는 아우구스틴, 마크로비우스, 풀젠티우스, 보에티우스와 같은 고대의 음악적 이론가들까지 언급하였다. 또한 그는 이시도르 세빌, 귀도 아레조, 존 아필리젬, 그리고 제롬 모라비아를 포괄하였다.
76) A. Welkenhuysen, "Louis Sanctus de Beringen, ami de Pétrarque, et sa Sentencia subiecti in musica sonora rééditée d'après le ms. Laur. Ashb. 1051", in *Sapientiae doctrina. Mélanges de théologie et de littérature médiévales offerts à Dom Hildebrand Bascour O.S.B.*, Recherches de théologie ancienne et médiévale, numéro spécial I(Louvain: 1980), 401-412, n.108.

(3) 다양한 관심

그럼에도 불구하고, 1348년 4월 27일에 아비뇽에서 서술되어 그의 동료 브르게스의 성 도나티안 성당의 참사원들에게 낭독된 흑사병에 관한 상투스의 유명한 서한이 밝혀졌다. 그 서한에서 그는 동료 참사원들에게 흑사병의 기원과 잔인함 및 교황과 추기경 지오반니 콜로나의 의도에 관하여 전하였다.[77] 그것은 상투스의 지적인 문화와 연관되어 매우 계몽적이다. 그의 서한의 전반부에서는 프로방스의 영향이 스며들었던 중세 라틴어를 드러냈으며, 중간 부분에서 그의 보고는 유행하던 지리학적 지식, 강력한 성서적 영향력 즉 이집트에서 일어난 열 가지 재앙과의 비교와 성 바오로와 성 요한의 서간들에서의 반복되는 잔향과 전염병을 다루었던 당대의 문헌들로부터의 고전들의 목적론적 이용이 특징적이었다. 그러나 상투스는 동료 성직자에게 서술하고 있었던 점에서, 이것이 1348년의 그의 서한과 음악에 관한 그의 논문 모두에서 그의 문체와 그의 라틴어에 영향을 주었다는 점에서 전형적인 중세적이고 교회의 라틴어로, 그리고 문장론과 문체로 표현되었으며, 이는 14세기 아비뇽에서 사용된 프로방스의 방언에 영향받았음을 드러내었다. 그가 페트라르카와 오랜 세월 우정을 나누었을지라도 그의 키케로적인 문체 혹은 그의 라틴적 인문주의 문체를 모방할 수 없었다. 페트라르카와 접촉하기 위해 왔던 많은 북부 출신의 사람들이 그러했듯이, 상투스 역시 중세의 사람으로 남아있었다.[78]

---

77) J. Pay, "Creating An 'Italian' Friendship", p.26.
78) *Ibid.*

3. 맺음말

14세기의 아비뇽은 교황청의 이전, 흑사병의 창궐, 교황과 군주 간의 갈등, 전쟁, 기아, 교회의 분열 등으로 매우 암울한 모습이었다. 근대 사가들은 이러한 중세 말기의 상황을 오랜 천년의 어두운 중세가 지고, 새로운 근대 시기가 15, 16세기의 이탈리아 르네상스에서 고전 문화의 화려한 부활로 꽃피웠다고 주장하였다. 이처럼 중세와 근대를 완전히 단절하여 극명하게 대비시킨 시각을 강조한 학자가 그동안 우리에게 잘 알려진 J. 부르크하르트이다. 그러나 필자는 '이탈리아 르네상스의 문인이며 최초의 근대인'이라 명명되던 F. 페트라르카가 활동하였던 시기와 무대가 바로 14세기이며 아비뇽 교황청과 깊은 연관이 있다는 점에서 이러한 시각에 대한 재고의 필요성을 깊이 인식 하게 되었다.

페트라르카는 교회에서 하위 성직에 입문하여 교황 요한 22세와 클레멘스 6세로부터 여러 성직록을 받고 로마와 아비뇽을 오고가면서 활발하게 활동하였다. 그는 1341년 로마에서 계관 시인이라는 영예로 운 칭호를 얻어 당대에 매우 유명한 인물이 되었고, 이는 그에게 인기와 명성을 가져다주었다. 그는 일찍이 로마 라틴 문화에 헌신하여 리비우 스의 로마사의 일부 필사본을 발굴하였으며, 키케로를 자신과 소통하 는 모델로서 인식하여 키케로에게 두 통의 서신을 쓰기도 하였다. 그는 고전 연구에서의 윤리적 가치를 주장하였다. 또한 고대 로마에 대한 지식은 강렬한 애국주의를 고취시켜 페트라르카의 정치적 꿈들에 영감을 주었다. 이는 바로 아비뇽 교황청의 로마로의 회귀를 주창하고, 또한 이탈리아에서의 평화와 통일에 대한 염원을 지니게 했다. 이탈리 아에 대한 그의 열렬한 사랑은 당시의 혁명가 콜라 디 리엔조를 지지하기에 이른다. 그러나 콜라의 혁명정부가 실패하였을 때 페트라르카 역시 매우 좌절하였다고 한다. 더욱이 페트라르카는 이슬람, 비잔틴, 십자군에 관하여서도 적극적인 입장을 표명하였다. 이는 동시대 사람들이 느끼던 감정을 표현하고 있었다고 볼 수 있겠다.

또한 페트라르카의 친우들이며 고전학 연구자들이 당시 아비뇽에서 활동하였다. 아비뇽은 행정적, 사법적, 교의적인 활동들을 강하게 연결하는 국제적인 관계망을 지닌 새로운 중심부가 되어감에 따라, 그 도시는 교황의 대학과 도서관의 설립뿐만 아니라 건축, 회화 및 음악의 만개에 영향을 주었던 독자적으로 지적이고 문화적인 부활을 경험하고 있었다.[79] 로마 역사, 문화 및 철학과 같은 중요한 고대 사본들과 주석서들을 포괄하는 새로운 필사본들에 접근하기 용이하였으며, 최근의 다성음악의 발전으로 전례 예식에 빛을 더해 주어 새로운 유행이 지속적으로 성장하고 있었다.[80] 그리하여 당시 아비뇽에는 많은 학자들이 모여서 연구하고 있었으며 또한 이들 다수는 아비뇽 교황청에서 봉직하였다. 추기경들로서, 필경사로서, 아니면 성직록을 받는 참사원으로서 교황청의 다양한 분야에서 활동하면서 더욱이 고전에 대한 연구와 함께 저술활동을 하였다. 이들 인문주의자들은 이탈리아인들은 물론 북부에서 온 다양한 인물들을 포함하고 있었다. 그리하여 이러한 많은 문인들 가운데 특히 페트라르카와 친분을 가지며 그의 친우들이었던 지오반니 콜로나, 지오반니 카발리니, 그리고 페트라르카 자신이 '제2의 자아'라고 불렀던 루도비쿠스 상투스에 관해 살펴보았다. 페트라르카는 자신의 저택이면서 도서관이었던 보클뤼즈에 친우들을 자주 초대

---

79) Ibid. p.16.

80) B. Guillemain, *La cour pontificale d'Avignon(1309-1376). Etude d'une société*(Paris, 1962), pp.711-715 ; G. Mollat, *Les papes d'Avignon(1305-1378)*, revue(Paris, 1965), pp.467-503.

하여 인간적인 우정을 돈독히 쌓으며, 함께 책을 독서하고 토론하며 지식을 공유하였다. 또한 아비뇽 교황청 주변에서는 여러 문인들이 서로 교류하여 지적인 의견교환을 하였다. 이는 다양한 인적구성으로 이루어진 다양한 스펙트럼의 인문주의가 14세기 아비뇽과 그 주변에서 펼쳐지고 있음을 볼 수 있었다.

브렉톤 로스B. Ross는 "아비뇽 교황들은 유럽의 이곳, 저곳에서 수집된 필사본들이 이동하는 통로로서의 일종의 어음 교환소의 역할을 하였다. 약 20년 전(1950년대)의 가설은 외교관들과 학자들이 (그곳에서의) 지속적인 왕래로 인해 제안되었는데, 아비뇽은 북부에서의 카로링조 르네상스와 이후의 12세기 르네상스에 의해 수집되고 소장되어 온 고전 원문들과 다른 원문들을 이곳 아비뇽에 모으고, 또 이렇게 모아진 자료들을 15세기 이탈리아 인문주의의 중심부들(로마)로 옮겨지게 하였던 한 통로를 제공하였다는 것이다. 근자의 연구가 이러한 이론을 크게 뒷받침해 주었다"고 언급한 바 있었다.[81] 그러나 아비뇽은 이미 여러 문인들의 활발한 연구를 통해 그러한 문화 이동의 통로를 넘어선 15세기 이탈리아 르네상스 고전 문화의 화려한 부활을 예고하고 실험하며 조탁하는 무대였던 것이다.

---

81) W. Braxton Ross, Jr., "Giovanni Colonna", pp.534-535. 근자의 연구는 B.L. Ullman, "Some Aspects of the Origin of Italian Humanism", pp.213-217, reprinted in *Studies in the Renaissance* (Rome, 1955), pp.29-33. Cf. R. Sabbadini, *Le scoperte dei codici latini e greci ne' secoli XIV e XV*, ii(Florence, 1914), pp.32-35, 85, and Simone, *Il rinascimento francese*, pp.19-24 참조.

부록 약어표

AHR	*American Historical Review*
Ann. Rom	*Annales Romani, in PL 2. 331-50.*
CHMPT	*The Cambridge History of Medieval Political Thought* ed J. Burns (Cambridge, 1988)
CHR	*The Catholic Historical Review*
CMH	*The Cambridge Medieval History* (London, 1920)
EHR	*The English Historical Review*
EP	*Epistolae pontificum Romanorum ineditae, ed S. Loewenfeld* (Leipzig, 1885)
JEH	*The Journal of Ecclesiastical History*
JL	*Regesta pontificum Romanorum, ed. P. Jajjé, 2 vols.* (Leipzig, 1885-8)
JTS	*The Journal of Theological Studies*
MGH	*Monumenta Germaniae Historica*
MGH Conc	*MGH Concilia*
MGH Epp. sel	*MGH Epistolae selectae*
MGH SS	*MGH Scriptores*
MGH SS rer, germ	*MGH Scriptores rerum Germanicarum in usum scholarum separatim editi.*
MH	*Medieval History*
PBA	*Proceedings of the British Academy*
PL	*Patrologiae cursus completus, series Latina, ed. J.P. Migne*
Salier	*Die Salier und das Reich, ed. S. Weinfurter, 3 volumes* (Sigmaringen, 1991).
SB	*Sitzungsberichte*
SCH	*Studies in Church History*

SG	*Studi Gregoriani*
SM	*Studi Medievali*
Stud. Grat	*Studi Gratiani*
TRHS	*Transactions of the Royal Historical Society*
ZRG kan. Abt	*Zeitschrift der Savigny-Stiftung für Rechtsgechichte, kanonistische Abteilung*

참고문헌

■ 1차 사료 ■

Benedict XII, *Quamvis dilecti filii*, August 1, 1341: *Register Vatican 62*, fols. 34r-35v.

Benoît XII: *Lettres communes analysée d'apres les registres dits d'Avignon et du Vatican*, ed. J. M. VIDAL, G. Mollat, 2v.(Paris, 1913-1950).

Boccaccio, G., *Opere latine minori*, ed. A.F. Massèra(Bari, 1928).

Bonaventure, Prologue, I, in *AF* X, 557-8. trans. by B. Fahy in Habig(1979).

Cavallini, G. *Polistoria de virtutibus et dotibus Romanorum*, ed., M. Laureys(Stattgart, Leipzig, Teubner, 1995). 동일 편집자에 의한 영역본 *The World of Justus Lipsius*(K. G. Saur Verlag, 1998).

Chronique normande du XIVe *siècle*, ed. Auguste and Emile Molinier, Société de l'histoire de France(Paris, 1882), ad a.1326.

Clément VI. *Lettres closes, patentes et curiales se rapportani à la France*, ed. E. Déprez, J. Glénisson, and G. Mollat(Paris, 1910-1961), no.3966.

Cola di Rienzo, *Commentary on Dante's Monarchia*, ed. P.G. Ricci, "Il commento di Cola di Rienzo alla Monarchiadi Dante", SM series3, VI, 2(1965).

Ed. Armstrong, R. J., Hellann, J. W., Short, W. J., *Francis of Assisi : Early Documents*, 1. *The Saint*(New York: Franciscan Institute of St. Bonaventure University, 1999).

Ed. Armstrong, R. J., Hellann, J. W., Short, W. J., *Francis of Assisi : Early Documents* 2. The Founder.

Ed. Armstrong, R. J., Hellann, J. W., Short, W. J., *Francis of Assisi : Early Documents* 3. The Prophet.

Ed. Armstrong, R. J., Hellann, J. W., Short, W. J., *Francis of Assisi-Index : Early Documents 4*.

Ed. Coogan, R., *Babylon on the Rhone: A Translation of Letters by Dante, Petrarch, and Catherine of Siena on the Avignon Papacy*(Maryland, 1983).

Galfridi le Baker de Swynebroke, *Chronicon*, ed. A. Giles, Caxton Society(London, 1847), ad a.1316.

Henry of Diessenhoven, *Chronica*, ed. J. F. Böhmer, Fontes Rerum Germanicarum, iv.(Stuttgart, 1868).

Henry Taube of Selbach, *Chronica*, ed. H. Bresslau, *Monummenta Germaniae Historica*, *Scriptores Rerum Germanicarum*, n.s., i(1924).

I Dialogus, i , ed. M. Goldast, *Monarchia Scanti Romani Imperii* 3vols.(Hanover and Frankfurt, 1611-1613).

John of Trokelows, *Annales*, ed. Henry Riley, *Chronica Monasterii S. Albani*, vol.3, ad a.1317.

John XXII, *Cum simus*, October 15, 1321: Register Vatican 62, fols. 5v-6r.

Lettres Communes de Jean XXII, ed. Guillaume Mollat, *Biliothèque des écoles françaises d'Athènes et de Rome*(Paris, 1921-1947), no.24346, 28308, 28355, 43163.

Marsilius of Padua, *Defensor pacis*, 2. 24. 14, ed. C. W. Previté-Orton(1928).

Matthew of Nuremberg, *Chronica*, ed. A. Hofmeister, *Monummenta Germaniae Historica*, *Scriptores Rerum Germanicarum*, n.s., iv(1955), ch.69.

Moorman, J. R. H. *The Sources for the Life of St Francis of Assisi*(Manchester University, 1940).

Petrarch, F. *Epistulae rerum familiarum* I-VI, ed., V. Rossi(Florence, 1934).

Petrarch, F. *Familiares* XIX, 16, ed. Rossi, III(Florence, 1934).

Petrarch, F., *Rerum memorandarium libri*, ed. G. Billanovich(Florence, 1943).

Platina, B., *Liber de Vita Christi ac Omnium Pontificum*, ed. G. Gaida, *Rerum Italicarum Scriptores* iii, pt 1, Città di Castello(1913-1932).

Quaestio de magisterio infallibili Romani Pontificis, ed. P. B. M. Xiberta(Münster, 1926).

Raynaldus, O., *Annales Ecclesiastici*(Lucca, 1751) vi, ch.33.

Regestum Clementis Papae V, ed. the Benedictines of Minte Cassino, 1884-1892, 8vols. *Vitae Paparum Avionensium(1305-1394)*, ed. Baluze(1693), re-ed., G. Mollat, 4vols.(Paris, 1916-1922).

Thomas Burton, *Chronicon Monasterii de Melsa*, ed. E. A. Bond, *Rerum Brittanicarum Medii Aevi Scriptores* iii(London, 1866-1868).

Vatican Register 62(1974), *Acta Ioannis XXII(1317-1334)*(Pontificia Commissio ad redigendum codicem iuris canonici orientalis, Fontes, ser.3. v.7. pt2), ed. Aloysius L. TÂUTU(Rome, 1952).

William of Ockham, *De Electione Karoli IV in Conrad of Megenberg, Tractatus Contra Wilhelmum Occam*, ed. R. Scholz, *Un bekannte kirchenpolitische Streitschriften*,

ii. ch.4.

■ 논저 ■

Amiet, L., *Essai sur l'organization du Chapitre Cathédrale de Chartres du XIe XIIIe siècie*(Chartres, 1922).

Armstrong, K., *Francis of Assisi : A Revolutionary Life*(New York: Adrian House, 2001).

Barraclough, G., *The Medieval Papacy*(London, 1979).

Baudry, L., *Guillaume d'Occam. Savie, sesoeuvres, ses idées sociales et politiques*(Paris, 1949).

Berlière, U., *Un ami de Pétrarque, Louis Sanctus de Beeringen*(Rome-Paris, 1905).

Bisaha, N., "Petrarch's Vision of the Muslim and Byzantine East," *Speculum* Vol.76. No.2(Apr., 2001), pp.284-314.

Bishop, M., *Petrarch and His World*(Bloomington, Indiana, 1963).

Black, R., *Benedetto Accolti and the Florentine Renaissance*(Cambridge, Eng., 1985).

Boyle, L. E., *A Survey of the Vatican Archies and of its Medieval Holdings*(Toronto, 1972).

Brentano, R., *Rome Before Avignon: A Social History of Thirteenth-Century Rome*(New York, 1974).

Burnham, P. E., "The patronage of Clement VI", *History Today* XXVII(1978), pp.372-381.

Burr, D., *The Spiritual Franciscans; From Protest to Persecution in the Century after Saint Francis*(State College, Pa., 2001).

Campbell, A. M., *The Black Death and Men of Learning*(New York, 1931),

Cardini, F., "La crociata mito politico," in *Il pensiero politico* 8(Rome, 1975), pp.3-32.

Castelnuovo, E., *Un pittore italiano alla corte di Avignone. Matteo Giovannetti e la pittura in Provenza del secolo XIV*(Turin, 1962).

Cazelles, R., *La Société politique et la crise de la royauté sous Philippe de Valois*(Paris, 1958).

Chesterton, G. K., *St. Thomas Aquinas, St. Francis of Assisi*(San Francisco: Ignatius Press, 1986).

Clayton, M., *The Cult of the Virgin Mary in Anglo Saxon England*(Cambridge Univ. of Press, 1990).

Collins, R., *Keepers of the Keys of Heaven: A History of the Papacy*(New York, 2009).

Creighton, M., *A History of the Papacy* vol.5, new ed.(London, 1892).

De Moreau, É., *Histoire de l'Église en Belgique* III(Brussels, 1945).

De Vooght, P., *Les sources de la doctrine Chrétienne*(Bruges, 1963).

Delaporte and Houvet, *Les Vitraux de la Cathédral de Chartres* 4vols.(Chartres, 1926).

Demaitre, L., "Theory and practice in medical education at the University of Montpellier in the thirteenth and fourteenth centuries", *JHM* XXX(1975), pp.103-132.

Déprez, E., "Une Tentative de reforme du calendrier sous Clément VI. Jean de Murs et la Chronique de Jean de Venette", *Mélanges* XIX(1899), pp.131-143.

Duby, G., *The Age of Cathedrals*(Univ. of Chicago Press, 1981)

Duffy, E., *Saints and Sinners: A History of the Popes*(New Haven, 1997).

Ed. Ascoli, A. R. and Falkeid U., *The Cambridge Companion to PETRARCH*(Cambridge Uni. Press, 2015).

Ed. Barber, J., *François de Meyronnes-Pierre Roger: 'Disputatatio'*(Paris, 1961).

Ed. Deploige, J., De Reu, M., Simons, W., and Vanderputten, S., *Religion, Culture, and Mentalities in the Medieval Low Countries*(Brepols, Turnhout, 2005).

Ed. Enenkel, K. A. and Papy, J., *Petrarch and His Readers in the Renaissance*(Brill, Leiden, Boston, 2006).

Ed. Gouwens, K., *The Italian Renaissance; The Essential Sources*(Blackwell Publishing Ltd., 2004).

Ed. Holmes, G. *The Oxford Illustrated History of Medieval Europe*(Oxford Univ. Press, 1988).

Ed. Jones, M., *The New Cambridge Medieval History*, Vol.VI c.1300-c.1415(Cambridge Univ. Press, 2000).

Ed. Najamy, J. M., *Italy in the Age of the Renaissance 1300-1550*(Oxford Univ. Press, 2005).

Ed. Setton, K. M., *The History of the Crusades* ii(Madison: Univ. of Wisconsin Press, 1989).

Ed. Sheehan, M. W., *St. Francis of Assisi: Essays in Commemoration, 1982*(New York: The Franciscan Institute, 1982).

Eds., Rossi V. and Bosco, U., *Le familiari*, 4vols.(Florence, 1933-1942), trans. Aldo S. Bernardo, *Letters on Familiar Matters* 3vols.(Albany, N.Y., and Baltimore, 1975-1985).

Eds. Cosenza M. and Musto, R., *Petrarch: The Revolution of Cola di Rienzo*(New York, 1986).

Edwards, K., *The English Secular Cathedrals in the Middle Ages*(Manchester Univ. Press. 1949).

Einbinder, S., "Theory and Practice: A Jewish Physician in Paris and Avignon", *Association for Jewish Studies Review* Vol.33. No.1(April, 2009), pp.135-153.

Emden, A. B., *A Biographical Register of the University of Oxford to A.D. 1500*(3vols. Oxford, 1957).

Faucon, M., *La libraire des papes d'Avigon* 2vols.(Paris, 1886-1887).

Fine, J. V. A. Jr., *The Late Medieval Balkans: A Critical Survey from the Late Twelfth Century to the Ottoman Conquest*(Ann Arbor, Mich., 1987).

Flick, A. C. *The Decline of the Medieval Church* vol.2(London, 1930).

Fournier, P., "Gui Terré," *Histoire littéraire de la France* 37(1938), pp.1-38.

Fournier, P., "Pierre Roger(Clément VI)", *Histoire Littéraire de la France* 1733ff, XXXVII(Paris, 1938), pp.209-238.

Gabrieli, F., "Petrarca e gli Arabi", *Al-Andalus* 42(1977), pp.241-248.

Gasnault, P., "Comment s'appelait l'architecte du palais des papes d'Avignon, Jean de Loubiéres ou Jean de Louvres?", *Bulletinde la Société Nationale des Antiquaires de France*(1964), pp.118-127.

Gauchat, P., *Cardinal Bertrand de la Tour, Ord. Min.: His Participation in the Theoretical Controversy Concerning the Poverty of Christ and the Apostles Under Pope John XXII*(Vatican City, 1930).

Greenblatt, S., *The Wonder of the New World*(Chicago, 1991).

Guillemain, B., *La cour pontificale d'Avignon(1309-1376). Etude d'une société*(Paris, 1962).

Hill, R., "Belief and Practice as Illustrated by John XXII's Excommunication of Robert Bruce," *Studies in Church History* 8(1972), pp.135-138.

Holmes, G., *Florence, Rome and the Origins of the Renaissance*(Oxford: Clarendon Press, 1986).

Housley, N., "Pope Clement V and the crusades of 1309-10", *Journal of Medieval History* 8(1982), pp.29-43.

Housley, N., *The Italian Crusades: The Papal-Angevin Alliance and the Crusades against Christian Lay Powers, 1254-1343*(Oxford, 1982).

Hugho, N., "Les Livres liturgiques de la Chaise-Dieu", *Revue bénédictine* LXXXVII Maredsous(1977), pp.334-335.

Hyatte, R., *The Arts of Friendship. The Idealization of Friendship in Medieval and Early Renaissance Literature*(Leiden, 1994).

John, A. Yunck, "Economic Conservatism, Papal Finance, and the Medieval Satires on Rome", *Medieval Studies* XXIII(1961), pp.334-351.

Luttrell, A., *Studies on the Hospitallers after 1306 : Rhodos and the West* (Ashgate, 2007).

McManamon, J. M., "The Ideal Renaissance Pope: Funeral Oratory from the Papal Court", *Archivum Historiae Pontificiae* XIV(1976), pp.9-70.

John W. O'Malley, *Giles of Viterbo on Church and Reform*(Leiden, 1968).

John W. O'Malley, *Praise and Blame in Renaissance Rome*(Durham, 1979).

Jungmann, J., *The Mass of the Roman Rite: Its Origins and Development(Missarum Sollemnia)*, Trans. Rev. F. Brunner, C.S.S.R. 2vols.(New York, 1951).

Laclotte M. and Thiébaut, D., *L'École d'Avignon*(Flammarion, 1983).

Lafleur, C., *Pétrarque et l'amitié, Doctrine et pratique de l'amitié chez Pétrarque à partir de ses textes latins*(Paris and Quebec, 2001).

Lane, F. C., *Venice, a Maritime Republic*(Baltimore, 1973).

Laurent, M. H., "Pierre Roger et Thomas d'Aquin", *Revue Thomiste* XXXVI(1931), pp.157-173.

Lawrence, C. H., *The Friars: The Impact of the Early Mendicant Movement on Western Society*(London: Longman, 1994).

Le Goff, J., *Saint Francis of Assisi*(London: Routledge, 2004), trans. Christine Rhone.

Lee, A., *Petrarch and St. Augustine: Classical Scholarship, Christian Theology and the Origins of the Renaissance in Italy*(Brill, Leiden & Boston, 2012).

Lenzenweger, J., "Clemens VI", *Lexikon des Mittelalters* ii(Munich and Zurich, 1983), cols. pp.214-234.

Lespinasse J. and Grand, L., *La Chaise Dieu*(Le Puy: Jeanne d'Arc, 1959).

Letze, O. & Buchsteiner, T., *Leonardo da Vinci: Scientist, Inventor, Artist*(Tübingen: Institute für Kulturaustausch, 1998).

Lewis, A. R., "The Closing of the Medieval Frontier 1250-1350", *Speculum* Vol.33. No.4(Oct. 1958), pp.475-483.

Little, L. K., *Liberty, Charity, Fraternity at Lay Religious Confraternities at Bergamo in the Age of the Commune*(Northampton Mass: Smith College Library, 1989).

Little, L. K., *Religious Poverty and the Profit Economy in Medieval Europe*(New York: Cornell Univ. Press, 1978).

Lunt, W. E., "The Financial System of the Medieval Papacy in the Light of Recent Literature", *The Quarterly Journal of Economics* Vol.23. No.2(1909.2), pp.251-295.

Lunt, W. E., *Financial Relations of the Papacy with England to 1327*(cambridge, Mass., 1939), vol.1.

Maier, A., "Der literarische Nachlass des Petrus Rogerii(Clement VI) in der Borghesiana", *Ausgehendes Mittelaliter, gesammelte Aufsätze zur Geistesgescgichte des 14. Jahrhunderts* ii(Rome, 1967), pp.510-516.

Markale, J., *Cathedral of The Black Madonna*(Rochester. Vermont, 2004).

Maugain, G., "Pétrarque et l'art de l'amitié", *Mélanges de littérature st d'histoire*(1928), pp.49-69.

McCready, W. D., "Papalists and Antipapalists: Aspects of the Church-State Controversy in the Late Middle Ages," *Viator* 6(1975), pp.241-273.

McGinn, B., "Angel Pope and Papal Antichrist", *Church History* Vol.7. No.2(Jun. 1978), pp.155-173.

Menache, S., "The Failure of John XXII's Policy toward France and England: Reasons and Outcomes, 1316-1334," *Church History* Vol.55. No.4(Dec. 1986), pp.423-437.

Michaud-Quantin, P., *Universitas. Expressions du mouvement communautaire dans le Moyen Âge latin*(Paris, 1970).

Miethke, J., *Ockhams Weg zur Soziaiphilosophie*(Berlin, 1969).

Mollat, G., *The Popes at Avignon, 1305-1378*, 영역, Janet Love(London, 1963).

Morganstern, A. M., "Art and Ceremony in Papal Avignon: A Prescription for the Tomb of Clement VI," *Gesta* Vol.40. No.1(2001), pp.61-77.

Morganstern, A. M., "Pierre Morel, Master of Works in Avignon," *The Art Bulletin*, Vol.58. No.3(Sep. 1976), pp.323-348.

Muldoon, J., "The Avignon Papacy and the Frontiers of Christendom", *Archivum historiae pontificiae* xvii(1979), pp.125-195.

Mullins, E., *The Popes of Avignon,: A Century in Exile*(New York, 2008).

Nicholl, C., *Leonardo da Vinci ; Flights of the Mind*(New York: Penguin Books, 2004).

Nold, P., "Bertrand de la Tour, OMin. Manuscript List and Sermon Supplement", *Archivum Franciscanum Historicum* 95(2002), pp.3-52.

Nold, P., *Pope John XXII and His Franciscan Cardinal; Bertrand de la Tour and the Apostolic Poverty Controversy*(Clarendon Press, Oxford, 2007).

Oakley, F., *The Western Church in the Later Middle Ages*(Ithaca and London, 1979).

Otto von Simson, *Gothic Cathedral*(Bollingen Foundation Inc., 1956).

Partner, P., *The Lands of St. Peter: The Papal State in the Middle Ages and the Early Renaissance*(London, 1972).

Pastor, L., *The History of the Popes*, 영역 F. J. Antrobus, H. F. Kerr, E. Graf, E. F. Peeler vol.40(London, 1938-1961).

Pelikan, J., *Obedient Rebels : Catholic Substance and Protestant Principle in Luther's Reformation*(New York, 1964).

Pelikan, J., *Spirit Versus Structure : Luther and the Institutions of the Church*(New York, 1968).

Plumb, J. H., *The Italian Renaissance*(New York: Mariner books, 2001).

Renouard, Y., *The Avignon Papacy, 1305-1403*(London, 1970).

Reynolds, L. D., *The Medieval Tradition of Seneca's Letters*(Oxford, 1965).

Robinson, J. H., *Petrarch: The First Modern Scholar and Man of Letters*(New York, Haskell House Publishers, 1970).

Rops, D., *Cathedral and Crusade*(London, New York, 1957).

Ross, W. B. Jr., "Giovanni Colonna, Historian at Avignon," *Speculum* vol.45. no.4(Oct. 1970), pp.533-563.

Saari, P., Saari, A., *Renaissance & Reformation, Biographies* vol.2(Detroit, 2002).

Sabbadini, R., *Le scoperte dei codici latini e greci ne' secoli XIV e XV*, ii(Florence, 1914).

Said, E., *Orientalism and Culture and Imperialism*(New York, 1993).

Said, E., *Orientalism*(New York, 1978).

Schmucki, O., *The Stigmata of St. Francis of Assisi*(New York: St Bonaventure, 1991).

Schreiber, G., "Mittelalterliche Segnungen und Abgaben. Brotweihe, Eulogie, und Brotdenar," *Gemeinschaften des Mittelalters, Recht und Verfassung, Kult und Frömmigkeit*(Regensburg and Munster, 1948), pp.213-282.

Scott, R. A., *The Gothic Enterprise*(Univ. of California Press, 2003).

Shogimen, T., "The Relationship between Theology and Canon Law: Another Context of Political Thought in the Early Fourteenth Century", *Journal of the History of Ideas* Vol.60. No.3(Jul. 1999), pp.417-431.5

Shogimen, T., *Ockham and Political Discourse in the Late Middle Ages*(Cambridge Univ. Press, 2007).

Sikes, J. G., "John de Pouilli and Peter de la Palu", *EHR* XLIX(1949), pp.219-240.

Simone, F., *The French Renaissance. Medieval Tradition and Italian Influence in Shaping the Renaissance in France*, tr. H. G. Hall(London, 1969).

Smalley, B., "Ecclesiastical attitudes to novelty, c. 1100-c. 1250", *SCH* XII(1975), pp.113-131.

Sorrel, D., *St. Francis of Assisi and Nature*(Oxford: Oxford Univ. Press, 1988).

Stinger, C. L., *The Renaissance in Rome*(Bloomington, IN, 1985).

Strachan, G., *Chartres: Sacred Geometry, Sacred Space*(Floris Books, 2003).

Swaan, W., ed. *The Gothic Cathedral*(Doubleday & Co. Inc., 1969).

Swanson, R. N., *Religion and Devotion in Europe. c. 1215-c. 1515*(Cambridge Univ. Press, 1995).

Tierney, B., *Origins of Papal Infallibility, 1150-1350; A Study on the Concepts of Infallibility, Sovereignty, and Tradition in the Middle Ages*(Leiden, 1988).

Tomasello, A., *Music and Ritual at Papal Avignon*(Umi Research Press: Yale, 1983).

Ullman, B. L., "Petrarch's Favorite Books," *Studies in the Italian Renaissance*(Rome, 1955), pp.117-138.

Ullman, B. L., "Some aspects of the origin of Italian Humanism", *Philological Quarterly* XX(1941), pp.212-223.

Ullmann, W., *A Short History of the Papacy in the Middle Ages*(London, 1972).

Warner, M., *Alone of All Her Sex*(New York: Vintage Books, 1983).

Wathey, A., "The Motets of Philippe de Vitry and the Fourteenth-Century Renaissance", *Early Music History* Vol.12(1993), pp.119-150.

Weakland, J,, "Administrative and Fiscal Centralization under Pope John XXII 1316-1334", *Catholic Historical Review* 54(1968), pp.39-54.

Wilkins, E. H., "Petrarch's Ecclesiastical Career", *Speculum* 28 no.4(Oct. 1953), pp.754-775.

Wilkins, E. H., *Studies in the Life and Works of Petrarch*(Cambridge, Mass., 1955).

Williams, J. W., *Bread, Wine and Money*(Univ. of Chicago, 1993).

Williman, D., *The Right of Spoil of the Popes of Avignon 1316-1415*(American Philosophical Society, Philadelphia, 1988).

Wood, D., *Pope Clement VI; The Pontificate & Ideas of An Avignon Pope*(Cambridge Univ. Press, 2002).

Wrigley, J. E., "A Papal Secret Known to Petrarch", *Speculum* Vol.39. No.4(Oct. 1964), pp.613-634.

Wrigley, J. E., "A rehabilitation of Clement VI; sine nomine 13 and the kingdom of Naples", *Archivum Historiae Pontificate* III(Rome, 1965), pp.127-138.

Wrigley, J. E., *Studies in the Life of Pierre Roger(Pope Clement VI) and of Related Writings of Petrarch*, unpublished doctoral dissertation(Pennsylvania, 1965).

Xiberta, B. F. M., "De magistro Guidone Terreni, priore generale ordini nostri, episcopo Maioricensi et Elnensi," *Analecta ordinis Carmelitarum* 5(1923-26), pp.113-206.

Xiberta, B. F. M., *Guiu Terrena, carmelita de Perpinyà*(Barcelona, 1932).

남종국, 『이탈리아 상인의 위대한 도전』(엘피, 2015).

노먼 캔토 · 사무엘 버너 편저, 진원숙 역, 『서양 근대사 1500-1815』(혜안, 2000).

단테 알리기에리 지음, 박상진 옮김, 『신곡』(민음사, 2007).

박은구 · 이영재 외, 『중세 유럽의 사상가들』(숭실대 출판국, 2014).

박은구, 『서양 중세 정치사상 연구: 마르실리우스와 오캄을 중심으로』(혜안, 2001).

박은구, 『한 사학도의 역사산책』(숭실대 출판부, 2011).

박홍식, 「흑사병 논고」, 『역사교육』106호(2008.6), 183-210쪽.

손채연, 「성 프란치스코 아씨시의 종교사상 연구」, 숭실대학교 대학원 박사학위논문(2015.8).

요한네스 요르겐센 지음, 조원영 옮김, 『아씨시의 성 프란치스코』(프란치스코 출판사, 2006).

이영재, 「고딕 대성당을 중심으로 한 중세인들의 커뮤니케이션」, 『서양중세사연구』제21호(2008.3), 53-87쪽.

이영재, 「교황 요한 22세의 재정 제도의 정비」, 『숭실사학』44집(2020.6), 223-239쪽.

이영재, 「클루니(Cluny) 수도원의 개혁운동에 관한 연구」, 『숭실사학』13집(1999.8), 139-175쪽.

이영재, 「Gregory 7세의 교황주권론 연구」, 숭실대학교 박사학위논문(2003.12).

이영재, 「다시 보는 교황 요한 22세−청빈논쟁과 대외정책을 중심으로−」, 『숭실사학』33집(2014.12), 237-267쪽.

이영재, 「성 프란체스코 아씨시와 레오나르도 다빈치의 인식 비교: 자연, 개체, 속어와 관련하여」, 『서양중세사연구』제27호(2011.3), 215-245쪽.

이영재, 『유럽 중세교회의 향연 1 : 11세기 교황 그레고리우스 7세의 개혁을 중심으로』(혜안, 2020).

이영재, 「중세 도시의 성장과 사회 변화에 대한 성 프란체스코(회)의 새로운 응전」, 『서양중세사연구』제25호(2010.3), 95-124쪽.

이영재, 「중세 말 아비뇽 교황청은 유폐인가? 아니면 성장인가?」, 『서양사론』120호(2014.3), 121-148쪽.

이영재, 「14세기 아비뇽 교황청의 클레멘스 6세에 관한 재조명−타락한 교황인가? 아니면 르네상스 교황의 선구인가?−」, 『숭실사학』39집(2017.12), 377-348쪽.

임병철, 「단테의 문화적 유산에 관한 보카치오와 페트라르카의 숨겨진 논쟁」, 『서양중세사연구』34호, 183-215쪽.

작은 형제회 한국 관구, 『성 프란치스코의 전기 모음』(프란치스코 출판사, 2009).

J. 모랄 · W. 울만 지음, 박은구 · 이희만 옮김, 『중세유럽의 정치사상』(혜안, 2016).

존 노먼 데이비슨 켈리, 마이클 월시 지음 변우찬 옮김, 『옥스퍼드 교황 사전』(분도,

2014).

존 볼드윈 지음, 박은구·이영재 옮김, 『중세 문화 이야기』(혜안, 2002).

토마스 첼라노, 프란치스꼬회 한국관구 편, 『아씨시 성 프란치스꼬의 생애』(분도출
　　　판사, 1986).

피터 브라운 지음, 정기문 옮김, 『성인숭배』(새물결, 2002).

C. H. 해스킨스 지음, 이희만 옮김, 『12세기 르네상스』(혜안, 2017).

R. 스완슨 지음, 최종원 옮김, 『12세기 르네상스』(심산, 2009).

지은이 | 이 영 재

숭실대학교 인문대 사학과 졸업 및 동대학원 졸업
미국 시애틀 퍼시픽 대학교 및 시카고 로욜라 대학교 대학원 수학
영국 리즈 대학교 중세연구소(IMS)에서 Post-Doc. 연수
성균관대학교 초빙교수, 명지대학교 객원교수, 숭실대학교 초빙교수 역임
현재 숭실대학교 출강, 문학 박사

연구서 | 「Gregory VII의 교황주권론 연구」(숭실대학교 박사학위논문, 2003),
　　　『유럽 중세교회의 향연1-11세기 교황 그레고리우스 7세의 개혁을 중심으로-』(혜안, 2020)
역　서 | 존 볼드윈, 박은구 공역, 『중세문화 이야기』(혜안, 2002)
공저(역) | 『중세 유럽문화의 이해』Ⅰ·Ⅱ(숭실대학교 출판국, 2012),『프랑스의 종교와 세속화의
　　　역사』(충남대학교 출판원, 2013), 『중세 유럽의 사상가들』(숭실대학교 출판국, 2014)

유럽 중세교회의 향연 2

근대를 품은 중세교회

이 영 재 지음

초판 1쇄 발행　2021년 3월 25일

펴낸이　오일주
펴낸곳　도서출판 혜안

등록번호　제22-471호
등록일자　1993년 7월 30일

주소　04052 서울시 마포구 와우산로 35길 3(서교동) 102호
전화　02-3141-3711~2 / **팩스**　02-3141-3710
이메일　hyeanpub@hanmail.net

ISBN 978-89-8494-649-1　93920

값 28,000 원